はじめて学ぶ

イタリアの歴史と文化

藤内哲也
［編著］

ミネルヴァ書房

はじめて学ぶイタリアの歴史と文化

目次

第Ⅱ部　テーマから探るイタリアの歴史と文化

目　次

ベルガモ
ヴェローナ
ブレッシャ
トリエステ
ミラノ
パドヴァ
ヴェネツィア
トリノ
パヴィア
マントヴァ
フェッラーラ
ジェノヴァ
モデナ
ラヴェンナ
ボローニャ
ルッカ
フィレンツェ
ピサ
リグーリア海
リヴォルノ
ウルビーノ
アンコーナ
シエナ
アドリア海
ペルージャ
ローマ
ポッツォーリ
ナポリ
バーリ
サッサリ
アマルフィ
サレルノ
サルデーニャ島
ティレニア海
カリアリ
パレルモ
イオニア海
シチリア島
カターニャ
シラクーザ

イタリア史関連地図

序章

イタリアの歴史と文化を学ぶために

「新しい国」イタリア

「イタリアは歴史の国である」——そう言われて驚く人は、まずいないだろう。では、「イタリアは新しい国である」と言えばどうだろうか。いや、そんなことはないと、反論されるかもしれない。イタリアには、二〇〇〇年をゆうに越える古代ローマ以来のはるかな歴史と、そのなかで育まれてきた華麗な文化があるではないか、と。たしかにイタリアは、歴史と文化の薫る国である。たとえば、ローマ市内に残るコロッセオやフォロ・ロマーノの遺跡、あるいは紀元六二年のヴェスヴィオ火山の噴火で灰に埋もれたポンペイの街並みは、ローマ帝国の栄華をしのばせるし、ヴェネツィアやフィレンツェやナポリをはじめ、『ロミオとジュリエット』の舞台となったヴェローナ、ガリレイの実験で有名な斜塔を持つピサ、塔の町サン・ジミニャーノといった都市景観は、時代の流れとともに形成されてきた中世や近世の面影を今に残している。また、フィレンツェのウフィツィ美術館やヴァティカンのシスティーナ礼拝堂をはじめ、それ自体が歴史的な建造物であり芸術品でもあるような各地の美術館や教会に収蔵されている、ボッティチェッリやミケランジェロ、レオナルド・ダ・ヴィンチといったルネサンスの天才芸術家たちの珠玉の絵画や彫刻、朗々たる歌声が響き渡るオペラ、あるいはトスカーナやロンバルディア地方の豊穣な農村風景や、そこで生産された野菜や果物やチーズやワインが織り成す彩り豊かな食文化も魅力的だし、洗練された瀟洒なファッションや近代工業技術の粋を集めた自動車も世界中で人気を博している。「イタリア」と聞いて、何を思い描くかは人それぞれだとしても、だれもがその長い歴史のなかで創り出されてきた文化の結晶を、すぐにいくつも挙げることができるにちがいない。だから、イタリアには二〇一六年一月の時点で五一件もの世界遺産が登録され、一国あたりの件数としては世界最多を誇っているのも納得できるだろう。なるほど、イタリアは「歴史の国」である。

けれども、現在のイタリアの領域で、はるかな歴史と豊かな文化が育まれてきたということと、「イタリア」という国家が同じように長期にわたって存続してきたということは、必ずしも同義ではない。本書第4章で述べられるように、フランスと境を接するアルプスの山麓から領域を拡大していったサヴォイア公国（サルデーニャ王国）が、長靴型の半島のほぼ全域を統一し、現在のイタリア共和国に直結するイタリア王国が成立したのは、いまからほんの一五〇年ほど遡った一八六一年のことに過ぎない。これは、日本の明治維新とほぼ同じ時期である。だから、「歴史の国」イタリアは、実は「新しい国」なのである。

では、統一国家が出現する前のイタリアは、どのような状況だったのだろうか。意外に思われるかもしれないが、六世紀後半のランゴバルド人の侵入から、サルデーニャ王国が半島を統一した一九世紀後半まで、イタリア全域を支配した国家は存在しない。とはいえ、「イタリア」を名乗る国家がなかったわけではない。たとえば、第1章で論じられるように、中世初期にカロリング帝国の分裂により成立したイタリア王国は、九六二年にローマ教皇ヨハネス一二世によって戴冠された皇帝オットー一世が王位を兼ねることで、神聖ローマ帝国と結合し、その一部を構成することとなった。けれども、その支配領域はイタリア半島の北中部に限られており、南イタリアやシチリアにはランゴバルド系の君侯国やビザンツ帝国、イスラーム勢力などが割拠していたのである。しかも、イタリア王国の支配下にあった半島の北中部においても、商工業の発展にともなって自治的な都市が勃興し、同盟を結んで神聖ローマ皇帝のイタリア政策と対抗した結果、事実上の独立を達成した領域国家へと発展していったことは、第2章で詳述される通りである。

このように、一八世紀末にフランスから進撃してきたナポレオンが、イタリアに割拠する諸国を次々に屈服させ、シチリア島を除くイタリア全域をフランス統治下に置いたわずかな期間を除いて——ただし、そのときにも北中部を支配するイタリア王国と南部のナポリ王国などに分断され、長靴型の半島が単一の国家に統合されていたわけではないのだが——、六世紀後半から一九世紀後半に至るまで、イタリア半島が政治的に統一されたことは一度もなかった。その間イタリアは、中世都市国家がそのまま一八世紀末まで存続したヴェネツィア共和国や、ルネサンスを開花させたフィレンツェ共和国（一六世紀以降はフィレンツェ公国からトスカーナ大公国）、カトリック教会が支配するローマ教皇領（教会国家）、あるいは外国人君主に統治されたナポリ王国やシチリア王国など、国家のかたちや政治の仕組みを異にする諸国家がモザイク状に存在し、分断されていたのである。とりわけ、自立的な都市国家の伝統を有する北中部と、長期にわたる外国支配の下で中央集権的な国家が形成されていた南部との歴史的な差異は大きく、それが両地域の経済的、社会的な格差をもたらすこととなった。現代まで続く「イタリアの南北問題」の要因の一つも、そうした歴史的経緯の違いに根差しているのである。

ナポレオン失脚後のヨーロッパ世界を主導した、オーストリアの老獪な政治家メッテルニヒは、「イタリア」とは地理的な名称以上のものではないと喝破したが、その背景にはこうした事情があった。だとすれば、多様な国家や地域をようやく統合し、一九世紀後半に成立した「イタリア」を「新しい国」ということも、あながち不当ではないだろう。

イタリアの輪郭

したがって、イタリア近現代史家の北原敦氏が、長期にわたって政治的に分裂していた「イタリア史」とは、すなわち「イタリア諸国史」であると指摘されているのも、なるほどもっともなことである（北原敦編『イタリア史』山川出版社、二〇〇八年、ii頁）。古代から連綿とつづく一つの国家の歴史としての「イタリア史」は存在せず、「フィレンツェ共和国（トスカーナ大公国）史」や「ヴェネツィア共和国史」、「ローマ教皇領（教会国家）史」、「シチリア王国史」などの総体として考えなければならない側面がたしかにあり、そのことが歴史研究の枠組みにも影響を与えてきたのである。

とはいえ、こうした事情は何もイタリアだけの問題ではない。そもそも、一九世紀に成立した近代歴史学は、当時まさに建設途上にあった国民国家と、そこに統合される国民としての意識の形成に資する共有の「記憶」として、「日本史」や「フランス史」、「イタリア史」のように、近代国家の枠組みに基づいて歴史を考察してきた。しかしながら、そうした近代国民国家を画する国境線を前近代世界にまで遡らせ、それぞれの国家があたかも太古の昔から一貫して単一の国家を形成していたかのような歴史観が、史実を反映しない虚構性を孕んでいることは、これまでにもつとに指摘されている。この点は、明治になってようやくアイヌの人びとや沖縄（琉球）を統合した日本の歴史も例外ではない。けれども、こうした国民国家形成のプロセスは、中世から一九世紀まで半島を統一する国家が存在せず、「諸国史」というべき状況を現出したイタリアの歴史を見れば、さらに容易に理解できるだろう。このように、歴史を学ぶうえで自明の前提としがちな近代国民国家の枠組みを相対化し、問い直すことができる点は、イタリア史を学ぶ重要な意義の一つである。

イタリアでは地元の教会の鐘《カンパニーレ》に由来するカンパニリズモ（愛郷主義）という言葉があるように、いまでも地域の自律性が高く、国家よりも故郷としての都市や地域に対する帰属意識がきわめて強いとされる。それは、本書「歴史の扉7」で触れられるような、おらが町のサッカーチームへの熱烈な応援ぶりをみるとわかりやすいだろう。言い換えれば、「イタリア人」という国民意識よりも、「ナポリっ子」や「ミラノ人」としてのアイデンティティが優越し、国家への帰属意識と地域への愛着とが、常にせめぎあっているのである。そのため、それぞれの地域において、ともすれば国家から離脱しようとする遠心力が作用することも少なくない。たとえば、富裕な北部諸州によるイタリアからの独立と連邦制の導入を訴える北部同盟が、ベルルスコーニ政権の与党の一角を占めていたことは、何よりの証拠だろう。イタリアの国家的な統一が成し遂げられると、「次はイタリア国民《ネイション》を創らねばならない」ということが盛んに主張されたといわれるが、「イタリア」という国家も、その国民としての「イタリア人」意識も、まさに近代になって「創られた」ものなのである。

とはいえ、地中海の中央部に突き出して、ティレニア海、イオニア海、アドリア海に囲まれ、北は峻険なアルプス山脈によって遮られたイタリアの地理的な輪郭は、戦争のたびに国境線が大きく移動するアルプス以北の国々と比べると、きわめてわかりやすい。もちろん、一七六八年にジェノヴァからフランスに統治権が委譲されたコルシカ島や、一八五八年のプロンビエール密約によってフランスに割譲されたニース――イタリア語ではニッツァ――、あるいは第一次世界大戦後にオーストリアから獲得したティロルやトリエステなど、近代以降も「イタリア」の範囲を画する境界線の移動があったことも事実である。そもそも国境とは、なによりも人工的に作られた境界線であり、海や山といった自然の障壁によって囲まれた空間を国家の支配領域として主張する、いわゆる自然国境説には、たぶんに政治的な思惑や領土拡張への野心が含まれ、侵略戦争を正当化する根拠として使われてきたという点には十分に注意しなければならない。けれども、ヨーロッパの白地図を示されたときに、イタリアがどこにあるかわからないという人はほとんどいないだろう。たとえ統一国家が形成されなかったとしても、「イタリア」という漠然とした、けれども多くの人が共通して描くに違いない地理的な領域は、たしかに存在していたのである。

「イタリア」とは何か

ならば、前近代世界における「イタリア」とは、メッテルニヒの言うように単なる地理的な範囲である以上の意味を持ち得ないのだろうか。いや、必ずしもそうではない。たとえば、ルネサンスの著名な政治思想家マキャヴェッリは、外国の軍隊に蹂躙される「イタリア」の現状について冷徹な考察をめぐらし、同時代に活躍したグイッチャルディーニも『イタリア史』を執筆するなど、「イタリア」という思考の枠組みや「イタリア人」としての意識があったことも事実である。ただしその場合でも、イタリアの政治的な統一を志向するものではなかった点には注意しなければならない。マキャヴェッリもグイッチャルディーニも、まずは「フィレンツェ人」であり、「イタリア人」が「イタリア」という単一の国家のもとに統合されるべきだというのは、やはり近代的な考え方なのである。

一方、たとえ近代国家としての「イタリア」の領域全体に広がるものではなかったとしても、文化的、社会的な一体性を醸成するような伝統や習俗のなかには、もっと古い時代から存在していた要素もある。とりわけ近代国民国家が成立すると、それを基盤として「イタリア」の均質化と実体化が加速する。たとえば、食文化について考えてみよう。トマトソースのスパゲティやピッツァ――ここでは「ピザ」ではなく、イタリア語風に「ピッツァ」と発音したい――は、新大陸原産のトマトの食用化が進み、乾燥パスタの大量生産が始まった近代以降の産物であり、また元来は南イタリアの食文化であった。それがイタリアのどこに行っても食べられるようになり、イタリアの「国民食」ともいうべき状況になったのは比較的最近のことだが、イスラーム圏から伝わった多種多様なパスタや、野菜や果物の重視といった「イタリア」的な食文化の特徴は、中世にはすでに形成されていたことが指摘されている。

またルネサンス以降、ラテン語にかわる文語として洗練されていったトスカーナ語は、いわゆる「イタリア語」として半島の各地で共有され、文学やオペラの豊かな実りをもたらした。もちろん、イタリアでも地域ごとに固有の方言や食文化があり、辺境地域では系統の異なる言語を話している人びとがいることは見過ごすべきではないし、そもそもこうした文化的な要素が国土の全域で共有されていると主張すること自体が、均質で一体的な国民によって構成される国民国家のイデオロギーと結びついていることに留意する必要がある。とはいえ、国家としては新しい「イタリア」を形成する多くの地域では、伝統的な文化や習俗に支えられる「イタリア的」な要素を包含し、それらを共有する意識が形成されていた側面があることもまた事実であろう。

このように考えるならば、新たに創出された「イタリア」の歴史や文化について学ぶためには、単なる近代国民国家としての政治的な統合の過程や変遷のみならず、北部と南部、山岳部や島嶼部と平野部といった地域的、歴史的な多様性と、それらを越えて共有される社会的、文化的な共通性とを、多面的、複眼的に捉えなければならないことがわかるだろう。たしかに「イタリア史」は「イタリア諸国史」としての側面を有しているが、それは単に現在の「イタリア」の枠内で興亡を繰り返した諸国の歴史の寄せ集めというわけではない。「イタリア」の歴史を、それを構成した諸国が一つに統合されていくプロセスとして捉えることも重要だが、同時にそれは、都市国家としての伝統を共有する半島の北中部や、長期にわたって外国人支配に服した南部といった、歴史的な性格を共有するいくつかの広域的なまとまりと、それらの地域を越えた文化的、社会的な要素——そのなかには、ラテン語やローマ法のように、「イタリア」の枠を越えて、広くヨーロッパ世界において共有されたものも含まれる——の両方に目を向けることによって、ようやく理解されるものであるに違いない。本書においてこれから取り組もうとする「イタリア」とは、まさにそうした性格を持つものであり、その歴史と文化を学ぶ意義は、なによりもそこにあるはずである。

本書の構成

このように、地域的、歴史的な内なる多様性と、外部世界につながる普遍性とをあわせもった、古いけれども「新しい国」イタリア——その歴史と文化を探るために、本書は以下のような構成をとることにしよう。

まず、第Ⅰ部「イタリアの歴史をたどる」では、「新しい国」としてのイタリアがたどってきた歴史的なプロセスを、ひとまず国民国家としての空間的な枠組みにしたがって概観していこう。ここでは、古代ローマ帝国末期から現代に至るまでの長い時間を、第1章「ローマの遺産——古代末期~中世初期」、第2章「都市コムーネから領域国家へ——中世盛期~後期」、第3章「翻弄されるイタリア——外国支配が広がる近世」、第4章「「大国」をめざして——近現代イタリアの挑戦」の4つの章に分け、それぞれの時代の流れや特徴について考察する。なお、本書では古代ローマ期を正面から扱う章は設けていないが、中世以降のイタリアやヨーロッパに大きな影響を与えたローマ帝国との連続性については、第Ⅱ部の各章でも触れられるほか、とくに建築を具体例として、第11章「都市空間のなかの古代建築」で考えてみよう。

つづいて、第Ⅱ部「テーマから探るイタリアの歴史と文化」では、個別のテーマからイタリアの歴史を彩る事象や文化を取り上げる。

まず、第5章「イタリアと地中海」と第6章「ローマ教皇とカトリック教会」では、イタリア史の枠にとどまらず、外部世界との関わりや宗教と政治の絡み合いについて考察する。それは、マイノリティに着目する第12章「「ゲットーの時代」のユダヤ人」でも共有される視点である。一方、第7章「イタリアの都市社会」では、「都市の国」イタリアの歴史的、地域的な特性やそこに暮らす人びとの意識について考えてみたい。

そして、「第8章　イタリア・ルネサンス美術――都市国家の芸術家たち」、第9章「ダンテから現代まで――イタリア文学の系譜」、第10章「「イタリアらしさ」を求めて――服飾とモード」では、すでに紹介した第11章とともに、絵画や彫刻、あるいは文学やファッション、建築といった、イタリアが誇る文化や芸術について検討しよう。

このように、本書ではイタリアの歴史や文化を理解するうえで重要だと思われる題材を選び、第Ⅰ部は時代順に、また第Ⅱ部はテーマ別に配列した。そのなかには、おなじみのテーマも、あるいは意外に思われる切り口もあるだろうし、叙述のスタイルもさまざまである。イタリアの歴史や文化の特色は多様性にあり、本書もまた多彩なテーマと語り口を持つ「イタリア的」な構成を目指した。もちろん、イタリアの歴史や文化について考えるには、本書では取り上げなかったテーマ――たとえば、音楽や映画、農村や食文化など――を設定することも十分に可能である。もとより、イタリアの魅力はたった一冊の本で語り尽くせるはずがない。ただ、イタリアの歴史や文化に関心を持ち、それらを「はじめて学ぶ」みなさんにとって、本書がイタリアの魅力溢れる世界へと導くよきガイドブックとなるならば、執筆者一同の望外の喜びである。

（藤内哲也）

第Ⅰ部 イタリアの歴史をたどる

パレルモ大聖堂（アラブ・ノルマン様式，11～16世紀）

第1章

ローマの遺産——古代末期〜中世初期

1　帝国から王国へ——四〇〇頃〜五六八年

紀元四〇〇年のローマ国家

「すべての道はローマに通ず」——一七世紀フランスの詩人ラ・フォンテーヌは、ローマ人が属州に都市を建設し、これらの都市とローマを道路網で結びつけたという史実をふまえてこの言葉を用いた。都市と道路はローマ支配の及んだ地域、ことに帝国の中枢であったイタリアを特徴づける歴史的景観である。中世初期にはイタリア半島を貫くアペニン山脈が諸地域を相互に隔てる障壁となったが、四〇〇年頃のイタリアには地域の分断状況は生じていなかった。テオドシウス帝の死（三九五年）により帝国が事実上東西に分裂したとき、ローマ世界はイタリアをこえて、諸地域を有機的に結びつける統一性をなお有していたのである。帝国に一体性を与えていたのは、行財政や軍隊など後期ローマ帝国を特徴づける諸制度のほか、都市や商業網、法システム、キリスト教などである。

後期ローマ帝国は約二〇〇〇の都市のネットワークから構成されていた。公共広場を核とする格子状の都市プランを有し、同じ建築様式で造られた公共建造物で満たされたこれらの都市では、地域エリート層である都市参事会員（クリアレス）が都市参事会（クリア）を運営した。クリアの任務の一つは、国家財政の根幹をなす地租の徴収にあった。人口の大部分を占める農民は、収穫のおよそ四分の一を地租として払うことを要求された。徴収された小麦をはじめとする生産物は、主に兵士や官僚、そして二つの首都（ローマとコンスタンティノープル）の住民を養うために用いられた。なかでも、四〇〇年頃に約五〇万の兵士を抱えていた軍隊には、租税の半分が割り当てられた。当時、兵士の多くは皇帝麾下の機動軍（コミタテンセ）、あるいは各地に配置された騎兵を重点におく機動軍に勤務しており、ライン川やドナウ川などのリメス（国境防衛線）に配置された辺境駐屯部隊とともに帝国防衛を担っていた。

後期ローマ国家の特徴の一つは、統治における軍政と民政の分離であるが、民政の分野では中央と地方のいずれも複雑で高度な官僚組織が発達した。東帝はコンスタンティノープルに、西帝はトリーアやミラノに宮廷を置き、宮廷では六つの主要な大官が行財政や司法に関わる諸部局を統括した。また、ローマとコンスタンティノープルではそれぞれ首都長官が独自の官僚組織を管轄した。一方、地方はおよそ四つの統管区、一四ないし一五の管区、百有余の属州に編成され、複雑な行政官僚のネットワークが張り巡らされていた。

共和政期以来の伝統を有する元老院の本拠ローマは、帝国の象徴的な首都であった。元老院議員の少なからぬ者が中央の高級官職を担ってはいたが、もはやローマを拠点としない皇帝の下に組織された官僚機構は、元老院とは別個の組織であった。それでも元老院は地方のエリート層にとって、個人の野心を満足させる出世の舞台でありつづけた。

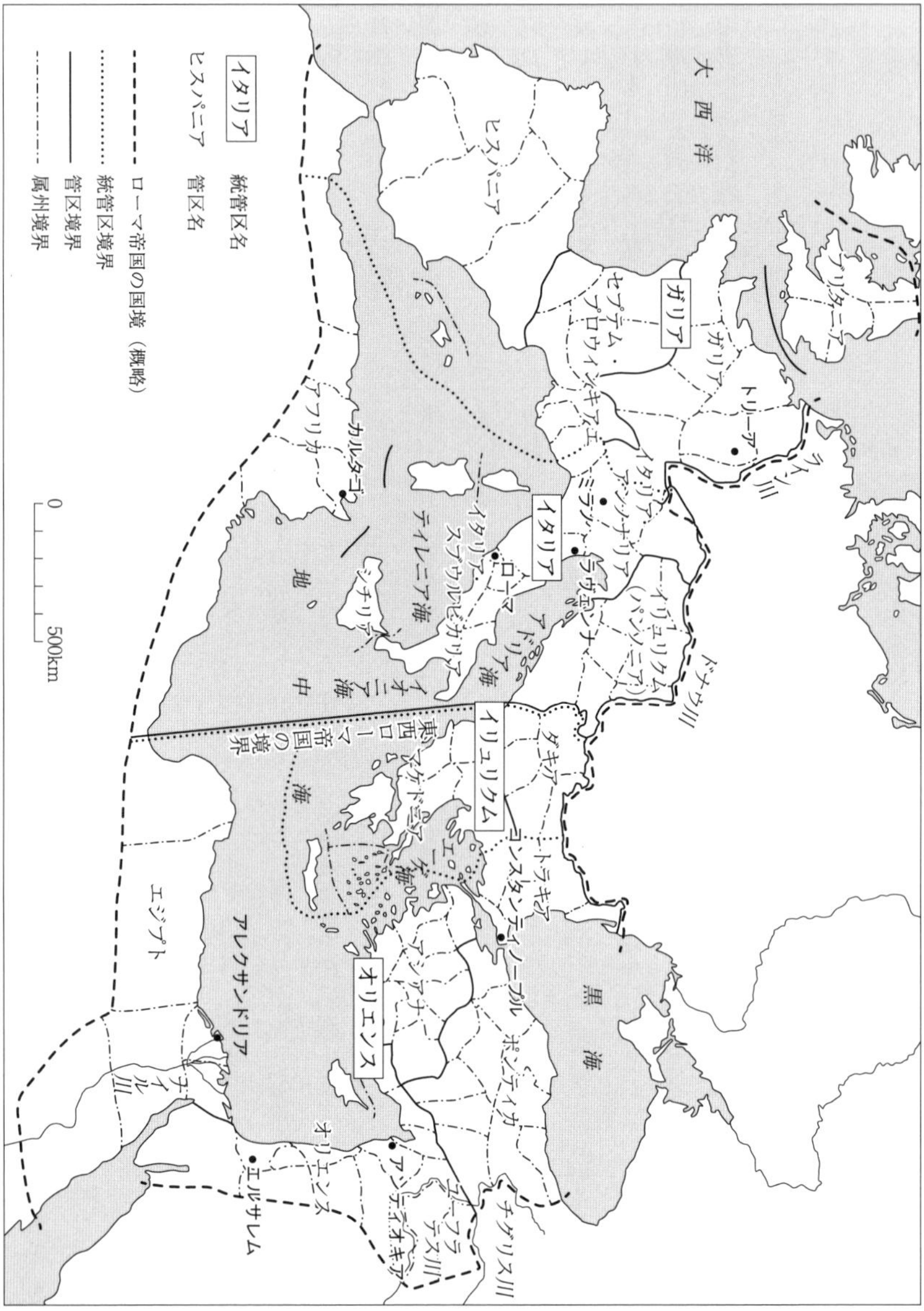

図1－1　400年頃のローマ帝国

出典：A. H. M. Jones, *The Later Roman Empire, 284-602*, Oxford 1964, Map. II. をもとに作成。

軍隊司令官の帝国

軍隊と官僚組織の頂点に立つのが皇帝である。四世紀にはコンスタンティヌスなど、帝国を効果的に統治した皇帝もいた。しかし最後の軍人皇帝テオドシウス以降、西ローマ皇帝は名ばかりの君主となり、将軍が帝国を事実上支配する状況が現出する。そうした将軍として、スティリコ、アエティウス、リキメルを挙げることができる。

三九四年から西ローマ帝国軍の総司令官を務めるヴァンダル族出身スティリコは、西ゴート族のイタリア侵入に直面して、四〇二年防備の容易なポー河口湿地帯にあるラヴェンナへ皇帝府を移した。しかしその後もゴート人の侵入が続いたため、彼はイタリア防衛に必要な兵力を確保すべく、ライン川辺境から軍隊を撤退させた。ところがこれが仇となり、四〇六年ヴァンダル族やアラン族のライン渡河とガリア蹂躙を引き起こした。

一方、四三三年までに軍隊指揮官たちの政争を勝ちぬいたアエティウスは、フン族の王アッティラ率いる軍隊が四五一年ガリアに侵入したとき、この大軍を破るなど、スティリコと同様に帝国防衛に専心した。しかしガリアを拠点とするアエティウスは、それ以外の地域に十分な関心を向けなかったこともあり、四三九年ヴァンダル人のカルタゴ占領を許した。これは、帝国最大の食糧生産基地の一つ、北アフリカの喪失を意味した。食糧供給の停滞は都市ローマの人口減少を促し、四〇〇年頃に約五〇万を擁していたローマの人口は、世紀末には一〇万人を割り込んだ。また帝国防衛のためますます必要とされた軍事費を捻出できず、さらなる財政危機を招いた。財政危機を乗り切るため、統治の末端組織である都市にはいっそうの地租が課せられ、税収の不足分を自ら負担する責任を負う都市参事会員身分の疲弊をもたらした。

アエティウスが四五三年に暗殺されると、西方帝国内の諸地域は分裂する。四六一年に傀儡皇帝を立てたスエヴィ人リキメルはイタリア防衛に専心した。彼にはもはや帝国の他地域に関心を向ける余裕も財政基盤もなかったのである。こうして、西ローマ帝国の地平がイタリアへと縮小した。

オドアケル・テオドリック・ユスティニアヌス

リキメル陣営の中にスキリ人オドアケルがいた。リキメルの死後、皇帝の護衛からゲルマン人により構成されるローマ軍の指揮官へと出世を遂げたオドアケルは、四七六年西帝ロムルス・アウグストゥルスを廃位した。しかし彼は新たな皇帝を擁立せず、西帝が不要である旨を東帝ゼノンに伝達した。ここに西ローマ帝国は消滅した。オドアケルは自ら王を称しつつ、皇帝の代理人であることを表すパトリキウスの称号をゼノンから得て、ラヴェンナを拠点にイタリアを統治した。

ところがゼノンはオドアケルからイタリアを解放するため、東ゴート王テオドリックを皇帝直属の帝国軍司令官に任命し、四八九年オドアケルのもとへ差し向けた。テオドリックは四年にわたるラヴェンナ包囲の後オドアケルを殺害し、イタリア全土を掌握して、東ゴート王国を建設した。彼は特定の部族とは結びつきのないオドアケルとは異なり、現在のハンガリーにあたる属州パンノニアに定着していた東ゴート族の王であった。王は約一〇万の部族民を率いてアルプスを越え、軍駐屯制（ホスピタリタース）に基づいて彼らをイタリアに定着させた。これにより東ゴート人は定着先で土地に対する租税徴収権を得た。なお、テオドリックとともにイタリアに到来した集団には、ゴート人のほかルギー人、ゲピデ人、フン人、属州ローマ人などが含まれていた。このように、東ゴート族にかぎらず一般にゲルマン諸部族は、出自や文化的背景の多様な者から構成されていたのである。出自やアイデンティティの異なる者たちを一人の指導者のもとに結集させたもの、それは民族起源神話など部族古来の価値や通念と見なされたものである。彼らはこうした「伝統の核」を拠りどころに独自のエスニック・アイデンティティを獲得し、一つのエスニック集団へと成長していった。

さて、パトリキウスとしてイタリアの統治を委ねられた東ゴート王テオドリックは、オドアケルに倣ってローマの伝統を尊重し、元老院とも協調関係を保ちつつ、旧皇帝府ラヴェンナに宮廷を置いてイタリアを統治した。王の右腕として行政長官を務めたカッシオドールスは、公式の書簡集ともいうべき『ヴァリアエ（雑録）』を編纂しているが、そこからは、テオドリックの宮廷が皇帝文書局を受け継いで高度なローマ的文書行政を実践していた様子を窺うことができる。

テオドリックは東ゴート人のイタリア定着から生じた新たな状況に対処するため二元統治体制を採用し、行政をローマ人に任せる一方、東ゴート人には軍事を担当させた。これは、軍政と民政の分離を原則とする後期ローマ国家行政の伝統をふまえたものである。また東ゴート人はキリスト教異端のアリウス派を奉じていたが、王はラヴェンナにカトリックとアリウス派双方の司教を置くなど、宗教的にも分離政策を貫いている。

ゴート人とローマ人の共生は長くはつづかなかった。五二六年に王が世を去ると、地中海帝国の再興を目指す東帝ユスティニアヌスが五三五年に仕掛けたゴート戦争により、半島は二〇年に及ぶ戦乱に巻き込まれた。戦争はイタリアの地を荒廃させたばかりか、地租を要とする財政システムの破綻や地域経済の分断を招き、元老院貴族に壊滅的打撃を与えた。

ユスティニアヌスは五五四年プラグマティカ・サンクチオと呼ばれる勅令を発し、イタリアの帝国領への復帰を宣言するとともに、帝政後期以来の統治システムの回復を試みた。統管区・管区・属州の統属関係を復活させ、軍民の分離原則に基づいて統治を再構築しようとしたのである。しかし、後期ローマ国家がかつて依拠した社会・経済的枠組みの著しく損なわれたイタリアには、もはやユスティニアヌスの施策を実行に移す時間も余力も残されていなかった。

2　ランゴバルド王国とビザンツ帝国領イタリア——五六八～七七四年

ランゴバルド人の到来と国家建設

五六八年、王アルボイン率いるランゴバルド族がパンノニアからアルプス山脈を越えて、イタリア半島に侵入した。ランゴバルド族も東ゴート族と同様に、ヘルリア人やゲピデ人、サクソン人などを含む混成部族であった。集団の規模は家族や奴隷を含めると総勢一〇万から二〇万と推定されている。彼らは当初、軍駐屯制に基づいて駐留先の土地で生産される農産物を徴発したが、まもなく土地所有者として定着した。

ランゴバルド人の征服活動は混乱に満ちていた。アルボインとクレフが相次いで暗殺されると、半島に建国したばかりの王国は五七四年から一〇年間、都市を拠点とする大公の緩やかな連合体へと解体した。しかし、ビザンツ・フランク連合軍の脅威を前に、ランゴバルド人はクレフの子アウタリ、次いでアギルルフを王に選出し、困難な状況を乗り切った。アギルルフはなおも自立した動きを示す北イタリアのランゴバルド人大公を服従させるとともに、半島での征服活動を進めた。もっとも、イタリア中南部に設置されたスポレート、ベネヴェント両大公領は八世紀初頭まで実質上独立状態にあった。

これに対して、強力な艦隊を擁するビザンツ帝国は、島嶼部に加え、アドリア海側ではラヴェンナを中心とする地域とプーリアを、ティレニア海側ではジェノヴァ、ローマ、ナポリとその周辺領域を保持した。しかしこのうちリグーリアとヴェネト本土の大部分は、七世紀半ばに王ロタリによって征服された。さらに七世紀末までに、プーリアとカラブリアがそれぞれ南端部を残してベネヴェントの支配下に入った。

ランゴバルドとビザンツの恒常的な緊張関係を緩和させたのは、六八〇年に両国間で公式に結ばれた和平であ

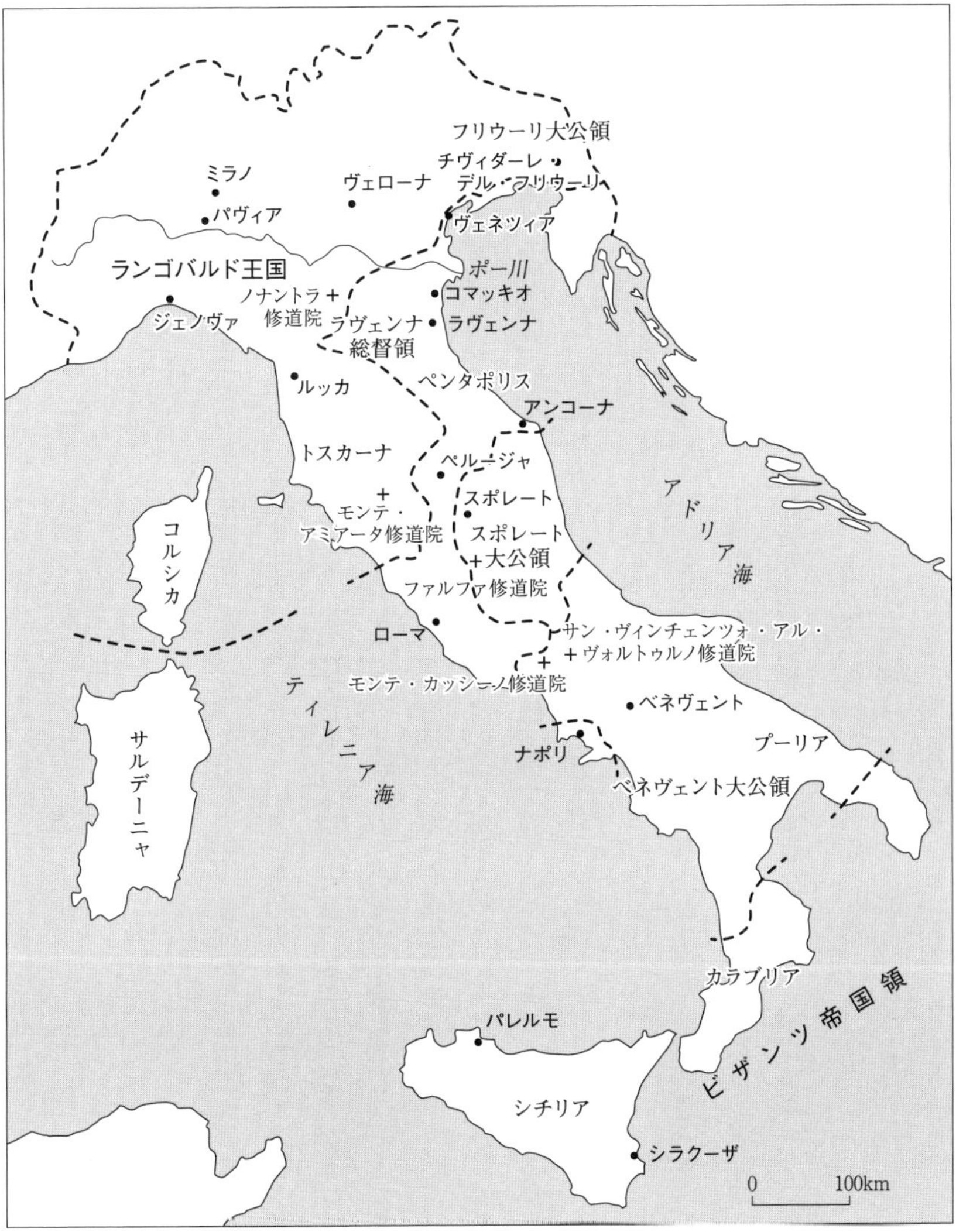

図1－2　ランゴバルド期のイタリア（境界線〔概略〕は700年頃）

出典：C. Wickham, *Early Medieval Italy*, London 1981, Map 2をもとに作成。

る。これにより、ランゴバルド王国は皇帝によりはじめて正式に承認された。もっとも、半島内のビザンツ領はその後もランゴバルドの軍事的脅威に晒されつづけた。

王権と国家

ランゴバルド王の征服活動を支えたのは部族民からなる軍隊である。民族移動期以来、軍隊統率者が王に選出されるにあたり、部族民の集会にて歓呼によって王たるにふさわしい者と認められる必要があった。この集会は王位継承を承認するほか、戦争の開始や法令について討議・決定し、裁判を行う場であった。ゲルマン諸部族の伝統に遡るこの種の集会は、王と部族の自由人を直接結びつける絆としての役割を果たした。そして集会での政治・裁判行為に効力を付与したのは、多くの者がその集会に参加したという事実であった。

王位継承にさいして王国の集会よりも重要な役割を果たしたのは王妃であった。王アウタリがバイエルン大公の娘テオドリンダと結婚して以降、八世紀初頭に至るまで断続的につづく「バイエルン王朝」の礎が築かれた。ロタリなどの王位簒奪者たちも、「バイエルン」家出身の女性と結婚することにより、王としての正統性を確保しようとした。

王は軍隊指導者であるとともに立法者であり、キリスト教の擁護者であった。ロタリは六四三年、ランゴバルドの法慣習をラテン語で文字化した『ロタリ王法典』を編纂し、立法者として王国住民の上に君臨する意志を示した。また、建国以来ときにアリウス派の支持者が王位に就いたが、七世紀末以降、王はカトリックの擁護者として君臨した。

戦士の王、立法者にしてカトリックの擁護者という君主像は、七一二年に即位したランゴバルド最強の王リウトプランドに結実する。リウトプランドは毎年パヴィアで王国集会を開催し、そこで部族法の附加勅令を発布しているが、彼は勅令発布の目的が、神の法に照らして正しいと思われることを実現し、魂の救いを得ることにあると勅令序文に明記している。七二六年以降はビザンツ領イタリアに加えて、自立的な南方の大公領にも軍事遠征を繰り返した。こうして彼は半島全体でヘゲモニーを握ることに成功した。

王は首都パヴィアの宮廷を拠点として王国を支配した。一方、地方統治はローマ的伝統を継承し、都市管区（キヴィタス）を基本単位とした。ただし、統治を担う大公とガスタルディウスは軍民両権を握り、軍隊指揮と裁判主宰、国家領管理を主な任務とした。なお、もともと王領地管理人であったガスタルディウスが大公とともに地方統治を担ったという事実は、国家の財政基盤が租税から土地所有へ決定的に転換したことを物語る。

軍事化する半島社会

イタリア半島では戦士を中心に組織されたランゴバルド族の到来以降、社会の軍事化が進行した。ランゴバルド社会は古代ローマ社会と同様に自由人と非自由人から構成されていたが、このうち自由人はアリマンヌスないしエクセルキターリス（兵士）とも称された。当初、軍隊の主力を構成したのは、土地所有者層たるこれらランゴバルド系自由人であったが、ローマ系土地所有者が徐々に軍隊に参加し、ランゴバルド法のもとに生きることを選択していった。こうして八世紀には、各都市およびその領域内の自由人が、ランゴバルド系かローマ系かを問わず、総称的にエクセルキートゥス（軍隊）と呼ばれるようになる。

ビザンツ領イタリアでも、恒常的な戦争状態が社会の軍事化を招いた。ビザンツ皇帝はイタリア防衛を強化するため、五八四年までにエグザルコス（総督）をラヴェンナに派遣し、軍民両権を委ねた。ここでも、軍政と民政を分けるという後期ローマ国家の統治原則が崩れた。エグザルコスはローマ、ナポリ、ペルージャ、アンコーナなどの都市にマギステル・ミリトゥム（軍隊司令官）あるいはドゥクス（公）を任命し、各公区の防衛を委ねた。

まもなく東方出身の軍隊指揮官や兵士は、在地家系との婚姻関係を通して地域社会に根を下ろし、在来の土地所有者層とともにヌメルス（駐屯部隊）を構成し、地域権力の担い手として活動するようになった。こうした社会の軍事化は、都市民がヌメルスやミリティア（軍隊）と、成員がミレス（兵士）と称されたことからも明らかである。

ところで、ミリティアやエクセルキートゥスを構成した者たちのなかには、貴族層も含まれていた。中世初期の貴族とは古代末期の貴族とは異なり、特別な法的権利を享受する特権的身分となってはいないが、土地所有の規模、官職保有、生活様式において他の自由人とは区別された。とくに貴族にふさわしいとされた生活様式や価値観は、軍事的性格の強いものであった。ローマ期のエリートたちは、夏季には農村の豪華なウィラ（邸宅）で知人を招いて宴会を開き、ウェルギリウスをはじめとする古典作家の作品を暗唱し、詩作能力を競い合い、知人と書簡をやりとりした。しかし、中世初期の貴族は教養や閑暇よりも戦闘能力や名誉を重んじ、臣下とともに大飲大食することに貴族の印を見出したのである。もっとも、イタリアの貴族層は都市を拠点とした点において、ローマの伝統を継承した。

ビザンツ領イタリアの再編

七世紀に地域権力の成長が見られたビザンツ領イタリアの諸地域は、六八〇年和平による緊張緩和を機に、政治的に自立化する動きを活発化させた。ヴェネツィア公（ドージェ）、ペルージャ公、ローマ公、ナポリ公、そしてカラブリア公らは、エグザルコスの介入を受けずに在地の軍事貴族層によって選出されるようになった。一方でエグザルコスは、現在のロマーニャ地方のみに支配を及ぼすラヴェンナの地域権力に後退した。

諸地域が自立化する過程で、公は単なる軍隊指揮官から政治指導者へと役割を変えていく。ただし教皇庁が統治の主体として台頭したラツィオでは、ローマ公は軍官職でありつづけた。教皇はローマで教会の建築・修復を進め、施療院の組織化や城壁・水道の修復を行うなど、公共事業を組織するようになる。また、ラテラーノ宮殿では教皇文書局を整備し、日常的な行政実務を担う官僚組織を発展させていった。

半島部では名目上の宗主権を保持するのみとなったビザンツ帝国にとり、イタリア支配の要となったのはシチリアである。七世紀半ば以降、北アフリカで脅威を増したイスラーム勢力に対する海軍基地の役割を担うシチリアは、六九〇年代には軍管区（テマ）に編成されるとともに、シラクーザに軍民両権を握るストラテーゴスが置かれ、南イタリアの統治に責任を負った。戦略的重要性の増したシチリアには東方から役人や兵士が多数移住し、これがこの島のギリシア化を促した。

ローマ教皇・フランク王・ランゴバルド王

ランゴバルド末期の王たちは、リウトプランドが推し進めた領土拡張政策を継承した。王アイストゥルフは七五一年にラヴェンナを占領し、総督領を征服した。そして翌年にはローマ近郊に進軍し、ローマに貢納を要求した。しかしこのときまでに、西ヨーロッパの政治情勢は大きく変化していた。かつてリウトプランドのローマ進軍に直面した教皇グレゴリウス三世は、フランク王国を実質的に支配していた宮宰カール・マルテルに援軍を要請した。しかし、カール・マルテルはリウトプランドと同盟関係を結んでいたこともあり、教皇の要請を無視した。ところが、アイストゥルフのローマ包囲に直面した教皇ステファヌス三世が、七五一年カール・マルテルの子ピピンに救援を要請したとき、ピピンは七五五年と七五六年の二度にわたってイタリアに軍事介入したのである。

ピピンがローマ教会の後ろ盾として行動したのは、双方のあいだで同盟関係が結ばれたことによる。七五一年にメロヴィング王を廃位して自ら王位に就いたピピンには、フランク王としての正統性を得る必要があった。一方、ランゴバルドの脅威に直面した教皇は、レオン三世が七二六年に聖画像破壊令を発布して以来、関係のこじれていたビザンツ皇帝に代わる新たな保護者を必要としていた。そうした双方の思惑が重なり合った結果、ステファヌス三世は自らフランキアに赴いてピピン一族に塗油を施し、カロリング王家を正式に承認した。教皇がピピンに援軍要請したのはこのときである。

なお、アイストゥルフがビザンツから奪っていた領土をピピンはビザンツ皇帝ではなく、教皇へ返還させた。これがピピンの寄進によるローマ教皇領の起源とされる出来事である。つづく王デジデリウスも従来の領土拡張路線にしたがってローマを攻撃したため、教皇ハドリアヌス一世の要請を受けたピピンの子カール大帝がイタリアに軍を進め、七七四年パヴィアを陥落させてランゴバルド王国を征服した。

3　カロリング期のイタリア——七七四～八八七年

カール大帝とその後継者たち

王国の征服はランゴバルド国家の解体をもたらしたわけではない。カール自身、「フランク人の王にしてランゴバルド人の王」と称し、七八一年には息子ピピンをランゴバルド王としてパヴィアに送りこんだことが示すように、ランゴバルド王国はフランク国家に属する王国としてまとまりを保持した。もっとも、カールが八〇〇年に教皇レオ三世から皇帝に戴冠されると、徐々にイタリア王国という呼称が使用されるようになった。この用法は王国がランゴバルド起源であるという事実を覆い隠すのに役立った。

イタリア王は九世紀半ばまで、王国政治の表舞台で活躍する目立った存在ではなかった。幼年で王位に就いたピピン、そして彼の没後王位を継承した子ベルナルドは、ともに後見人のもとに置かれている。父カールを継いで皇帝となったルイ敬虔帝が八一七年の帝国整備令で自分の子ロタールにイタリア王位と帝位を割り当てると、これに失望したベルナルドがルイに反旗を翻した。ベルナルドの反乱鎮圧後、正式にイタリア王となったロタールは、治世前半にはほとんど半島に足を踏み入れることはなかった。彼がイタリアに身を落ち着けたのは、父ルイとの抗争に敗れて八三四年イタリアに「追放」されてからのことである。なお、これ以後イタリア王が皇帝の称号を継承することになる。

敬虔帝の死後勃発した兄弟間の戦争に敗北したロタールは、帝国三分割を定めたヴェルダン条約の翌八四四年、息子ルドヴィーコ二世をイタリア王として半島に派遣した。ルドヴィーコ二世は八五〇年に皇帝の称号を得たが、以後イタリアを一度も離れることはなかった。ルドヴィーコが八七五年に息子を遺さずに没すると、西フランク王シャルル禿頭王と東フランク王ルートヴィヒ・ドイツ人王がイタリア王位をめぐって争った。シャルルの死後、ルートヴィヒの二人の息子が相次いで王位を継承したが、その一人カール肥満王が八八七年に廃位されると、イタリア王国でカロリング家が断絶した。

統治実践に見る伝統と革新

イタリア王国ではランゴバルド王国から多くの統治制度が引き継がれる一方で、新たな仕組みも導入された。まず統治の拠点から見ていこう。カロリング期にはパヴィア、ヴェローナ、ミラノなどの都市に立地する従来の宮廷に加え、マントヴァやポー川流域の農村に新たに建設された王宮が利用された。カロリング諸王はアルプス以北の統治様式を持ち込むかたちで宮廷の官人集団をともないながら、各地の王宮を巡行した。

君主は聖俗諸侯の集う帝国あるいは王国の政治・裁判集会、すなわちプラキタ集会において、法令や行政命令からなる勅令（カピトゥラリア）を発布した。ローマ・カトリック教会とキリスト教世界の守護者を自認するカロリング王は、聖俗を問わずさまざまな事柄を勅令で扱っている。この公的な集会は軍隊召集の機会でもあった。

地方では、都市伯の主宰するプラキタ集会が地域エリートの参集のもと、年に二・三回開催された。集会では君主による決定事項が伝達されるとともに、裁判が行われた。カール大帝はフランクの伯制度をイタリア王国に導入したとき、ランゴバルド人大公に代えてフランク人やアラマン人などアルプス以北出身の伯を任用した。もっとも、この措置は緩慢かつ不完全であった。一方、大公とともに地方統治を担っていたガスタルディウスは、カロリング期にはフランクの副伯と同化し、伯役人へ転化した。

伯領が主に王国の中核地帯に導入される一方で、辺境には外敵の侵入から帝国を防衛するため、のちに辺境伯領とも称される大公領が設置された。このうちフリウーリ大公領とスポレート大公領は、ランゴバルド期の同名の大公領を継承したのに対し、トスカーナ大公領はルッカ伯に諸伯を統括する大公職を兼任させるかたちで新たに設置された。

カール大帝やその後継者は、カロリング家の故地アウストラシア分王国を主な出身地とする「帝国貴族層」を、イタリアの都市・地域へ大公や伯として送り込んだ。スポレート大公のウィドニード家、フリウーリ大公のウンルオキンギ家、トスカーナ大公のアデルベルティ家、ブレッシャ伯のスッポニード家がその代表例である。このうちウィドニード家の例を挙げるならば、ライン中流域からモーゼル川流域に源を発するこの家門出身のランベールは、フランク王国西部ナント伯領を統括していた。しかしロタールの支援者であった彼は主人とともにイタリアへ移動し、そこでスポレート大公職に任じられた。以後、ランベールの家系はスポレートで自立的な動きを見せつつ、キリスト教世界の統一を志向したカロリング的理念に忠実であった。彼の孫グイード三世はカロリング家断絶後、自ら西フランクとイタリア双方の王になろうと試み、八九一年には皇帝に戴冠している。

国家官職は君主の封臣に委ねられた。一般に、家臣の誠実宣誓を受けた主君は、土地をはじめとする知行を授与し、封臣を保護する任務を負ったのに対して、封臣は主君に軍事奉仕などの勤務を約束した。「帝国貴族層」も封建的主従関係によって王と結びついたが、地域の中小貴族層が国家官職に任命されることも多かった。これらの封臣はランゴバルド期に遡るガシンディウスとともに、王と特別の絆で結ばれた独自の集団を構成した。

統治の一端を担って帝国各地を移動したのが国王巡察使である。ランゴバルド王はすでに巡察使を各地に派遣していたが、カロリング王はこの慣習を制度化した。帝国各地に巡察使管区が設定され、司教と伯が二人一組で定期的に地方を巡回して調査や法廷を実施し、その結果を王に報告したのである。イタリア王国では巡察使制度が体系的に実施されてはいないが、巡察使が中央と地方をつなぐ役割を果たしたことにかわりはない。

王権が統治にさいして活用したもう一つの手段は教会である。王たちは司教や修道院長を巡察使として王国政治に用いたほか、インムニテート特権を司教座教会や修道院に賦与した。教会・修道院領へ世俗役人が立ち入って公権力を行使することを禁ずるこの特権は、宗教組織を国王の直接的な保護支配のもとに置くことを可能にした。

カロリング世界の周辺

九世紀の旧ビザンツ領では、前世紀に見られた諸勢力の自立化がさらに進行した。そして、これらの勢力がカロリング朝の軍門に下らなかったランゴバルド勢力と入り乱れて覇を競い合う状況が常態化した。八三〇年代以降、イスラーム勢力の南イタリア襲撃が激しさを増すと、政治情勢はいっそう不安定化した。

旧ビザンツ領のなかで、カロリング家ともっとも緊密に結びついたのはローマ教皇領である。教皇はカロリング家のつづくかぎり、親フランク政策をとった。そのなかで八一七年、ルイ敬虔帝は特権状を発給し、教皇領での教皇の広範な統治権を確認した。しかしロタールはその七年後の勅令で、ローマに派遣する皇帝巡察使に対して都市住民が皇帝への誠実宣誓をなすべきことを定め、教皇庁の独立性を弱める方策をとっている。

教皇は旧総督領に代官を派遣するとともに、ラヴェンナで公会議を定期的に開催し、支配権確保に努めた。しかし、そこで実質的な権力を行使していたのは、地域貴族との間に緊密な政治・経済的ネットワークを築いていたラヴェンナ大司教であった。もっとも、旧総督領とペンタポリスは九世紀末以降、イタリア王国に統合されていく。

半島南部で最大の版図を有したのはベネヴェント大公領である。カール大帝がランゴバルド王国を征服したとき、大公アリキス二世は王国の正統な後継者であるという自負のもと、侯（プリンケプス）を自称した。だがベネヴェントは侯位をめぐる抗争をきっかけに、八四九年ベネヴェント侯国とサレルノ侯国に分裂した。さらに八六一年、カプア伯国がサレルノから独立した。一方、カプアとサレルノにはさまれたナポリが独自の動きを示した。今日のチュニジアに成立したシーア派を奉ずるアグラブ朝の軍隊が八二七年シチリアに上陸し、この島を拠点に半島南部へ略奪遠征を開始すると、ナポリ公は政治的生き残りと商業的利害のため、しばしばムスリムを傭兵に雇ったのである。なお、アマルフィ攻撃を企てたベネヴェント侯シカールの暗殺事件（八三九年）を契機に、それまで名目上ナポリ公国に属していた海洋都市ガエータとアマルフィが独立した。

南イタリア諸勢力がムスリムとときに同盟関係を結んだのに対し、教皇とイタリア王は異教徒からの半島防衛に努めた。とくに、ベネヴェントへの影響力強化をも目的として南イタリアに四度遠征したルドヴィーコ二世は、八六六年から五年間にわたる遠征でアラブ人の拠点の一つバーリを占領している。しかし、八七一年ベネヴェント侯によるルドヴィーコの監禁事件をきっかけに、イタリア王の南イタリアでの影響力が著しく低下した。

社会と所領経済

ランゴバルド王国の征服時に、フランク人が大挙して半島に到来することはなかった。ランゴバルド人が土地所有者層の大部分を占めたイタリア王国では、財産所有を根拠に軍隊に召集され、公法廷に臨席するアリマンニ（アリマンヌスの複数形）の伝統が強靱な生命を保った。もっとも、九世紀には自由人の没落も進行する。カロリング家の君主は自由人保護を意図した勅令をしばしば発しており、たとえばカール大帝は八一一年、国家役人をはじめとする有力者が自由人に公私にわたる過大な負担を強い、所有地を譲渡するまで軍役を課しつづけていることを非難している。農民も多くは敗訴しているものの、賦役労働などの負担や身分をめぐって領主を公法廷に訴えている。

一部のランゴバルド人がフランク人の影響を受けて、王や伯の封臣として勤務するようになったことも、アリマンニの伝統を揺り動かす一因となった。徐々に、フランク人であるか否かを問わず、封臣が軍隊において大きな役割を果たすようになる。

聖俗有力者は中小土地所有者層を犠牲にしながら所領を拡大していった。八・九世紀のイタリア北中部で普及した所領形態は二分制所領である。二分制所領とは、領主直領地と農民保有地から構成された所領のことである。とくに北イタリアでは、領主直領地が土地保有農民の提供する賦役労働によって経営された。もっとも、古典荘園と呼ばれるこの経営形態が広く展開したフランク王国の中核地帯とは異なり、イタリアの領主直領地は断片性と散在性を特徴とし、賦役労働は経営合理化のためでなく、農民を社会・経済的に統制する手段として利用された。一方、古典荘園の普及を見なかった南イタリアでは、非自由人を使役する開発途上の非耕地からなる領主直領地が多く見られた。

荘園制は一〇世紀に衰退した。それは、断片的な直領地で組織だった賦役労働の維持が困難であったこと、そして都市化の進展にともなう在地市場や地域間流通の活性化により、貨幣需要が高まったことなどによる。こうして半島北中部では領主直領地が農民保有地に分割される一方で、農民負担が賦役や現物地代から貨幣地代へと転換していった。同じ時期に南部でも直領地の保有地への分割が急速に進み、あわせて非自由人の自由人への身分解放が進んだが、保有農民は主として現物地代を負担した。

4　ポスト・カロリング期の国家と社会――八八八～一〇〇〇年頃

イタリア王位をめぐる争い（八八八～九六二年）

カロリング家断絶後のイタリア王権は脆弱かつ不安定であった。カール肥満王が廃位されると、王位はイタリア北東部に勢力基盤を有するフリウーリ辺境伯ベレンガリオ一世と、北西部に支持基盤を持つスポレート大公グイードという、母方を通してカロリング家の血をひく二人の帝国貴族出身者によって争われた。このうちベレンガリオはグイードとその子ランベルト、東フランク王アルヌルフ、プロヴァンス王ルイ三世などのライバルとの政争を生き抜き、九一五年には皇帝に戴冠された。しかし王家のカリスマ性に頼ることのできないベレンガリオは、八九九年以降半島北部に襲撃を繰り返すマジャール人を撃退するだけの軍事的資質にも恵まれていなかった。彼は支援者を獲得するため、イヴレアなどの辺境伯領や伯領を創出し、その統括者に地方貴族を就けたほか、聖俗諸侯にさまざまな特権を賦与した。しかし九二四年、ベレンガリオは王位を狙うブルグンド王ルドルフに敗れた。

ルドルフのイタリア撤退後に貴族が白羽の矢を立てたのは、カロリング家出身の母を持つアルル伯ユーグである。王国内に権力基盤を欠いたユーグは、王に即位すると王国政治に大きな発言権を持つ辺境伯に親族や股肱の臣下を据えるとともに、司教のネットワークを用いて統治した。しかし結局ユーグはイタリア王国では部外者であった。ユーグに追放されていたイヴレア辺境伯ベレンガリオ二世がドイツ（東フランク）軍とともにイタリアに侵入したとき、ユーグはもはや支持者を見出すことができなかったのである。ベレンガリオは九五一年以降、ドイツ王オットー一世の宗主権のもとに王国を統治した。

ザクセン朝のイタリア支配（九六二～一〇二四年）

一〇世紀のイタリア王国では王権が不安定である一方で、公的諸制度は機能しつづけた。国王が王国規模の集会を召集し、勅令を発布することはなくなったが、パヴィアは書記や裁判官など、司法・行政の分野で専門知識と技術を有する実務家集団の拠点として首都の地位を保持した。地方では伯や国王巡察使の主宰する裁判集会が定期的に開催された。公的な制度を維持し、ドイツ王国よりも多くの国家領収入や流通税収入を期待しえたイタリア王国は、ドイツ王にとって征服するに足る魅力を有していた。

こうして九六二年、ベレンガリオ二世を排除したオットー一世は、ローマで教皇ヨハネス一二世から皇帝の冠を受け、自ら王国統治に乗り出した。このとき、オットー一世の弟の孫ハインリヒ二世が没するまでの四代にわたり、イタリア王位と皇帝位を兼任したドイツのザクセン王家によるイタリア支配が始まった。

ザクセン家の支配については、しばしば「帝国教会体制」という言葉が使われてきた。王たちは各地の司教座や修道院に諸特権を与えて基盤を強化し、王に忠実な聖職者を司教や修道院長として送り込み、これを統治の手段とする体制を築き上げたというのである。けれどもイタリア王国内では、ザクセン家の王は聖界諸侯の権限を必ずしも強化していない。むしろ彼らは伯の強力な地域では司教を支援し、司教権力の強い地域では伯を任命して領地を賦与するというように、地域の勢力均衡に意を用いた。

このようなユーグやオットーの政策のなかで、カロリング期に遡る帝国貴族の多くは没落するか、地域貴族に変容した。これとは対照的に、ランゴバルド貴族が九世紀後半から王国レベルの政治勢力として再浮上した。たとえば、ユーグの助力によりルッカ地方からレッジョ地方へ拠点を移したカノッサ家は、アダルベルト・アットーの代にオットー一世の恩顧を得て、レッジョ、モデナ、マントヴァの伯職を授与された。さらに一〇二七年には、孫のボニファチオがコンラート二世からトスカーナ辺境伯に任命されている。

南イタリアの動向

北イタリアで王位と帝位をめぐる抗争が激しさを増した頃、平穏で安定した時代を迎えた南イタリアでは、ビザンツ勢力が復活した。ビザンツ海軍は八七六年バーリを奪取すると、八八〇年代には皇帝バシレオスの派遣したニケフォロス・フォカスがプーリア支配を確固たるものにし、カラブリアを再征服した。このときプーリアには、バーリを拠点にストラテーゴスの管轄するランゴバルディア・テマが創出された。一方、ビザンツ最後のシチリアの砦タオルミーナが九〇二年にムスリムの手に落ちると、シチリア・テマの拠点はカラブリアのレッジョに移り、まもなく管区名称がカラブリア・テマに変更された。

ムスリムの脅威もしだいに薄らいでいった。とりわけ南イタリアのキリスト教勢力は九一五年、イスラーム勢力が三〇年来略奪の拠点としていたガエータ近郊ガリリアーノ河口の根城の掃討に成功した。その後も半島南部はムスリムによる攻撃の対象となったものの、多くは貢納金の支払いをもって休戦している。

ランゴバルド系侯国では、内政が安定化した。カプア伯アテヌルフ一世が九〇〇年無血クーデターによりベネヴェント侯位を掌握すると、この家系が一〇世紀末までカプア＝ベネヴェント侯国を統治することになる。サレルノ侯国では一〇世紀に農村開発と商業活性化が進んだが、それはガイマール二世の家系による安定した統治下でのことである。カンパーニャの都市国家や教皇領でも、支配者の地位を世襲的に担う家門が成立した。教皇領ではテオフィラット家が一〇世紀のローマ政治を主導したが、このうちアルベリコはプリンケプスを自称するとともに、自身の子をヨハネス一二世として教皇に据えている。

テオフィラット家のローマ支配に終止符を打ったのはオットー一世である。ローマ教会の保護者を自認するオットーは、九六三年にはヨハネス一二世を廃位し、対立教皇レオ八世を選出させた。また「ローマ帝国の復興」理念を掲げてローマに乗り込み、皇帝に戴冠されたオットー三世は、ローマ貴族間の党派抗争を終わらせるべく、アキテーヌ出身のジェルベール・ドーリヤック（シルヴェステル二世）をはじめとする非イタリア人を教皇に選出した。しかし皇帝による教皇人事への介入は、ローマ政治の不安定化を助長しただけであった。敵対する党派が対立教皇を支持し、さらなる混乱を招いたからである。

ローマ以南のイタリアでは、九六六年にオットー一世が軍事遠征したとき、均衡状態が崩れた。オットーはカプア＝ベネヴェントのパンドルフォ鉄頭侯と同盟を結び、南イタリアで宗主権を確保しつつ、息子オットー二世をビザンツ皇女テオファノと結婚させ、二つの帝国間の和平を固めた。オットー二世は襲撃を再び活発化させていたムスリムの掃討とビザンツ領の併合をもくろんで、九八二年南イタリアに侵入したが、カラブリアのコロンナ岬でムスリムとの戦いに大敗した。一方、パンドルフォはサレルノ侯位に自身の子を就けるほどの勢力を誇ったが、彼の死後、九八二年に侯国は再び三つに分裂した。

ドイツ王の遠征と異教徒による襲撃の激化はビザンツ領再編の引き金となった。皇帝ニケフォロス・フォカスはイタリア統治の担い手として、ストラテーゴスと同様の軍民両権を持ちつつ、上級の官職カテパノを配置した。ランゴバルドの侯国、カンパーニャの都市国家、プーリアとカラブリアのビザンツ領、そしてムスリム支配下のシチリア――群雄割拠の状態は、ノルマン人が南イタリアを征服する一一世紀後半までつづくことになる。

定住変動と地域権力の成長

紀元一〇〇〇年頃の半島各地では、緩やかなまとまりを持つ集村と散村の入り混じった伝統的な農村景観を大きく変える事態が進行していた。丘の頂や斜面のあちこちに、カストルムと呼ばれる城塞集落が建設されたのである。カストルムは中心に領主の砦あるいは教会を戴き、その周囲を農民家屋が取り巻き、外縁を城壁で囲まれた形状を持つ。

城塞集落は北イタリアで一〇世紀初頭に建設され始め、九五〇年以降はビザンツ領を除く半島全域に広がった。一般にインカステラメントと呼ばれる城の建設運動の直接の契機は軍事的脅威である。王位をめぐる抗争が激しさを増すイタリアでは、外敵の脅威を前に王はもはや王国住民を保護するだけの軍事力を持たなかった。そこで、王は防衛を地域社会に委ねるべく、築城権を地域の聖俗領主層に賦与した。しかし領主層はまもなく王の許可を得ずに城を建設し、ここに地域住民を受け入れ始めた。領民保護は容易に支配へ転化するものである。実際に、領主層は裁判権や軍隊召集・指揮権、そして貢租徴収権など、本来は国家に属する公的な権限をわがものにして、城を中心とする空間の支配者として振る舞うようになった。こうして領域的な領主支配体制が形成されていく。

領主層の実力的基盤を構成したのは、封建的主従関係によって結ばれた戦士集団（ミリテース）である。カロリング期には理論上、軍役がすべての自由人に課せられていたが、徐々に戦士が軍隊の主力を担うようになる。富裕農民層を含むこの集団は紀元一〇〇〇年頃までに貴族の最下層を構成するに至り、領域支配の一翼を担った。

バン領主制とも言われる領域的な領主支配体制の成立は、農民層にとっては公的な世界からの排除を意味した。戦闘力は紀元一〇〇〇年までに戦士（騎士）たる貴族身分の独占するところとなり、自由人に開かれていた公法廷も一一世紀に消滅する。農民は土地所有者も保有者も、自由人も非自由人も等しく領主法廷で裁かれることになった。もっとも、イタリアは領主支配圏で覆い尽くされることはない。バン領主制が大きく進展する一一世紀

図1－3　1000年頃のイタリア

出典：C. Wickham, *Early Medieval Italy*, London 1981, Map 3をもとに作成。

には、新たな政治勢力として都市コムーネが形成途上にあったからである。

（西村善矢）

参考文献

五十嵐修『王国・教会・帝国――カール大帝期の王権と国家』講談社、二〇〇一年。

岡地稔「ゲルマン部族王権の成立――東ゴート族の場合」佐藤彰一・早川良弥編著『西欧中世史（上）――継承と創造』ミネルヴァ書房、一九九五年、六九～九〇頁。

P・ギアリ著、鈴木道也・小川知幸・長谷川宣之訳『ネイションという神話――ヨーロッパ諸国家の中世的起源』白水社、二〇〇八年。

城戸照子「インカステラメント・集村化・都市」江川溫・服部良久編著『西欧中世史（中）――成長と飽和』ミネルヴァ書房、一九九五年、一二九～一五〇頁。

佐藤彰一『カール大帝――ヨーロッパの父』（世界史リブレット二九）山川出版社、二〇一三年。

竹部隆昌「ビザンツ領南イタリア――ビザンツ・西方・イスラムの衝突と交流の地」竹部隆昌・井上浩一・根津由喜夫・足立広明共著『ビザンツ　交流と共生の千年王国』昭和堂、二〇一三年、九三～一一八頁。

B・ランソン著、大清水裕・瀧本みわ訳『古代末期――ローマ世界の変容』（文庫クセジュ）白水社、二〇一三年。
C. La Rocca（ed.）, *Italy in the Early Middle Ages*, Oxford 2002.
B.M. Kreuz, *Before the Normans. Southern Italy in the Ninth and Tenth Centuries*, Pennsylvania 1991.
C. Wickham, *Early Medieval Italy. Central Power and Local Society 400-1000*, London 1981.

歴史の扉 1

移行期の経済――考古学の成果から

古代から中世への移行期のイタリア半島では、後期ローマ国家の解体の過程で社会や文化・価値観の軍事化が進行しただけでなく、経済システムが変化した。近年めざましい成果を上げている考古学の所見は、ローマ的な都市空間や手工業生産、交易活動、そして物質文化が大きく変容したことを明らかにしている。

イタリア諸都市では、三世紀に始まる都市空間の解体が五世紀に加速した。ローマ風の都市生活に不可欠なフォルムや競技場などの公共建築は放棄されるとともに、城壁や上下水道などのインフラは廃墟と化し、格子状の道路網も解体していった。個人住宅の構造が簡素化し、建築技術も単純化した。さらに城壁内に菜園や墓地が進出するなど、都市景観の農村化も進んでいる。都市空間の解体が極限に達した七世紀には、豪華な邸宅がほぼ消滅し、ランゴバルド王国内の都市では藁葺き屋根を持つ木造家屋が増加した。

物質的貧困化は農村をも襲った。農業生産の拠点である豪華で大規模なウィラが減少する一方で、廃墟と化したウィラは質素で小規模な複数の家屋へと置き換わっていった。ウィラが消滅したのは七世紀のことである。

都市の農村化やウィラの消滅は、都市のエリート層が公共建築や競技に私財を投ずるなど、古代的な支配者の美徳である気前よさへの関心を薄れさせていっただけでなく、公共建築や農業生産に投資する経済的余裕を失って自給自足化が進んだことをも示している。実際に、ヴァンダル人によるカルタゴ占領後も存続していた北アフリカ産の精陶食器や東方産の食料品、奢侈品などのイタリアへの輸送は、アラブ人がカルタゴを占領した六九八年頃に停止した。もっとも、ビザンツ帝国が地中海の北東海域で影響力を保ったこともあり、コンスタンティノープルとローマを結び、エーゲ海域とイオニア海、シチリア島を中継地とする海上交易は、規模を縮小させながら八世紀にも維持された。

交易の縮小は地域間商業に波及した。農業や手工業の生産活動は需要の低下もあって停滞し、農産物や手工業製品の流通圏は七世紀には単一の都市領域にまで縮小した。あわせて製品の単純化も確認されている。

ところが、半島で軍事的な緊張緩和の見られた七世紀末に経済局面が反転する。農村化した旧市街では、司教座などの宗教施設や世俗権力の居館の周りにしばらく前から新しい定住地が形成され、大海に浮かぶ群島のごとき景観が出現していたが、七世紀末頃から教会をはじめとするモニュメンタルな建物の建築活動が再開されるとともに、手工業生産が再び活気を帯びた。商業の活性化をもっともよく表すのは、ポー川デルタからヴェネト地方のラグーナ（干潟）にかけてのアドリア海沿岸地帯に、一連の交易拠点が成立したことである。なかでもポー川デルタのコマッキオは、港湾施設の整備をきっかけに七世紀末頃からランゴバルド王国に属するポー川流域の諸都市を販路とする交易港（エンポリウム）へと成長し、塩をはじめとする在地産品の輸出に加え、エーゲ海域や南イタリアを産地とするオリーブ油やワイン、魚醬（ガルム）、そして胡椒など東方由来の商品の中継地として発展した。

ランゴバルド領とビザンツ領の間の人や物資の流れは、半島中南部でも活発化した。ランゴバルド王や大公は農村開発および移動する人や物資の管理拠点として、街道沿いや境界地帯に修道院を建設・再建した。北部のノナントラ修道院や中南部のモンテ・カッシーノ修道院、ファルファ修道院、サン・ヴィンチェンツォ・アル・ヴォルトゥルノ修道院、そして七世紀に開削されたパヴィアとローマを結ぶフランチージェナ街道沿いに立地するトスカーナのモンテ・アミアータ修道院などがその例である。

カロリング期には在地商業や地域間商業に加えて、海洋都市を担い手とする地中海商業が発展した。ヴェネツィアは八世紀末以降、フランク王国とアラブ人をつなぐ奴隷の中継交易をてこに、アドリア海でコマッキオに代わり主役に躍り出た。八一二年ビザンツへの帰属をカロリング王から正式に認められると、ヴェネツィアは事実上の独立を享受し、アドリア海を地中海の東西を結ぶ主要交易路の一つへと押し上げた。しかし、紀元一〇〇〇年頃ヴェネツィアを凌ぐ交易の拠点として繁栄したのはアマルフィである。八七〇年代に教皇からローマでの交易特権を得たアマルフィ商人は、北アフリカのアグラブ朝、次いでエジプトのファーティマ朝とも緊密に結びつきながら、三角貿易を地中海で展開した。彼らは穀物、亜麻、木材、鉄をイスラーム世界に輸出し、これと引き換えに獲得した金や香辛料をコンスタンティノープルで売却して、織物、宝石その他の奢侈品を輸入したのである。

（西村善矢）

第2章

都市コムーネから領域国家へ——中世盛期〜後期

1 都市コムーネの世界

コムーネの誕生

一一世紀、現在のイギリスやフランスなどヨーロッパ各地で、カロリング帝国の解体後に群生した地域的権力を糾合し、広い領域に及ぶ国々が育ちつつあった。同じ時期、イタリア半島の中部と北部では、同様に領域をまとめる権力として、独特の政体が育っていた。「都市コムーネ」と呼ばれる自治都市共和国である。

「コムーネ」という言葉は元来「皆の」「全体の」という意味の形容詞であったが、やがて都市に住む人びと全体の政府という意味の名詞になった。初期中世、異民族の侵入や地域の貴族同士の戦争などの対外的危険や市民同士の争いに対して、都市に住む人びとは司教を中心に結束し、平和と安全の維持に努めた。古代ローマ以来、イタリア半島の都市は「キヴィタス」と呼ばれる地域行政単位の中心地であり、都市とその周辺の領域において、公《おおやけ》の権限を政府に委託されて行使する長い伝統を持っていた。次いで古代末期にキリスト教会の司教座が都市に置かれて信仰と精神的結束の核となり、一〇世紀には、神聖ローマ帝国の皇帝オットー一世が司教に伯としての世俗の統治権も与えた。都市に住む人びとは、この司教に協力するという形で、さまざまな公的な権限の行使に携わっていた。

この統治への協力が、いつ、どのような形で市民自身の自治に転化したのかは、史料の欠落のため判然としない。だが一一世紀末から一二世紀の初めにかけて、各地でコムーネの代表である役人の役職名「コンソレ」が史料上に姿を見せ始めるということは確かである。もっとも早い例をいくつか挙げれば、ピサで一〇八一年から八五年の間に、アスティで一〇九五年に、ミラノで一〇九七年に「コンソレ」が登場している。コンソレの数は時期や都市ごとにまちまちだが、ミラノでは一一二〇年に二三人、一二世紀後半には大体八人から一三人である。「コンソレ」は古代ローマ共和国の役職「コンスル」にあやかった名前であり、コムーネがローマ法によって自分たちの正当性を主張しようとしたことを示唆している。初期のコムーネは事実上公的な役割を果たしていたが、王や皇帝などの上位権力から承認された組織ではなかった。さらに、司教や貴族など、都市コムーネ以外の多数の権力がコムーネと共存していた。このような状況のなかで、コムーネが司教から完全に独立した政府になり、徴税や軍事、司法などの公的権限を行使する共和国となったのは一二世紀中葉になってからのことである。

この都市共和国は、古代都市の領域統治の中心としての伝統と、司教が伯として統治にあたった伝統の双方に由来する性格を兼ね備えていた。「コミタートゥス」と呼ばれる伯管区は大体司教区に一致する領域で、都市とその周辺の領域を含んでいた。その結果都市コムーネの公的権限も、都市だけでなく周辺に広がる農村領域にも及び、都市が周りの広い農村領域を支配することになる。このように都市の支配に服する農村領域は「コンタード」と呼ばれるようになる。

周辺の農村領域を一体的に支配し統治者として公権を行使する、という都市は、イタリアを除けば、南フラン

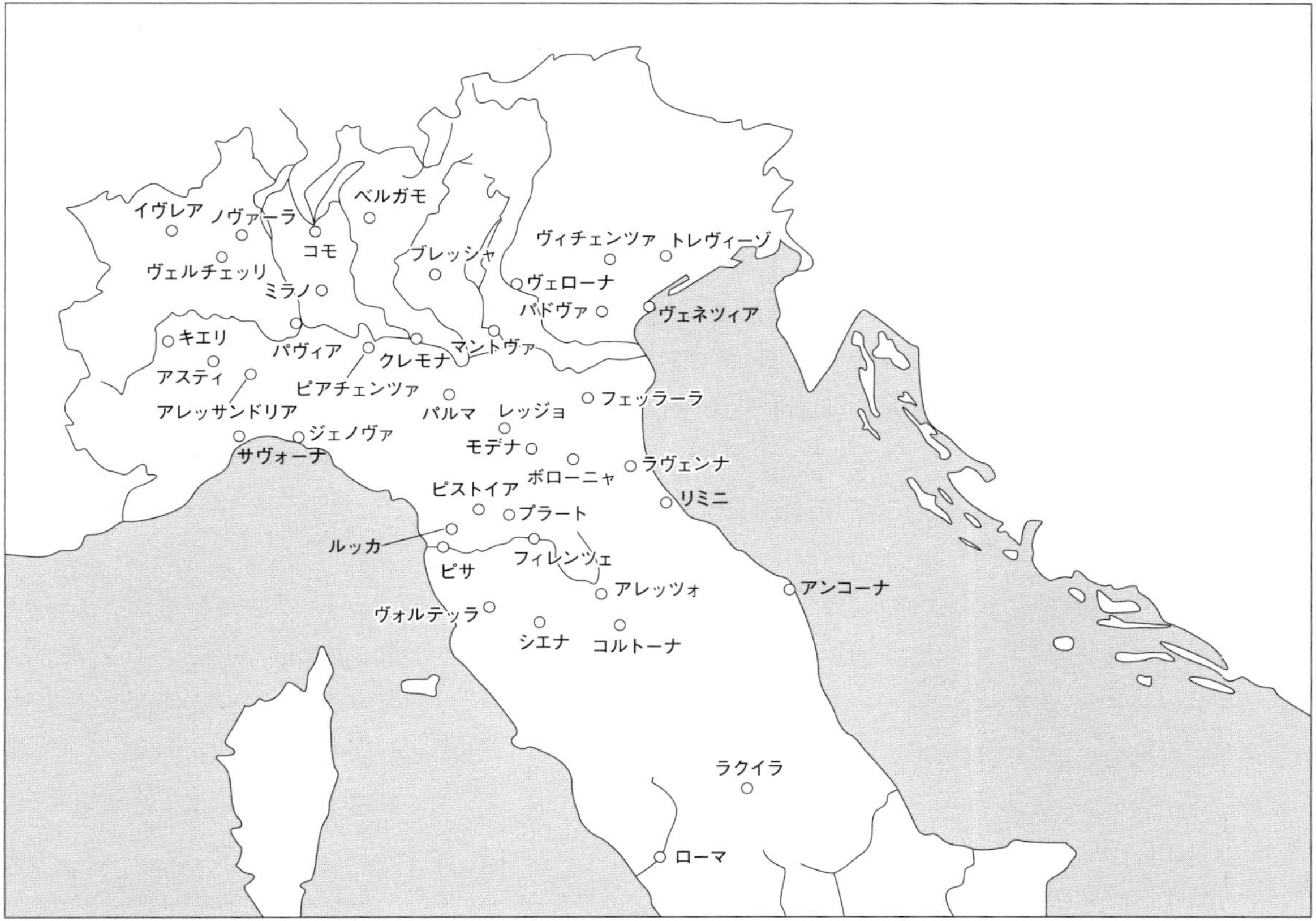

図2－1　13世紀頃の中北部イタリアの主な都市

出典：Giorgio Chittolini, *Storia medievale*, Firenze 1995（Carlo Capra-Giorgio Chittolini-Franco Della Peruta, *Corso di Storia I, storia medievale*), p. 552 より作成。

スやスイスなどごくわずかな地域にしか存在しない。イタリアの自治都市コムーネの際立った特徴の一つは、コンタードを支配する公権力であるというところにある。

フリードリヒ・バルバロッサ戦争

都市コムーネが承認なく公的権限を行使していたということは、皇帝から見れば統治権の簒奪に相当する事態だった。だが都市コムーネが姿を現した一一世紀から一二世紀前半は、ドイツ王位をめぐってホーエンシュタウフェン家とヴェルフェン家の間で熾烈な争いが繰り広げられた時期であり、神聖ローマ皇帝がイタリアの情勢に干渉する余裕はなかった。イタリアの自治都市が成長した理由の一つは、このように上位権力が遠くにあったことにある。

一一五二年、ホーエンシュタウフェン家のフリードリヒ一世が帝位に就くと、この状況は一転した。「バルバロッサ（赤髭）」とも呼ばれるフリードリヒは、父方にシュタウフェン家の、母方にヴェルフェン家の血を引いており、シュタウフェン・ヴェルフェン抗争を収め、広大な帝国を再びまとめあげるという課題を担って登場した。膨大な資金力と軍事力を要する十字軍と四方の緊張関係に立ち向かうためにも、帝国は内部の分裂を収束させ、皇帝の権威と財政基盤を固める必要に迫られていた。フリードリヒは重要施策としてイタリア支配の再建を定めた。一一五四年から八四年にかけて、三〇年間に渡って断続的に続けられたイタリア遠征の始まりである。

この頃都市コムーネは、コンタードの支配をめぐって互いに争いを繰り返していた。ミラノの攻撃を受けたコモとローディが皇帝に支援を依頼したのを受けて、バルバロッサは都市間の争いを収めるという名目を掲げ、イタリア遠征の途に就いた。しかし、今や強固に根づいた自治を守ろうとする都市コムーネの抵抗は激しく、遠征の困難はすぐに明らかになる。そこでバルバロッサは、帝国の支配の正当性を支える法的枠組みを学識法学に基づいて明確にし、イタリアでそれを受け入れさせる必要を痛感することになった。

ロンカリア帝国議会

帝国のイタリア支配の法的根拠を明らかにするため、フリードリヒはローマ法学者たちの協力を要請した。鍵となったのは「レガーリア」と呼ばれる権利である。レガーリアは「皇帝の権利」と訳され、裁判や財政、軍事等に関する公的な性質の権利のうち、元来帝国に属する諸権利を指すが、当時のイタリアではすでに都市コムーネが事実上行使していた。

一一五八年、フリードリヒの第二次イタリア遠征でミラノは包囲を受けて降伏を余儀なくされ、条件としてレガーリアの放棄を受け入れなければならなかった。レガーリアの具体的な内容は、同年一一月、フリードリヒがロンカリアに召集した帝国議会で示された。それによると、帝国財産のほかに、アリマンニと呼ばれる自由人の土地に関する権利、公道と舟行可能な河川と港に関する権利、通行税と関税の徴収権、造幣権、罰金徴収権、相続者のない財産や深刻な犯罪を犯した者の財産を没収する権利などは帝国のものとされた。加えて、皇帝による軍事遠征の支援のために、軍事奉仕の代わりに金銭で納める税を徴収する権利もレガーリアに属した。さらに自治都市にとって重要な問題は、役人、とくに司法官を任命する権利もレガーリアに属するとされたことであった。同じロンカリアで、フリードリヒは都市による同盟の形成などを禁じる「平和に関する憲章」も発布した。

しかし、ロンカリア帝国議会後のフリードリヒの政策は都市ごとに異なった。遠征中に皇帝を支持したクレモナにはコンソレを自由に選ぶ権利を認め、一定額の貢租の支払いと引き換えにレガーリアが授与された。一方、あくまで抵抗したミラノには、皇帝が任命する役人「ポデスタ」が押し付けられた。

ミラノはやがて専横に耐えかね、ポデスタを追い出した。そこでフリードリヒは一一六一年、再びミラノを包囲し、翌一一六二年、ミラノは完全に破壊された。だが同じ時期、帝国の支配に抵抗するため、ヴェネト地方やエミーリャ地方の各地で、都市が結集していくつかの地域的な都市同盟が生まれていた。一方で、相続人なく世を去ったトスカーナ女伯マティルデの遺領の帰属をめぐる争いをきっかけに、神聖ローマ帝国と教皇庁の間の緊張が再び高まっていた。マティルデは、イタリア半島中北部から南部の広大な所領を遺言で教会に寄贈したのだが、それを後に皇帝への寄贈に変更していたためである。そのような状況のなかで、教皇アレクサンデル三世は、皇帝に対抗しミラノを支援していた。これらの対皇帝勢力が、フリードリヒの第三次イタリア遠征にさいして集結することになる。

ロンバルディア同盟

一一六六年、フリードリヒが三度目にイタリア半島へ南下すると、ミラノを含む各地の都市同盟が結集し、翌六七年、ロンバルディア同盟と呼ばれる都市同盟が結成された。そして一一六八年には、同盟は教皇アレクサンデル三世の名を冠した都市、アレッサンドリアを建設する。都市の建設は皇帝の権限に属したため、この事実は都市同盟の皇帝への抵抗の表明でもあった。

都市同盟という現象そのものは決して新しいものではなく、その時々の目的や利害の一致と対立に応じて、結ばれては解消されることを繰り返していた。しかし一二世紀前半までの同盟の多くは二都市間のものであり、個々の問題を解決するための委員会がつくられることはあっても、恒常的な機関に発達することはなかった。これに対してロンバルディア同盟は、持続的な組織としての姿をとった点で異なっている。加盟した各都市は、それぞれの都市の通常の統治に携わるコンソレとは別に、ロンバルディア同盟全体の共同行為を指揮するための役人「レットーレ」を任命した。レットーレたちは同盟の内部の紛争を収め、軍事行動の方針や防備施設建設計画を定め、同盟の外交と財政に携わり、新規加盟者の受け入れを吟味した。つまりロンバルディア同盟は、皇帝に対抗するための軍事と外交だけではなく、都市間の関係調整という内政機能も発達させたわけである。都市間抗争の最大の原因であったコンタードの支配権をめぐる争いも、同盟内の紛争解決の対象となった。こうして都市同盟は、個々の都市を超えた秩序を担う主体として姿を現し、都市間の調整と交流が一挙に進むきっかけとなったのである。

教皇庁もロンバルディア同盟に支持を与え、皇帝の立場はしだいに微妙なものになっていった。一一七六年、フリードリヒとロンバルディア同盟軍はレニャーノで対戦し、結果、皇帝が大敗を喫した。その後、フリードリヒは講和の準備に入ったが、和平交渉の担い手となったのは、ロンカリアで皇帝に禁じられた都市同盟の指導者、レットーレたちであった。

コンスタンツの和約

一一八三年、コンスタンツの和約が結ばれた。この和約は、最終的に帝国と都市コムーネそれぞれの権利を定め、その後の両者の関係を定める規範となった。

コンスタンツの和約の第一の意義は、皇帝が都市コムーネに大幅に譲歩し、レガーリアをコムーネに認めたことである。すなわち、都市とコンタードにおける裁判権、徴兵権、フォドゥルム課税権、徴税権と通行税徴収権、城砦建設権と森林・河川・放牧地等の資源の用益権が都市コムーネに認められた。都市同盟も承認され、都市の利益を損なうような特権は取り消された。さらに、都市には役人を自分たちで選出する権利と、司法官を選出し、上訴裁判を除いた刑事裁判を自治的に行う権利が認められた。行政と司法の双方における自治が完全に帝国の承認を獲得し、合法化されたのである。

自治が帝国によって合法化されるということは、都市コムーネが帝国の権威を受け入れ、法的に帝国の内部に組み込まれるということをも意味していた。しかしコンスタンツの和約は、本質的に都市コムーネがレガーリアを行使することの承認であり、ロンカリア議会路線の完全な転換を意味していた。言い換えれば、自治共和国都市コムーネの正統性を宣言するものでもあったのである。

都市コムーネの政体の変遷

一一世紀末以降の十字軍運動を契機に、ジェノヴァ、ピサ、ヴェネツィアなどの海港都市の商業は飛躍的に拡大し、やがて一三世紀には、イタリア商人は地中海・黒海・北海を結び、東西南北の海に商業圏を拡大した。海上商業とともに内陸部の商工業や農業も活発化した。これら内陸都市の商人たちは、やがて教皇庁の徴税人や、世俗の君主へ融資を行う金融業者としても活躍するようになった。商業の技術も変わった。それまで隊商を組んで遍歴していた商人が、商業拠点に定着して、代理店を通じて取引を行うようになった。これにともなって、商業通信制度や海上保険も発達した。こうした経済的変化を受けて、商工業やさまざまな専門職に携わる市民たちが政治的にも力をつけていった。

このような活発な都市経済の発展と社会の変化に対応して、都市コムーネはしだいに制度を変えていくことになった。具体的な変化の形や時期は都市ごとに大きく異なるが、およその共通性を引き出すなら、多くの都市コムーネが次のような推移を遂げたと言える。

「コンソリ」たちに指導された初期の都市コムーネを、歴史家たちは「コンソリ制コムーネ」と呼んでいる。「コンソリ」の多くは都市に住む有力な貴族の出身であり、比較的均質な少数者の閉鎖的な集団をなしていた、とかつては考えられていた。しかし近年は、貴族たちの間には小さからぬ社会的・経済的な地位の差があり、多様な人びとを含む集団であったと解釈されている。しかし彼らはコムーネの軍に騎兵として奉仕し、そのための馬を養うことのできる「騎士」であるという共通点を持っており、有力者として他の市民たちとは一線を画していた。都市経済の発展とともに市民たちの上昇や没落が頻繁に生じるようになると、コンソリ層の入れ替わりも激しくなった。とはいえ、圧倒的多数の市民である平民がそこから排除されていたことは確かであった。

コムーネの制度史的な第二段階は、フリードリヒ・バルバロッサ戦争の終了とともに訪れる。バルバロッサが設置した役職「ポデスタ（執政官）」は結局退けられたが、同じ役職名は後に再登場する。都市コムーネではやがて、少人数のコンソリが集団で都市を統治する体制に代わって、都市共同体が単独の執政官を任命し統治を任せる新しい体制が生まれ、この執政官に「ポデスタ」という役職名が採用されることになったのである。この執政長官への単独統治委任体制は、「ポデスタ制」と呼ばれている。

ポデスタ制はなぜ生まれたのだろうか。一二世紀末から一三世紀には、都市経済が大きく前進し、新しい平民層が実力をつけてきた。これらの平民層は「ポポロ」と呼ばれ、しだいに政治への影響力を高め、やがて居住する街区を基につくられた街区共同体や、「アルテ」等と呼ばれる同職組合を基盤として結集するようになった。このように多様化した社会に対して、旧来のコンソリ層では公平な統治が実現できず、そのため、都市内部の対立に対して中立な役人としてポデスタが設定されたのである。そのためポデスタは他の都市の市民から選出されることが多かった。不正や独裁を防ぐため、ポデスタの行動は都市条例によって厳密な統制を受け、任期が終わると公正な統治を行ったかどうかについて都市評議会の審査を受けた。

ポデスタ統治の傍らで平民層の独自の組織も成長をつづけた。平民層の街区共同体や同職組合は、自衛や治安維持のための武力を持った集団であった。やがてこのような組織が発展し、貴族によって統治された公式のコムーネの組織と並ぶ、ポポロに固有の新しい統治組織が生まれた。これは「ポポロのコムーネ」と呼ばれ、「カピターノ・デル・ポポロ」と呼ばれる長官が公式のコムーネのポデスタに相当する役割を果たした。

こうして一三世紀中葉には、一種の二重コムーネが誕生した。ポポロと貴族の対立のなかで、一部の都市では平民層それ自体が上層と下層に分裂し、上層平民が貴族を除いて都市の実権を握ると同時に下層平民を排除することもあった。このような、貴族と多様な平民の争いと、後に見る党派抗争が複雑に絡まり、都市コムーネは激しい抗争の舞台となってゆく。

コムーネの政治文化

ポデスタ制は、各都市のいわば地元貴族であるコンソリ層では解決できない新しい問題への対応として生まれた。コンソリの職務には裁判、行政、軍事のほかに政治的方針の決定も含まれていたが、ポデスタの職務は執行である。ポデスタはコムーネ評議会で行われた決定を、コムーネの条例に厳格に従って執行し、コムーネ評議会の司会を務め、都市行政上の部局の職務を調整した。法令を定めるのもポデスタの権能に属した。さらに、ポデスタは最高裁判官であるとともに、コムーネ軍を指揮する軍事長官でもあった。治安、都市計画、インフラ整備もポデスタの任務であった。

このような広範な職務を、自分が市民として属さない他都市で務めるためには、きわめて高度な知識と統治の技術が必要である。一言で言えば、ポデスタは「統治のプロ」であった。政治を専門職として、あちらこちらのポデスタ職を歴任するプロフェッショナル集団の存在――これがポデスタ制実現を支えた要因であり、その背景には、ローマ法学の普及、政治制度と経済の発展に促された文書の作成・保管と有効管理の技術の発展といった、全般的な政治文化の成熟があった。都市コムーネのもっとも大きな達成の一つが、このような政治文化にあったと言っても過言ではないだろう。

ポデスタは裁判官や書記などの役人をともなって，都市から都市へと移動した。そのため，ポデスタを交換しあう多くの中北部イタリア都市の間には，しだいに共通の政治文化とともに，都市間の緊密な交流が育っていった。このような，絶え間ない緊密な交流と交換のなかで育ち，共有された文化こそが，互いに独立し，頻繁に激しく争い合った都市コムーネの強固な自治を支えていたのである。

2　南イタリアの国家

ビザンツ帝国とランゴバルド王国の間で

同じ頃，イタリア半島南部でも，多くの地域的な政治勢力が分立し，絶え間ない対立と抗争を繰り返していた。半島中北部の主な上位権力は神聖ローマ帝国であったが，南部には二つの権威が健在であった。一つは，ユスティニアヌス帝時代に南イタリアを再征服したビザンツ帝国であり，もう一つは，北部の王国中心地が消滅した後，南部だけに生き残ったランゴバルド王国である。

一一世紀のカンパーニャ地方は，ランゴバルド系の君侯領と，ビザンツ帝国の支配権に服する公国とに分立していた。ベネヴェント侯国，サレルノ侯国，カプア侯国の三つはランゴバルド王国領，ガエータ公国，ナポリ公国，ソレント公国，アマルフィ公国の四つはビザンツ帝国領であったが，事実上は上位権力の支配の及ばない自立した国家であった。一方，プーリア地方，バジリカータ地方，カラブリア地方の大部分には，ビザンツ皇帝の権威が直接及んでいた。シチリアだけは，ムスリム支配下にあった。

海洋貿易で栄えた活力ある都市は自治を求めており，また国家の役人である伯やガスタルドも，地域支配を固めて独立した領主になることを目指し，地域での優勢を求めて競合していた。そのため，しばしば自らの対抗勢力に劣らぬ支配の正統性を求めて、北の神聖ローマ皇帝やローマ教皇の権威に訴える勢力も現れた。

ノルマン朝シチリア王国

このような分立状況の渦中で、ノルマン人の騎士勢力が傭兵として少しずつ南イタリアに入り込んでいた。一〇三五年頃、その一団であったオートヴィル家の三兄弟がアヴェルサにやってきて、サレルノの対ビザンツ戦役のなかで頭角を現し、やがてプーリアやカラブリアで次々に土地と領主権を獲得していった。一一世紀中葉、ノルマン騎士勢力の重要性が否定できないものになると、分立していた諸勢力が反ノルマン同盟を結成し、これに教皇レオ九世も参加した。この頃の南イタリアの教会はコンスタンティノープル総大主教の統制下にあり、教皇はこの地域をローマ・カトリック教会が掌握するために軍事介入を図ったのである。しかし教皇は一〇五三年にプーリアで敗退して捕囚の憂き目にあい、一年後、身柄の解放と引き換えにオートヴィル家の征服を権利として承認することとなった。

この合意をもとに、一〇五九年八月、教皇ニコラウス二世と、プーリア伯となっていたオートヴィル家のロベールの間にメルフィ協定が結ばれた。ここで教皇は、ロベールを「プーリア、カラブリアおよび将来のシチリア公」に授封した。メルフィ協定の締結は、教皇とノルマン人の間に封建的主従関係が結ばれたということを意味していた。したがって、これを契機にノルマン人の支配権が公式に認められると同時に、封主としての教皇の立場も確立し、南イタリアにローマ教会の勢力が伸張することになったのである。やがてオートヴィル家のロジェールがシチリアを征服し、一〇七二年にはパレルモを獲得してノルマン人のシチリアにおける覇権を固めた。そしてロジェールの死後に父を継承した息子のルッジェーロ（ロジェール）二世は、一一三〇年、教皇インノケンティウス二世の対立教皇、アナクレトゥス二世によってシチリアと半島南部を含む「シチリア王国」の王位を認

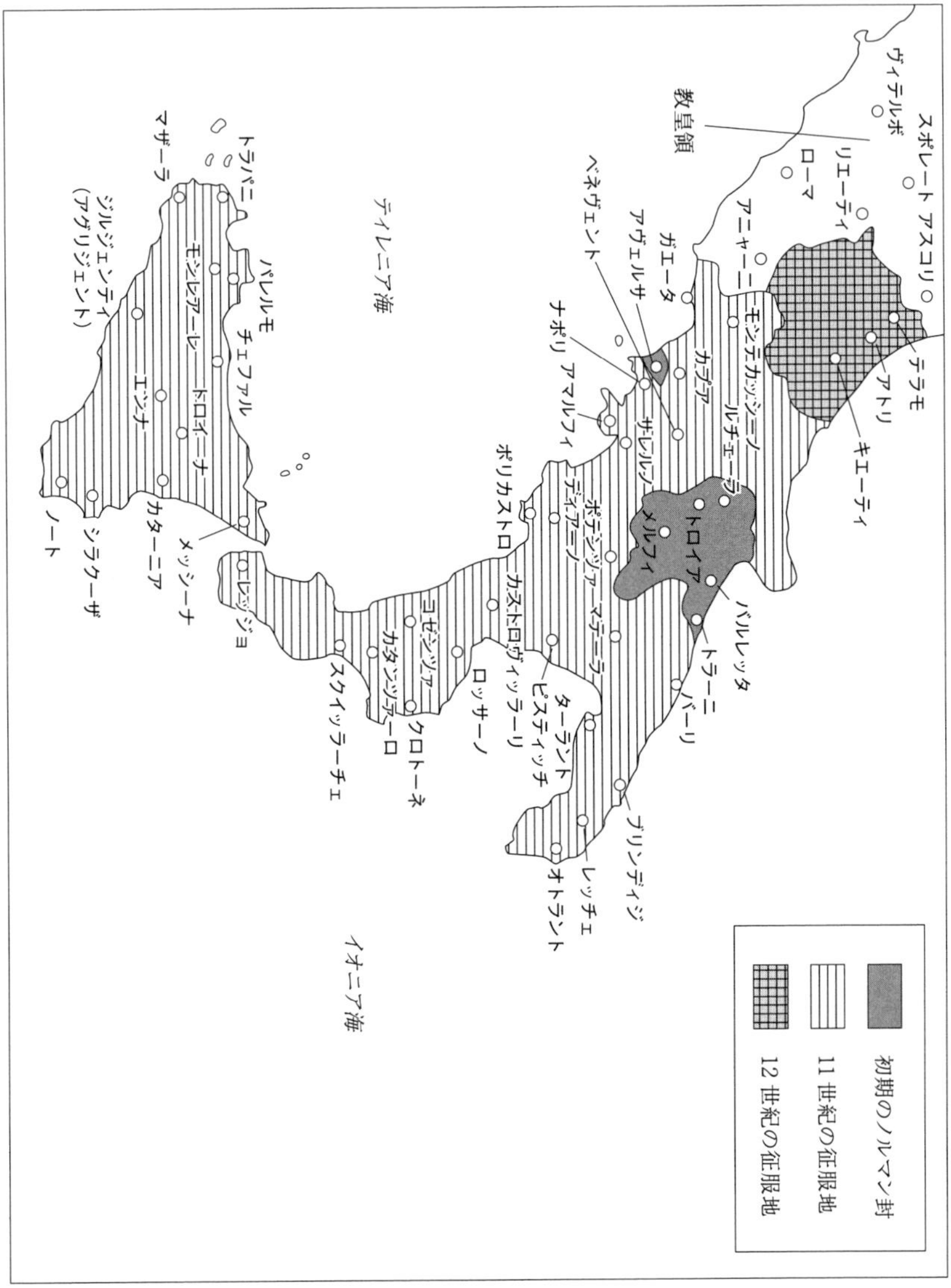

図２－２　11~12 世紀ノルマン人勢力の拡大

出典：Giovanni Vitolo, *Medioevo. I caratteri originali di un'età di transizione*, Milano 2000, p. 313 より作成。

められた。この王位はアナクレトゥスの死後、インノケンティウスによっても承認された。

シチリア王国は、それ以前は互いに異なる政治的枠組みに属していた多様な地域から成っていたが、当初は旧来の枠組みがそのまま行政区として用いられた。しかし公と侯の称号は王子にのみ与えられ、王と封建関係を結んだ諸侯は伯以下であった。伯領のほかに、国王役人の治める直轄領と、国王に直属する都市があった。大所領を持つ強大な諸侯は北方に多く、王国統治の中心となったシチリアには直轄領が多かった。都市は一般に規模が小さく、大都市はサレルノやナポリなどごく一部の都市に限られていた。

一一五四年のルッジェーロ二世の死後には、王国の中央集権化の試みと、国政機関の新設と整備が行われた。国政の最高機関として複数の大臣からなる王国最高顧問団が形成されて役人を統制し、中央政府である宮廷が行政を行った。シチリアとカラブリアの土地行政はパレルモに置かれた「ドゥアーナ・デ・セクレティース」と呼ばれる役所が行い、カラブリアを除く半島南部の行政一般には、中央政府に従属する役所「ドゥアーナ・バーローヌム」が携わった。

3　一三世紀の変動と再編

フリードリヒ二世

ルッジェーロ二世の娘コスタンツァは、ホーエンシュタウフェン家のハインリヒ六世と結婚した。その結果、その子であり、フリードリヒ・バルバロッサの孫であるフリードリヒ二世の一身に、シチリア王位と神聖ローマ皇帝位が集中する現実的な可能性がもたらされた。それを誰よりも恐れたのは、教皇領を南北から挟み撃ちにされる危機に瀕したローマ教皇インノケンティウス三世のはずであった。だがインノケンティウスは、フリードリヒに先立って帝位に就いたオットー・ブルンシュヴァイクに対抗するため、当面フリードリヒを支持し、フリードリヒにはあらかじめ、帝位に就いたさいにはシチリア王位を放棄することを約束させていた。

ところが、インノケンティウスが没すると、フリードリヒは約束を失効したものと見なして王位を手放さず、十字軍への参加と積極的な異端対抗政策の実施を交換条件に、新教皇ホノリウス三世から兼位の承認を獲得した。こうして一二二〇年一一月二二日、フリードリヒの神聖ローマ皇帝としての戴冠が実現する。一三世紀初頭、地中海の中心・シチリアから全ドイツを覆う、広大なシュタウフェン帝国の現実化が目前に迫っていた。

戴冠直後の一二月に南イタリアへ戻った彼は、カプアに王国会議を招集した。王国領内に諸侯によって許可なく建てられた城砦の破壊と、都市自治の剝奪、または縮小を命じるとともに、王国の領域支配構造の整備にかかった。同時に王国経済の振興を図り、港湾の建設・整備と安全確保に努めるとともに、王国行政組織の一層の整備を目指して、有能な法律家と官僚の育成を図り、一二二四年、王立ナポリ大学を創建した。フリードリヒは、統治の技能と物的・人的・組織的基盤を自己の手に集中することを通じて、支配を確立しようと図ったのである。

第二次ロンバルディア同盟

このようなフリードリヒの政策は、都市共和国の世界・中北部イタリアにも無縁ではありえなかった。一二二六年の復活祭、フリードリヒはクレモナに帝国議会を招集し、当時都市コムーネが行使していたレガーリアの「返還」要求を議論の俎上に載せた。激しい反発が生じ、諸都市はミラノを指導都市とし、教皇の支持を得て、フリードリヒ・バルバロッサ時代のロンバルディア同盟を再結成した。第二次ロンバルディア同盟と呼ばれるものである。

しかし皇帝を支持する勢力も存在した。とりわけ後述のエッツェリーノ・ダ・ロマーノは名だたる皇帝支持者であり、その支援を背景に着々と勢力を伸ばした。また、貴族層や帝国支持の伝統を持つ諸都市の多くは、今度も皇帝に従った。その結果、一二三七年、コルテヌオーヴァの戦闘で、ロンバルディア同盟軍は大敗を喫した。これにつづいた和平協定で、フリードリヒは諸都市に厳しい降伏条件をつきつけ、再び皇帝任命のポデスタを各都市に設置することを定めた。さらに、イタリア王国に当たる地域の大規模な領域再編成を試みた。すなわち、全体をいくつかの帝国代官区に分割再編し、領域統治の枠組みを引き直そうと計画したのである。

都市とその支配下のコンタードという領域の枠組みの上に長い自治を行ってきた諸都市はこれを拒否して抵抗をつづけ、新教皇グレゴリウス九世もロンバルディア同盟を支持した。一二三九年、フリードリヒは教皇の破門宣告を受ける。さらにグレゴリウスにつづいた教皇インノケンティウス四世は、一二四五年のリヨン公会議で、破門されたフリードリヒの皇帝位喪失を宣言するとともに、ヨーロッパの諸君侯に彼への抵抗を呼びかけた。インノケンティウスの激しい攻勢のなか、都市コムーネの抵抗はつづき、多くの皇帝派都市が教皇派に転じた。そのなかで、一二五〇年一二月一三日、フリードリヒはカステル・フィオレンティーノで没し、転変激しい五六年の生涯を閉じた。

シャルル・ダンジューとシチリア王国

フリードリヒ二世の死と同時に、神聖ローマ帝国は大空位時代に突入した。一二七三年にルードルフ・ハプスブルクが皇帝に選出されるまで、皇帝不在の二三年間、ほぼ四半世紀がつづくが、その間にイタリア半島は、中世後期の体制へ向けて大きく旋回する。

フリードリヒの死後は、子のコンラート四世が皇帝位とシチリア王位を相続していたが、現実にはフリードリヒの庶子マンフレーディが実力でシチリア王国を支配していた。マンフレーディはコンラートの死後、一二五八年に正式に王位に就いた。しかしシュタウフェン家のシチリア支配継続を教皇は望まず、マンフレーディ排除のために、フランス王ルイ九世の弟、アンジュー家のシャルル・ダンジューにシチリア王国授封を約束して軍を引き入れた。シャルルはプロヴァンスから半島を縦断して南下し、一二六六年二月、ベネヴェントの戦いでマンフレーディを敗死させた。その後コンラートの息子コンラーディンも処刑され、シュタウフェン朝は断絶し、代わって以後約二〇〇年弱つづくアンジュー朝シチリア王国の成立が決定した。

シャルルの支配は、現地人にとって負担が重く、不満の多いものであった。高級官僚としてフランス人が登用され、財政には中北部イタリアの商人が重く用いられ、なかでもシュタウフェン朝に忠実であったシチリアへの財政負担は重かった。これに拍車をかけたのが、十字軍国家であるラテン帝国復興計画である。シャルルは一二六七年に、最後のラテン皇帝ボードゥアン二世から帝国に関する権利の譲渡を受けており、この帝国の復興を目指してビザンツ帝国遠征を計画していた。計画は遠征艦隊準備に至るが、その負担は現地人に重くのしかかった。

ところが事態は思わぬ展開に至り、結果的にシチリア王国からのシチリア島の分離をもたらすことになった。一二八二年三月の復活祭の日に、遠征艦隊はシチリア島のメッシーナに集められていた。この時、パレルモでフランス人兵士が現地の女性に手をかけ、その場で女性の夫に殺害されるという事件が起こった。これをきっかけにパレルモ住民の反フランス感情が爆発し、島内のフランス人虐殺が始まった。この事件は「シチリアの晩禱」と呼ばれている。

この後、シチリアの有力者たちはフランス勢力を島内から一掃し、イベリア半島のアラゴン国王ペドロに保護を要請した。ペドロはシュタウフェン朝の最後の相続者であるマンフレーディの娘・コスタンツァの夫であり、シチリア王位を請求する権利を持っていた。同年九月、ペドロはパレルモで国王に即位し、半島部に勢力を張るアンジュー家と以後九〇年間にわたる戦争を開始した。

その後、一三〇二年にはシチリアの王フェデリーコと半島南部の王カルロ二世との間で、シチリアをアンジュー家に返還する条約も結ばれたが、結局守られず、シチリア王国はアンジュー家が支配する半島南部の通称ナポリ王国と、アラゴン家の支配する通称シチリア王国とに二分されることになった。

グェルフィとギベッリーニ

神聖ローマ皇帝の遠征にさいして、都市コムーネや封建諸侯が皇帝支持派とその反対党派に分かれ、後者が教皇の支持を得ることもあったことは先に見た通りである。これらの互いに対立する党派は、「帝国派」「教会派」と呼ばれることもあった。いずれの派にせよ、一つの都市の市民が完全に一致団結してどちらかに与していることはほとんどなかった。都市の内部も党派に分裂し、それぞれの時局で優勢な立場に立った党派が政局を決定したのである。市内の党派間の激しい争いの結果、敗北した党派はしばしば都市を追放された。これらの市内党派は、各都市の有力な貴族を指導者としてまとまり、しばしば近隣の他の都市内の党派のいずれかと連携し合っていた。自分の都市から追放されたときは、友好関係にある党派が主導権を握っている都市に亡命した。党派同士は軍事的にも協力した。このように、各都市内部に存在する党派が、都市を超えて緩やかに連携し、広域的な連合を作っていたのである。

一三世紀中葉以降、これらの党派はしだいに「グェルフィ」と「ギベッリーニ」という二つの名前で呼ばれるようになり、連携の網の目はイタリア半島の全体に広がるようになっていった。イタリア半島内の政治勢力相互の敵対関係によってそれぞれの名前の指す内容や、党派の行動は変わったため、固定的に教皇か皇帝に結びついていたわけではない。この独特の名前の語源は、神聖ローマ帝国のシュタウフェン・ヴェルフェン抗争に遡り、前者の支持者を、拠点の城砦ヴァイプリンゲンにちなんで「ギベッリーニ」、後者を家門の始祖ヴェルフにちなんで「グェルフィ」と呼んだことに由来する。しかしこの名前がイタリアの党派を指して用いられるようになったのはずっと遅く、史料の上では一二四六年のフィレンツェの事例が初出である。それが少しずつトスカーナに広がり、シャルル・ダンジューの対シュタウフェン朝戦争をきっかけに広くイタリア半島で用いられるようになった。こうしてグェルフィとギベッリーニは同盟の網の目をなし、一三世紀後半以降のイタリア半島を緩やかにつないでいたが、このような党派の結合は、次節で述べる広域的権力の土台の一つともなった。

4　中世後期の地域国家

シニョーレたちの時代

一三世紀、それぞれの都市で激しい抗争がつづくなか、しだいに単独で都市統治を実現する新しい支配者たちが各地に台頭しつつあった。彼らは初め、収束のつかない抗争を調停し、危機を乗り越えるための調停者として、都市コムーネに権力を委託された臨時の職の担い手として登場した。この地位と、その職に就く人物のことを「シニョーレ」と言う。一般にシニョーレに委譲される権力の幅は非常に大きく、それを集団ではなく一人の人物が行使するため、事実上の独裁にしだいに移行してゆくことも稀ではなかった。このようなシニョーレが都市を統治する仕組みを「シニョリーア制」という。

一体誰がシニョーレになったのだろうか。制度や役職の面から見れば、ポデスタやカピターノ・デル・ポポロがそのまま一層大きな権限を託されてシニョーレになるという場合もあった。一方社会的な背景から見れば、長い伝統を持つ貴族家門の出身者が多く、強大な武力と威信を持ち、広い地域に及ぶ領主としての支配権力を持っていた。このような家門の威信と実力は、激しい抗争を調停して都市に平和を強制するためにも有意義であった。

調停のための単独支配制度、という意味では、ポデスタ制もシニョリーア制も同じであると言えるが、なぜ新たにシニョリーア制が発達したのだろうか。一三世紀の二〇年代以降、フリードリヒ二世と第二次ロンバルディア同盟の争いが激しさを増し、帝国派と教会派の抗争が各都市内の権力抗争と結びつくと、それぞれの党派が自分の都市内部での抗争を勝ち抜くために、自派の人間をポデスタとして近隣都市に送り込むようになった。そのため、中立的な「統治のプロ」であったはずのポデスタが、党派抗争の尖兵として他都市の政治方針を左右するようになっていった。こうして大規模な戦闘と敗北党派の大量粛清と市外追放が繰り返されるようになると、抗争はすでに中立性を失ったポデスタに統御できる範囲を超えて拡大していった。このような新しい現実に個々の都市が対応するなかで、都市コムーネの政治的経験とゆるやかに連続しつつ、シニョリーア制はしだいに形をなしていったのである。

初期のシニョーレとして、マルカ・トレヴィジャーナ地方に勢力を広げたエッツェリーノ・ダ・ロマーノが有名である。都市ヴェローナのポデスタとして当初ロンバルディア同盟に協力するが、一二三二年にはフリードリヒ二世の支持に転向して帝国派の指揮官および顧問となり、一二三七年にはヴェローナ、ヴィチェンツァ、パドヴァ、トレント、および兄弟のアルベリコがポデスタとなったトレヴィーゾにも影響力を及ぼし、複数の都市を事実上支配した。

同様にフリードリヒ二世陣営に属した初期のシニョーレ、オベルト・ペラヴィチーノは、ロンバルディアの皇帝派の指導者として皇帝代官など帝国の役職に就任し、ポー川流域の複数の都市でシニョリーアを確立していった。クレモナで一二五四年に「シニョーレ兼終身ポデスタ」に就任し、ピアチェンツァのシニョーレ、パヴィアの終身ポデスタ、さらに一二五九年にはミラノの「ポポロ」の総指揮官にそれぞれ迎えられ、皇帝派の首領として軍事行動を指揮した。

地域国家の誕生と発展

こうしてシニョリーア制が誕生するまでの間に、ポデスタ制や都市同盟の形成を通じて都市間の緊密な交流は飛躍的に高まっていた。さらに一三世紀には都市内部の党派がいくつもの都市に渡って連携し、都市は常に互いに影響を与え合っていた。当初の都市同盟は、多数の都市が対等に振る舞い、強調・連携しあうことで成り立っていたが、このような動きのなかで、しだいに有力な中心都市や、支配的な家門が絞りこまれてゆくようになる。そして一四世紀には、一つの有力都市、または単独のシニョーレや君主の支配下に、かつての都市コムーネを複数含みこんだ広い地域を覆う新しい領域国家が生まれ育っていった。このような、中世後期の領域国家は歴史家によって「地域国家」または「地域・領域国家」と呼ばれている。

政治と社会の構造はそれぞれの都市によって大きく異なったため、複雑化した社会と紛争への対応の仕方も一様ではなかった。そのため、必ずしもすべての都市でシニョリーア制が発達したわけではない。また、シニョリーア制を導入した後に共和政に戻るケースや、シニョーレの支配と共和政が交互に繰り返されるケースも見られる。商工業よりも農業経済の比重の高い小都市では、貴族の支配が継続した。同じ貴族支配のコムーネでも、ヴェネツィアでは大規模な商工業の発達の結果成長したポポロ上層が貴族と同化し、一層強固な貴族の集団支配が成立した。一方、フィレンツェやボローニャでは、ポポロが貴族を排除して権力を獲得し、共和政体を維持している。ジェノヴァでは分裂した貴族の一派とポポロが連携してコムーネを統治している。また、シニョリーア制を確立した都市の間にもさまざまな相違があり、ミラノのように自分の都市の内部から有力な指導者が出てシニョーレとなる場合もあれば、他都市や諸侯に征服されたり、または自ら招聘したりして、外部のシニョーレを受け入れる場合もある。しかし政体がいずれであっても、都市社会内部と同時に、一つの都市を越え、緊密な関係で結ばれた広い領域のまとまりが作り直される過程で生じた変化であることは同じである。そのなかで、誕生以来、目まぐるしく変化する政治と社会の求めにその都度応え、実験的に変化してきた都市コムーネは、いよいよ激しくなった一三世紀から一四世紀の変動に対応するために、より安定した政治制度に生まれ変わろうとしていた。こうして生まれたのが、中世後期に向かって発展する地域国家である。

各都市の状況

シニョリーアが特定の家門で世襲され、皇帝から爵位を承認されて君主国になるケースもある。その代表的な事例がミラノである。ミラノは二度のロンバルディア同盟で中心的な役割を果たし、一三世紀中葉には、ロンバルディアで圧倒的な優位に立つ大都市となっていた。一三世紀後半、ポポロの組織を指導したデッラ・トッレ家と貴族層の支持を得たヴィスコンティ家の長い党派抗争の後、ヴィスコンティ家が勝利してシニョーレとしての地位を固める。一四世紀中葉にはロンバルディアからピエモンテ、エミーリャ・ロマーニャ地方に及ぶ広大な領域を支配下に収め、教皇庁やフィレンツェ、ヴェネツィアと激しく対立した。一三九五年、ジャンガレアッツォ・ヴィスコンティが神聖ローマ皇帝の授封を受け、ミラノ公の爵位を獲得すると、ヴィスコンティ家の世襲によるミラノ公国が誕生する。しかしジャンガレアッツォの死後、誕生間もない公国は瓦解の危機に瀕する。フィリッポ・マリア・ヴィスコンティの支配下で公国再建が進むが、一四四七年、フィリッポ・マリアは男系相続者なく没し、都市ミラノには一時的に共和政が復活した。これをアンブロジアーナ共和国と呼ぶ。しかし一四五〇年、フィリッポ・マリアの女婿であった傭兵隊長、フランチェスコ・スフォルツァがミラノを占領してミラノ公位を継承し、公国の世襲支配権はスフォルツァ家に移った。

対してフィレンツェでは、ポポロの支配による共和政を行った。シャルル・ダンジューのシチリア王国遠征費用を調達したのは、教皇派のフィレンツェ商人であり、彼らはシャルルの勝利によって、シチリア王国や教皇庁、

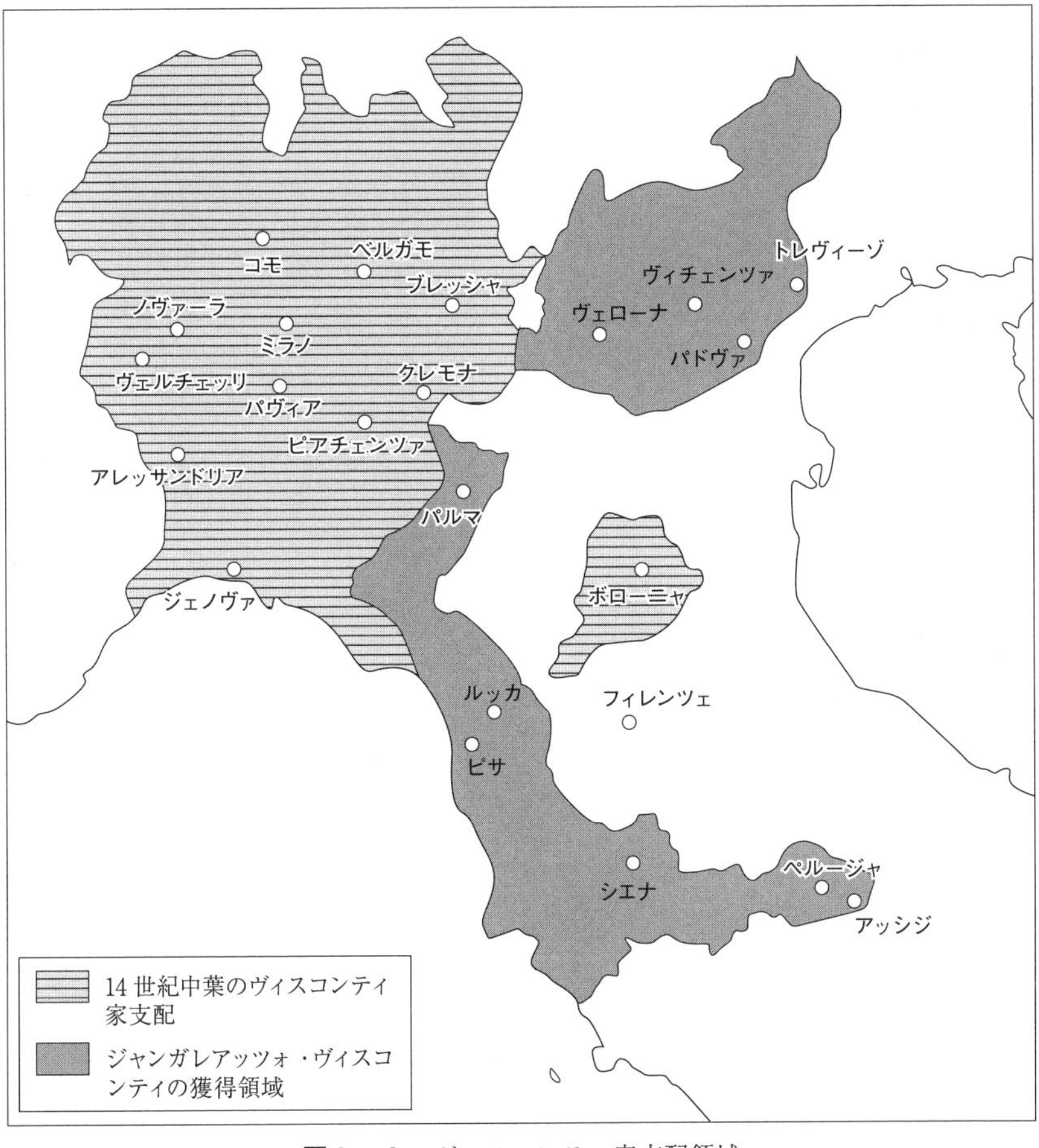

図２－３　ヴィスコンティ家支配領域

出典：Giovanni Vitolo, *Medioevo. I caratteri originali di un'età di transizione*, Milano 2000, p. 441 より作成。

イギリス、フランスなどで教皇の徴税人として活動するようになった。それにともなって金融業が発達し、商業と工業、とりわけ毛織物工業が発展し、平民層が成長した。その結果アルテ（同職組合）が再編され、大商人を中核とする「七大組合」が誕生した。これらは政治的・軍事的機能を持ち、貴族に対抗する組織でもあった。組合はその後増え、一二八二年に平民の中間層の五つの組合が作られ、そしてこれらの組合から代表を選出して、「プリオーリ（「代表者たち」の意）」と呼ばれるポポロ固有の組織が作られた。一二八八～八九年には平民の中・下層からなる九つの組合が生まれ、合計二一となった。

貴族たちのなかにはプリオーリを認めず、実力で反抗する人びとがいたが、プリオーリは武力でこれらの貴族を抑え、一二九三年に「正義の規定」と呼ばれる規定を制定した。正義の規定は、プリオーリの権力行使に対立する人びとを「豪族」と規定し、都市の権力機構から排除することを定めた規定である。このようにポポロの権力行使に反対する人びとを豪族と定めて排除する法令は他の都市にも見られ、一般に反豪族立法と呼ばれている。しかし「正義の規定」は、豪族だけではなく、二一の新型組合に属さない下層の平民も政治権力から排除するものであった。七大組合の構成員から選ばれるプリオーリの議長は「正義の旗手」と呼ばれ、「正義の旗手」とプリオーリが、ポポロの最高権力機関「シニョリーア」を構成した。

こうして経済的繁栄と平民、とくに大商人層の上昇と権力掌握を見たフィレンツェであったが、一四世紀の百年戦争期にはイングランド国王やナポリ国王の債務支払い停止がつづく一方、対外戦争が重なり、深刻な危機に陥った。一三四一年には、政治不安を乗り越えるため、フランス系のアテネ公をシニョーレに迎えたが、圧制を敷いたため追放された。フィレンツェの政治不安は、教皇のローマ帰還にともなう戦争（八聖人戦争）後に一層深刻化した。一三七八年には中層・下層の労働者による蜂起が起こり、労働者たちは自ら新しい組合を組織して執政府に参加した。さらに八月には、「チョンピ」と呼ばれる下層毛織物工業労働者が多数参加した示威運動が

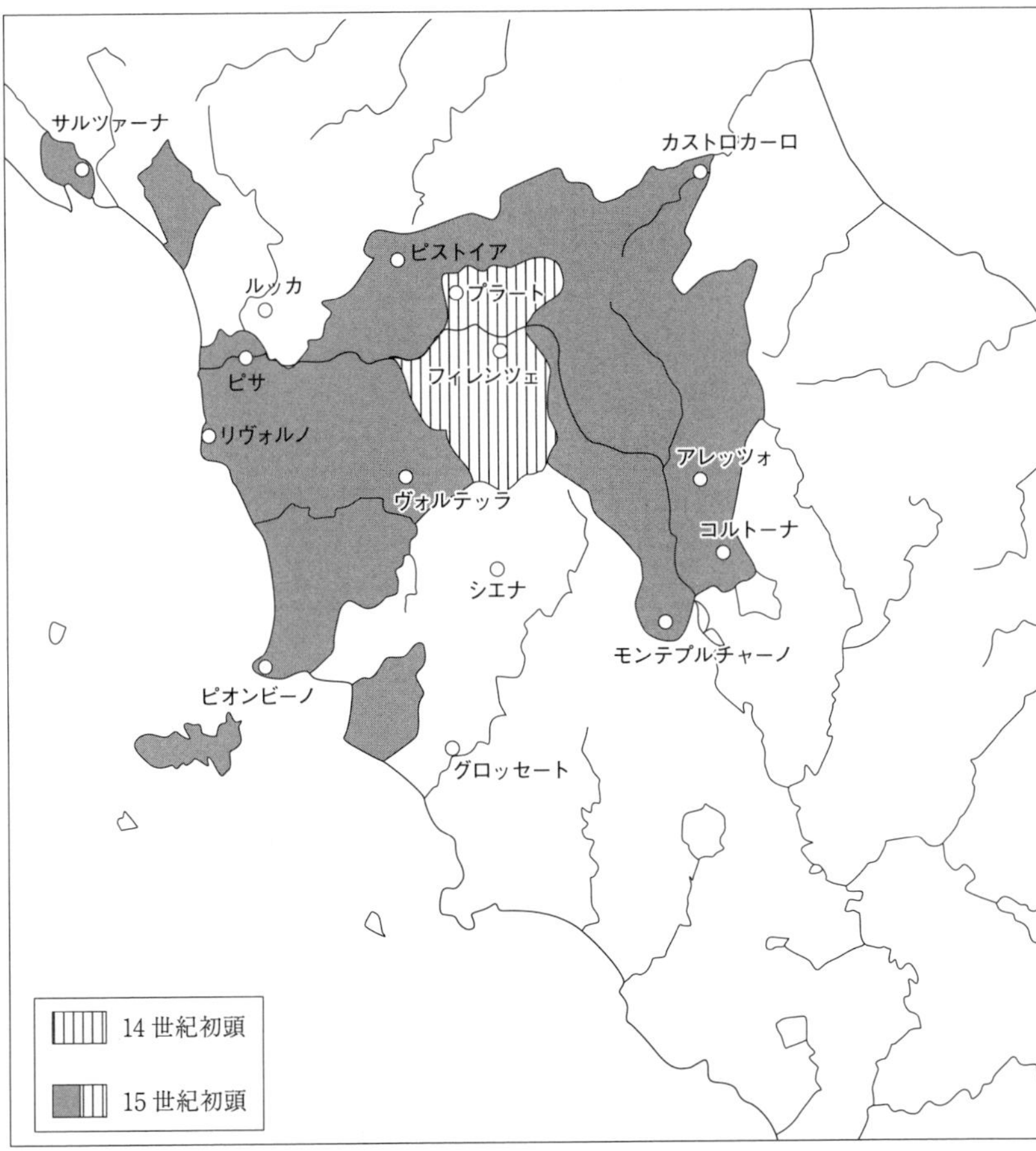

図2－4　14〜15世紀のフィレンツェ支配領域

出典：Giovanni Vitolo, *Medioevo. I caratteri originali di un'età di transizione*, Milano 2000, p. 442より作成。

起こった。これは「チョンピの乱」と呼ばれている。この時下層労働者たちは弾圧され、これに対して中層の平民は上層と連合し、やがて同化していった。

一四世紀中葉には、フィレンツェも近隣の諸都市を従属させ、広大な領域支配を行うようになった。それとともに財政が拡大し、政府の権力が増大すると、役職への就任や負担金の軽減等の利益を配分できる実力者の周りに政治的党派が生まれた。そこから台頭したのがメディチ家である。メディチ派は共和政の機構を利用して合法的に権力を獲得した。一四六九年にメディチ家の当主になったロレンツォ・デ・メディチは、事実上はシニョーレ同様の強大な権限を掌握した。

同じように共和国体制を維持していたが、貴族の寡頭制支配を実現したのがヴェネツィアである。ヴェネツィアの貴族は都市貴族であり、ほとんどが海上商人であった。これらの貴族が大評議会を構成し、コムーネを支配していた。

やがて庶民層が上昇すると、大評議会への参加を要求するようになった。これにさいしてヴェネツィアは、大評議会の改革を行い、貴族と庶民の最上層が同化した新しい貴族層を作り出した後、貴族層を完全に閉鎖化した。一二九七年から一三二三年にかけて、改革が行われ、それ以前に大評議会評議員を出さなかった家族は評議員資格獲得ができなくなり、新興勢力が参入する途が閉ざされた。この議員資格閉鎖化は「セッラータ（閉ざされた、の意）」と呼ばれている。ここで評議員資格が貴族の身分指標となり、同時に大評議会改革の結果、コムーネの要職に就くことができるのは評議員だけに限られたため、閉鎖的な貴族による独占が確立することになったのである。

均質的な貴族が権力を独占するヴェネツィアの権力構造は、比較的安定したものであった。一四世紀には、それまでの海上商業優先政策を転換し、半島内陸部に領域支配を拡大し始める。内陸の支配領域は「テッラフェルマ」と呼ばれた。そしてこのテッラフェルマの拡大は、やがてヴェネツィアとミラノの間に激しい争いをもたらした。

5　ローディの和約とイタリア同盟

大国・ミラノ公国におけるヴィスコンティ家の断絶とフランチェスコ・スフォルツァによる公位継承は、半島に少なからぬ動揺をもたらし、諸国はフランチェスコの継承を支持する側とその反対派に分かれて戦端を開いた。このとき、ミラノ公国と領域を接し争い合っていたヴェネツィアは、当初反フランチェスコ側に属していたが、一四五三年に方針を転換する。この年、オスマン帝国の攻撃によって首都コンスタンティノープルが陥落し、ビザンツ帝国が滅亡した。オスマン帝国の脅威に備えるため、ヴェネツィアは一四五四年にスフォルツァと和約を結び、公位継承に承認を与えた。同時に、両国の境界をアッダ川とし、長い領域争いを終結させた。この和約は「ローディの和約」と呼ばれている。

しかし、この和約を確かなものにするためには、当事者二国の了解だけではもはや不十分であった。そこで同年、ミラノ、ヴェネツィア、フィレンツェの三国が、ローディの和約を拡大する形で「イタリア同盟」を結成した。ついで教皇とナポリも同盟に参加し、当時の半島の五大国――ミラノ公国、ヴェネツィア共和国、フィレンツェ共和国、教皇領（教会国家）、ナポリ王国――がすべて参加し、共同で半島の安定と勢力均衡を図る体制が生まれた。このローディの和約とイタリア同盟による体制は、以後約四〇年間に渡って継続する。

この五大国の勢力均衡によるイタリア半島の平和体制は、一四九四年、フランス王シャルル八世がイタリアに遠征し、ついでイタリア戦争が始まるとともに崩壊する。教皇、ヴェネツィア、ミラノの半島内勢力に加え、ス

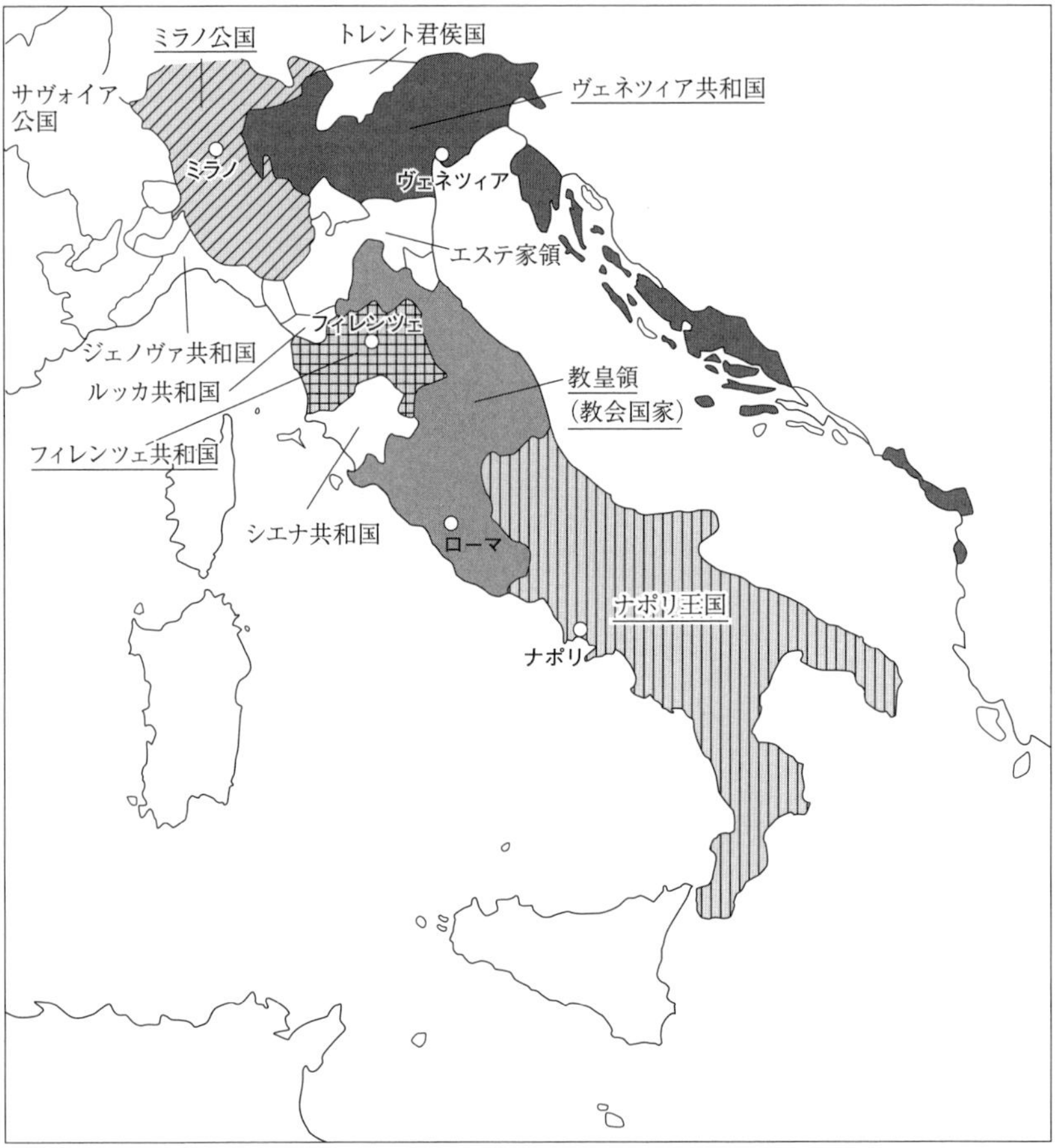

図2－5　ローディの和約（1454年）後のイタリア半島（下線は五大国）

出典：Giorgio Chittolini, *Storia medievale*, Firenze 1995（Carlo Capra-Giorgio Chittolini-Franco Della Peruta, *Corso di Storia I, storia medievale*），p. 617より作成。

ペインと神聖ローマ皇帝が参加して反フランス同盟が結成され、シャルルは敗北して半島から撤退するが、一四九九年には、シャルルにつづくフランス王ルイ一二世がミラノを占領した。こうして半島外諸国の干渉がつづくなかで、五大国の均衡は失われていった。皇帝の授封を受けて公国となったミラノは、帝国に封が回収されるという形で、一五三五年、ハプスブルク家領に編入され、スペイン支配下に入った。ナポリはシャルル八世に占領されていたが、ルイ一二世とスペイン国王との条約によって、同じくスペイン支配下に入った。

こうして、ローディの和約体制後、一六世紀に直接・間接にイタリア半島を支配する勢力となったのは、カール五世のハプスブルク家支配下のスペインであった。長い経験のなかで育まれた都市と地域国家とその緩やかなつながりの全体が、広大なハプスブルク帝国に接合するとともに、イタリア半島は近世世界へと踏み出した。

（佐藤公美）

参考文献

D・ウェーリー著、森田鉄郎訳『イタリアの都市国家』平凡社、一九七一年。

N・オットカール著、清水廣一郎・佐藤眞典訳『中世の都市コムーネ』創文社、一九七二年。

亀長洋子『イタリアの中世都市』山川出版社、二〇一一年。

齊藤寛海『中世後期イタリアの商業と都市』知泉書館、二〇〇二年。

佐藤眞典『中世イタリア都市国家成立史研究』ミネルヴァ書房、二〇〇一年。

佐藤公美『中世イタリアの地域と国家――紛争と平和の政治社会史』京都大学学術出版会、二〇一二年。

清水廣一郎『イタリア中世都市国家研究』岩波書店、一九七五年。

清水廣一郎『中世イタリアの都市と商人』洋泉社、一九八九年。

高山博『中世地中海世界とシチリア王国』東京大学出版会、一九九三年。

山辺規子『ノルマン騎士の地中海興亡史』白水社、一九九六年。
Giorgio Chittolini, *Storia medievale*, Firenze 1995 (Carlo Capra-Giorgio Chittolini-Franco Della Peruta, *Corso di Storia I, storia medievale*).
Giovanni Vitolo, *Medioevo. I caratteri originali di un'età di transizione*, Milano 2000.
Giuliano Milani, *I Comuni italiani*, Roma 2005.
Elisa Occhipinti, *L'Italia dei comuni. Secoli XI-XIII*, Roma 2000.
Andrea Zorzi, *Le signorie cittadine in Italia* (*secoli XIII-XV*), Milano-Torino 2010.
François Menant, *L'Italia dei comuni* (*1100-1350*), Roma 2011.

歴史の扉
2

山と熊の集合記憶——イタリア史の断章

イタリアは、地中海の国であると同時に、山の国だ。山に関わるすべてを、奥深くに刻み込んだ国だ。リソルジメントの匪賊反乱も、第二次世界大戦末期のレジスタンス闘争も、この国が山を生きた歴史だった。そして二一世紀、この山の国の真ん中には、クマの姿がある。

ヨーロッパ連合の助成を受けた「ライフ・ウルスス」というプロジェクトが、現在イタリアで進行している。ブレンタ山系のヒグマ保護を目的とするものだ。イタリアのヒグマは絶滅危惧種である。「ライフ・ウルスス」は、このヒグマの保護と個体数回復を目指し、アダメッロ―ブレンタ自然公園とトレンティーノ自治県の協力のもとに展開している。繁殖に必要な頭数のクマがスロヴェニアから導入され、アダメッロ山系に放たれた。クマたちは自由に行動し、所在地は無線送信機つきの首輪と発信式のイヤホンで随時確認される仕組みである。

「ライフ・ウルスス」の開始以来、このクマたちの物語が、激しくイタリアの世論をゆさぶる出来事が相次いでいる。そのうちの一頭、ユルカは二〇〇一年に自然公園に放たれた雌グマだ。翌年には首輪をなくし、イヤホンも動かなくなって無線式所在確認が不可能になる。しかしその二年後、彼女が二頭のコグマを連れているところが目撃された。コグマたちはその後長距離移動し、二〇〇六年五月、そのうちの一頭がドイツで目撃された。「ブルーノ」という愛称でこのクマが呼ばれるようになったのは、この頃からだ。

ブルーノ事件がイタリア世論を震撼させたのは、バイエルン州政府が彼の捕獲に失敗した後に殺処分を決定、実行したからだった。折しもサッカーのワールド・カップの最中であった。準決勝のイタリア―ドイツ戦を前に、当時のイタリアＷＷＦ（世界自然保護基金）会長は「クマのブルーノに捧げられたゴールを」求めた。ブルーノの歌もつくられた。アダメッロ―ブレンタ自然公園の公式見解は、バイエルン州政府が求めたブルーノの殺害を非難することを表明し、遺体の返還を求めた。この要求は入れられず、ブルーノの体は剥製化され、今もミュンヘンの博物館でガラスケースに陳列されている。

もう一頭のクマ、ダニーザの死は二〇一四年九月に到来した。私がリアルタイムでイタリアのクマたちの物語に触れ始めてから、三件目の大事件であった。ダニーザは自然公園に連れてこられた二〇〇〇年にすぐに首輪をなくし、捕獲の試みも成功しないまま追跡不能になる。しかしユルカとほぼ同時に、二頭のコグマを連れているところが目撃されていた。その後ダニーザは一度捕獲され、ふたたび首輪を装着される。そして二〇一四年八月一五日。聖母マリア被昇天の祝日の静かなイタリアを、ダニーザのニュースが駆け巡った。彼女はキノコ採りに山に入った人物を襲ったのだった。さっそく捕獲が検討されたが、殺処分は危険時の最後の手段として遠い仮定に留まっていた。衝撃のニュースは九月一一日に訪れた。トレンティーノの森林警備隊は、捕獲に麻酔銃を用いたが、ダニーザは生き延びられなかった――麻酔がオーバードーズだったのだ……。世論はたちまち燎原の火のごとく燃え上がった。ダニーザだけでなく、母親を失ったコグマの生存も危機に瀕した。政治家や政党が次々に態度表明し責任追及合戦が展開するなかで、市民の怒りや批判は、ツイッターで爆発し、ついにはトレンティーノ州の農産物や観光のボイコットの呼びかけにまで及んだ。

クマに関する立場はおおよそ二つに分かれる。羊や鶏を襲い、人に危害を加える事態にも及ぶ「害獣」としての見方と、人が破壊した「自然」のなかで絶滅の危機にまで追いやられた、「保護」の対象としての見方だ。クマが放浪し、人里近くに現れるたび、世論は二つに分かれて争いあう。だがイタリアのクマ物語は、時には個々のクマの現実を離れて、思想も信条も支持政党も異なる沢山の人びとを結集させる何かになっている。ブルーノにも、ダニーザにも、イタリアの人びとがそれぞれのクマとその生涯以上の何かを見てきたことは間違いない。それがよいのか悪いのかという判断はとりあえず置いておき、ここではクマとイタリアの不可分の結びつきを認めないわけにはいかない。

否定できない結びつき、というもののなかには、批判も怒りも保護理論と害獣理論の対立もすべて意味を失う現実も存在する。私はダニーザ事件を「三件目」と書いた。ブルーノとダニーザの間には、二〇〇九年から二〇一一年にかけて姿を現したクマ、ディーノがいた。

ディーノはスロヴェニアからトレンティーノにやってきた。どうも移動をしているうちにいつのまにかたどり着いたらしかった。そこで森林警備隊に捕獲され、首輪を装着されて追跡調査の対象となった。彼は山間を渡り、やがてトレンティーノとヴェネトの州境を越えた。二〇一〇年、ヴェネト州の山間部の里人が連日の家畜被害に悩まされるようになった。そして対策協議が「害獣」理論と「保護」理論の間で揺れ始めた頃、ディーノの首輪からの無線信号がふっつりと絶えた。世論は沸き立った。保護を訴えディーノの身を案じる論説が新聞に寄せられ、ディーノはフェイスブックのスターになった。

やがて私たちは、その傍で何が進行していたのかを知ることになる。ディーノがスロヴェニアで殺された、という公式ニュースが、ローマの国家森林警備隊から伝えられたのは、二〇一一年三月のことだった。ディーノはトレンティーノ、ヴェネトを渡りきり中央アルプスまでたどり着いた後、再びスロヴェニアへ戻っていたのだった。驚くべき長距離移動だった。スロヴェニアの山上で発見されたとき、ディーノはやせて、行動がおかしかった。恐水病にかかっている――ように見えた。放っておくわけにはゆかなかった。ディーノはこうして、森林警備隊の一撃で生涯を終えた。事情が明らかになったのはその後だった。原因は、無線発信機つきの首輪だったらしい。首輪のしまりが彼の成長の速度に合わなかったのだ。息がつまり、苦しさに耐えかねて、首輪を引きむしろうともがきつづけたが、無駄だった。こうして彼はいたずらに自らの体を傷つけ、血液が感染したものらしかった。

人間と自然環境との関わり、という解釈の次元を許さないかのように厳然と存在する、ひとつの生命の物語だった。山の国・イタリアの真ん中には、近代の匪賊たちの伝説と、現代のパルチザンの記憶との傍らに、この解釈を拒む沈黙の一点があり、常にありつづけている。

（佐藤公美）

第3章

翻弄されるイタリア——外国支配が広がる近世

1　近世の見取り図

イタリアの「近世」

近世とは、ヨーロッパの歴史ではおよそ一六世紀から一八世紀を指す用語である。中世の封建社会が崩れ、フランスなどの君主国では国王を中心とした中央集権化が進み、絶対王政が形成される時期である。近代の始まりの時期にあたるが、一九世紀以降の工業化が進展した産業革命以後の近代と対置し、日本史の用語を借用して「近世」と呼ばれることが多くなった。革命や国民国家の統一といった近代の事件を念頭におくならば、それ以前の「アンシャン・レジーム」の時代である。もちろん、この時期にどのような性格を与えるかは、研究者の視点や歴史観、その時代の要請によって異なるが、イタリアの場合はこれまで積極的な位置づけがなされにくい時期だった。

たとえば、イタリアの歴史には輝かしい時期が二つある、とイタリアの歴史家ルッジェーロ・ロマーノはいう。

古代ローマ帝国の繁栄と、中世の都市コムーネの発展からルネサンスの興隆にかけての時代である。ローマ帝国は地中海世界を広く支配下に収め、帝国の政治・経済・文化は同時代からその後の長期にわたってヨーロッパ各地に大きな影響を与えた。その影響は、五世紀末に西ローマ帝国が滅亡して以降、徐々に失われたが、再び「模倣すべきモデル」としてヨーロッパに広まったのが、中世の都市社会のなかで育まれたルネサンスの政治や経済の手法や芸術の様式だった。しかし、そのルネサンスが最盛期を迎えた一六世紀から、現実の政治・経済・軍事の面でイタリアは劣勢に立つことになる。ヨーロッパ経済の中心地は地中海沿岸から大西洋沿岸へと移り、イタリアは経済的な先進地という地位を失った。そして、一五世紀半ばにほぼ五つの領域にまとまって勢力の均衡を保っていたイタリア諸国も、アルプスの北で台頭した君主国同士の争いに巻き込まれて戦場となり、一六世紀の半ばには多くがハプスブルク家スペインの支配下におかれることになった。現実面での優位が失われたあとも、文化面ではイタリアが発信したルネサンスのモデルはしばらく影響力を保ったが、一七世紀になると逆にフランスの流行がイタリアに持ちこまれるまでになる。つまり近世は、イタリアの政治や経済や文化のモデルが流行の最先端としてヨーロッパの他の地域にとってあこがれだったルネサンス盛期から、その輝きが陰り、周辺地域へと変化していく時代だというのである。

こうした考え方は目新しいものではない。とくに一九世紀から二〇世紀にかけての研究者たちは、現在のイタリア社会が抱える問題の起源を歴史のなかに探ろうとして「イタリアは近代の国民国家形成に失敗したのであり、その原因は近世のイタリアの政治的分裂や外国勢力によって支配されたことにある」と見なす考え方を根強く抱いていた。ヨーロッパ全体の歴史のなかで、とくに一七世紀以降のイタリアの影響力が政治面・経済面で縮小するのは事実であるし、近代以降、統一国家となってからも、イタリアはいわゆる「大国」にはならなかった。しかし、ＥＵによる国家を超えた統合が進む一方で、その問題点も噴出する二一世紀の現代、一九世紀以来の国民国家の枠組みを越えるまとまりとしての「ヨーロッパ」や、それらにとらわれない「地域」の結びつきのあり方を探る視点が必要になっている。中世後期から近世にかけてイタリア各地で形成された領域国家についての研究は、国民国家とは異なるモデルを提供することで、「国家とは何か」「近代性とは何か」「権力とは何か」といった問題を問いなおす新しい視点になるはずである。

君主国の台頭とイタリア戦争

中世ヨーロッパにおいて、イタリアは経済の面でも文化の面でも先進地であった。世界全体を見れば、古代ローマ帝国の滅亡以来、混乱のなかで秩序を失ったヨーロッパに対して、大帝国を作り上げ、広い地域と交易する中国やイスラーム世界の方が経済力にせよ文化や技術の面にせよ上位にあったが、イタリアの諸都市は地中海の中央に位置する地の利を生かして海に乗りだし、ビザンツ帝国やイスラーム世界との交易網にリンクして、アジアと北西ヨーロッパとを結ぶ交易で大きな利益を上げ、高度な文化や技術を取り入れることができたからである。ジェノヴァやヴェネツィアといった海上商業都市が香辛料や染料の交易をほぼ独占し、毛織物工業と商業、金融業で発展したフィレンツェでは、銀行家たちがヨーロッパの君主国の国家予算に匹敵する額の資金を動かし、国王に融資した。一四世紀前半に流行したペストは商業ルートに沿って広がったため、イタリアでの被害はとくに甚大だったが、人口減少と戦争による経済不況をイタリアはある程度克服した。その過程で都市国家が再編され、一五世紀半ばにはほぼ五つの領域国家にまとまることになる。

しかし、約半世紀の比較的平和な時期の後、一五世紀末からイタリアは再び動乱の時代に突入した。近世と呼ばれるこの時代、ヨーロッパの勢力配置図が、そしてやがては世界の勢力配置図が大きく変化したからである。一四五三年、ビザンツ帝国の首都コンスタンティノープルが陥落した。攻め落としたのはオスマン皇帝メフメト二世だった。ローマ帝国の東半分を継承し、西ローマ帝国の崩壊後も千年近く生き延びたビザンツ帝国がついに滅亡したのである。東から領土を拡大し、バルカン半島の大半をすでに支配していたオスマン帝国は、首都をこの都市に移し、地中海へも進出していく。ビザンツ帝国やイスラーム世界との交易で富を築き、東地中海《レヴァント》の海運を支配していたヴェネツィア共和国は、次々に交易拠点を奪われ、イタリア勢力が有力だった東地中海の制海権が揺らぎ始めた。一五一六年と一七年にシリアとエジプトを征服したオスマン帝国は、二二年にはエーゲ海でイスラーム側の海上交通を妨害していた聖ヨハネ騎士団からロードス島を奪い取った。さらに内陸では一五二一年にハンガリーに侵攻し、二九年にはウィーンを包囲して、神聖ローマ帝国を脅かした。

イベリア半島では、一五世紀末のイサベルとフェルナンドの結婚以来、カスティーリャ王国とアラゴン連合王国が結合し、スペイン王国という通称で呼ばれるようになっていたが、一五一六年にわずか一六歳のハプスブルク家の若者が、母フアナを通じて祖母イサベルからカスティーリャ王国を、祖父フェルナンドからアラゴン連合王国を相続し、スペイン王カルロス一世となった。また、父フィリップからはブルゴーニュ家領、父方の祖父マクシミリアンからオーストリアにあるハプスブルク家領を相続し、さらに国際金融業者フッガー家の資金援助を得たことで、皇帝選挙で対立候補フランス王フランソワ一世に勝利して、一五一九年には神聖ローマ皇帝カール五世となった。こうして、中欧に広がる神聖ローマ帝国だけでなく、大西洋に面したスペイン王国と、経済の発展したネーデルラントが、一人の君主の下に統治されることになったのである。

これを脅威としたのが、東西から領土を囲まれたフランス王国である。一四九四年にフランス王がナポリ王位継承権を求めてイタリアに侵攻したことから始まったイタリア戦争は、これに対抗するスペイン王国、神聖ローマ帝国、イングランド王国、ローマ教皇、ヴェネツィア共和国やフィレンツェ共和国といったイタリアの諸勢力、さらにはオスマン帝国までが入り乱れて、約五〇年後の一五五九年にカトー・カンブレジ条約が結ばれるまでつ

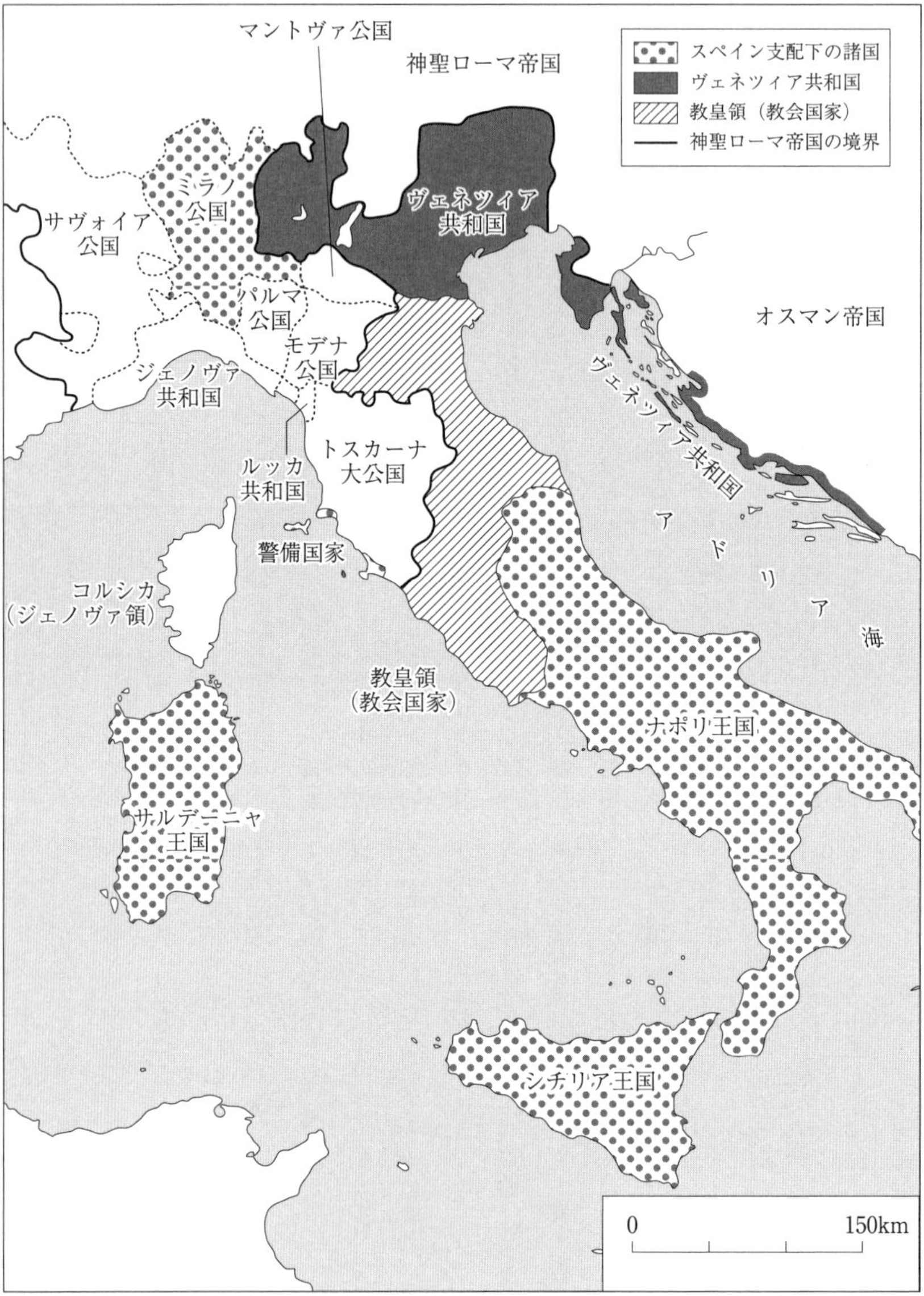

図3－1　17世紀半ばのイタリア

出典：小山哲・上垣豊・山田史郎・杉本淑彦編著『大学で学ぶ西洋史〔近現代〕』ミネルヴァ書房，2011年，39頁，一部改変。

づいた。その間、同盟関係は刻々と変わり、敵味方が入れ替わったが、大局的にはフランス王とハプスブルク家のどちらがイタリアでの支配権を拡大するかという戦いであり、戦場となったイタリアは荒廃した。延々とつづく消耗戦で敗れたフランスは最後にはイタリアへの権利を放棄し、ナポリ王国とミラノ公国はスペイン王国が統治することになった。同時に進行していた宗教改革から対抗宗教改革への流れのなかで、カトリックを支援する皇帝やスペイン王の影響力はローマ教皇にも強く及んだ。一六世紀後半以降、イタリアはスペイン王国の支配あるいは影響を強く受ける地域になったのだった。

商業革命――大西洋貿易のインパクト

イタリアが政治・経済・文化の先進地と見なされていた中世に、この地域の活力を生みだしていたのはイスラーム世界と北西ヨーロッパとを結ぶ遠距離交易による経済力であり、ある意味では地中海はイスラーム世界の交易網の西端でもあった。

しかし、一六世紀はこれまで知られていなかった新たな世界との接触で幕を開ける。スペインのカトリック両王がイベリア半島に残る最後のイスラーム国家だったグラナダ王国を陥落させ、レコンキスタを完遂した一四九二年、コロンブスが大西洋を西に向かって船出した。ヨーロッパで珍重された胡椒やナツメグ、クローヴなどのスパイスの原産地はインドや東南アジアである。原産地に近い港町マラッカでは一キロあたり銀一グラムで買えた胡椒が、イスラーム商人がエジプトのアレクサンドリアに運んだところで銀一四グラムになり、地中海を運んだヴェネツィア商人がこれを他のヨーロッパ諸国の商人に売る頃には銀一八グラム、小売りの店頭に並ぶ頃には銀二〇～三〇グラムの値がついたという。ヨーロッパから見れば、はるか東のアジアは香辛料と黄金の溢れる富の源泉であり、イスラームの商人を介さず、直接原産地と取引すれば莫大な利益が手に入るはずだった。

地球球体説に基づいて、ヨーロッパから西に向かえばインドにたどり着けると信じたコロンブスは、パトロンを探した。最初に話を持ちかけたポルトガル王国は、アフリカ大陸の西沿岸を南下するプロジェクトを進めており、一四九八年には喜望峰をまわって念願のインドに到達する。インド西部の港町カリカットに到着したヴァスコ・ダ・ガマは、現地君主の歓心を買えなかったが、ポルトガルは船の焼き討ちと都市への砲撃という軍事力で脅しをかけ、インドでの勢力を広げていく。ポルトガルはゴアに要塞を築き、一五一一年には東南アジアの交通の要衝マラッカ海峡を、四年後にはアラビア半島東部のホルムズ海峡を占領して、ペルシア湾の通航を支配した。ただし、半島西側の紅海の出入り口を押さえることはできず、スパイス貿易を独占することはできなかったが、それでも一六世紀初頭にヨーロッパで消費された胡椒の大半は、ポルトガル人が運んできたものだった。ポルトガルが開設したケープ・ルート——アフリカ南端周りでアジアとヨーロッパを結ぶ航路——は、地中海でのヴェネツィアのスパイス交易に大きな打撃を与えることになった。

ポルトガルに代わって、コロンブスと契約したのはスペインだった。コロンブスはスパイスと黄金を求めてインドを目指したが、参考にしたアラビアの地図の単位換算を誤ったらしく、想定していたアジアまでの距離は実際よりもはるかに短かったし、もちろんその途上に未知の大陸があろうとは想像もしていなかった。カリブ海の島々にたどり着いたコロンブスはそこをインドか中国のすぐそばと考えたが、スパイスも財宝も見つけることができず、現地住民を奴隷にしてスペイン王のもとに送るも、植民地統治に失敗し、発見した陸地の「副王にして総督」という地位を数年で失った。

しかし、この一行がアメリカ大陸に到達したことで、その後の数十年のうちに新大陸にわたったスペイン人によってアステカとインカの二つの帝国が滅ぼされ、中米から南米大陸にかけてはスペインの植民地となった。一七〜一八世紀にはヨーロッパからアフリカに武器を売り、対価として奴隷を買い受け、これをアメリカの鉱山やプランテーションに労働力として送って、生産した砂糖やタバコをヨーロッパに運ぶという大西洋三角貿易が盛んになるが、この貿易を主導し、利益を得たのは、スペインよりも商業に長けたオランダ・フランス・イギリスの商人たちだった。

こうして一六～一八世紀のヨーロッパを支えた富は世界からもたらされ、ヨーロッパ経済の中心は大西洋沿岸に移った。一七世紀に世界経済の覇権を握ったのはオランダであり、やがて一八世紀の過程でインドやアメリカでフランスとの競争に勝ち残ったイギリスが、植民地帝国に成長して、一九世紀に世界経済を支配する。また、従来イタリア勢が長じていた東地中海《レヴァント》交易にも、安価で現地のニーズに合った商品を売り込むことでオランダ・フランス・イギリスが進出し、通商でも海運でもヴェネツィアを追い落としていった。

古代ローマや古代ギリシアの遺跡の残るイタリア、ルネサンス文化の中心地として多くの芸術作品を持つイタリアは、もはや最新文化や技術の発信地ではなく、学問や芸術、さらにはエキゾティシズムに浸りたい北西ヨーロッパのエリートたちにとっての観光地となり、支配階級の教育の一環でもあった「グランドツアー」の目的地となったのである。

2　ルネサンスの五大国

「国家」のかたち――「地域国家」・「領域国家」・「ルネサンス国家」

第2章で論じたように、中世のイタリア都市は都市周辺の農村領域との強い結びつきのなかで発展し、中世後期から近世初頭にかけて、一都市とその周辺農村領域《コンタード》をこえた、より広い領域支配が形成された。近年のイタリア史研究では、こうして成立した「国家」を「地域国家《スタート・レジョナーレ》」あるいは「領域国家《スタート・テリトリアーレ》」と呼んでいる。コムーネが政治を行う共和政か、一人の支配者が統治するシニョリーア制かといった政体のあり方によって定義するのではなく、一つの政体の支配領域が一都市と従来結びついていた周辺領域をこえて、現在の州《レジョーネ》に相当するほどの地域的な広がりを持ったことを特徴として捉える考え方で、現代の州との連続性に着目すれば「地域国家《スタート・レジョナーレ》」というイタリア史に特有な用語になるし、他の時代や場所にも適応可能で他のヨーロッパ諸国と比較可能な用語を選べば「領域国家《スタート・テリトリアーレ》」と呼ぶことになる。さらに、中世後期から近世初頭にかけてという成立時期に着目して「ルネサンス国家」という用語が選ばれることもある。

いずれにせよ、この「国家」のあり方は、近代の国民国家が想定するような均質的なものではなく、領域を支配する君主や支配都市を中央政府として、それに従う従属都市や、半都市的集落、農村共同体、封建領主などさまざまな勢力が、中央に従属しながらもある程度の自立性を保ちつづけているという、この時期特有の独自性を持つ領域支配システムだった。中央政府はそれぞれの勢力と個別に服属条約を結び、それらの利害を調停したり保護したりすることで、地域の事情に干渉し、「国家」を維持し、税を徴収しようとした。服属する側は中央との個別の交渉から利益を得ようとし、たとえば遠距離にある中央政府に服属することによって近隣の都市や封建領主の支配から逃れ、あるいは支配の緩和をねらおうとした。近代国家のような、中央政府による一円的な支配が想定されていなかったからこそ成立する「国家」のかたちだったのである。

南部――シチリア王国・ナポリ王国・サルデーニャ王国

それでは具体的に各地域の概略を見ていこう。

イタリアの南部は封建的な王国だった。シチリア王国とナポリ王国は、中世以来フランスのアンジュー家とイベリア半島のアラゴン家が支配権をめぐって争ってきたが、一五世紀の前半にアラゴン王が支配する同君国家連合体の一つになった。狭義のアラゴン王国とカタルーニャとバレンシアを統合するアラゴン連合王国は、マジョルカ島を中心とするバレアレス諸島を足がかりとして地中海に進出し、シチリア王国、ナポリ王国、サルデーニャ王国を支配下に収めて、西地中海に海洋帝国を築いたのである。

一四一二年にシチリア貴族はアラゴン王フェルナンド一世がシチリア王となることを受け入れ、次のアラゴン王アルフォンソ五世の時代以来、シチリア王国はイベリアから派遣された役人が副王として統治する属国となる。さらにアルフォンソ五世は、一四四二年にナポリを征服してナポリ王となり、翌年教皇によって承認された。アルフォンソは、イタリア半島の南部とシチリア島にまたがる、かつてのシチリア王国の両方を支配したことで「両シチリアの王」を名乗ったが、宮廷を置いたのはナポリであり、この都市が連合体全体の政治的中心となった。イタリア半島南部の王国は、通称「ナポリ王国」と呼ばれる。アルフォンソはルネサンス君主として宮廷に人文主義者を集め、彼らを利用して自らのナポリ王位の正当化を図った。歴代の教皇が世俗権の論拠としてきた古代ローマ皇帝「コンスタンティヌスの寄進状」が後世作成された偽書だとロレンツォ・ヴァッラが暴いたのは、このナポリの宮廷でのことだった。アルフォンソ五世は国内の封建諸侯《バローネ》とも協約を取り交わしたが、王の協約は一〇〇年あまりの無政府状態の間に封建諸侯が獲得した既得権をほぼ追認するもので、王家の収入の多くは封建諸侯のものとなった。収入源を補うために国王政府が農民に対する課税を強化したことで、一五世紀後半、ナポリ王国は大規模な農民暴動とその鎮圧に苦しむことになる。アルフォンソの死後、アラゴン連合王国の同君連合体を継承したのは弟のファン二世だったが、ナポリ王国だけは庶子のフェルディナンド一世が継承し、一四八五年の封建諸侯の反乱を鎮圧して、イタリア戦争が始まるまでは独立国としての道を歩んだ。

イタリア半島の西、ティレニア海の大島サルデーニャは、一二九七年に教皇からアラゴン王に授封され、抵抗する現地住民や商業拠点を求めてこの島に植民していたピサやジェノヴァの勢力と争いながらも、ほぼ一〇〇年にわたる征服戦争の結果、アラゴン連合王国の領土となった。シチリア王国とナポリ王国には独自の議会が存続したが、サルデーニャ王国ではアラゴン王が重要都市を直轄し、そのほかの地域はカタルーニャ人に授封した。

しかし一四九四年、アンジュー家の血を引くフランス王シャルル八世がナポリ王位継承権を主張してイタリアに侵入し、翌年ナポリを占領した。イタリア戦争の始まりである。シャルルの占領は長くはつづかず、教皇が提唱し、神聖ローマ皇帝、アラゴン王、ヴェネツィア共和国、ミラノ公国が結んだ反フランス同盟が成立したため、シャルルは一年足らずで撤退したが、後を継いだルイ一二世（在位一四九八～一五一五年）は、今度はミラノ公位の継承権を主張して、一四九九年にミラノを占領した。さらに翌一五〇〇年、アラゴン王フェルナンド二世との間でナポリ王国の分割をめぐって対立が深まり、翌年スペイン軍は同盟相手のフランスを駆逐した。一五〇四年の条約でナポリ王国はアラゴン連合王国に帰属する同君国家連合の一つとなり、以後シチリア王国やサルデーニャ王国と同じく、アラゴン王が任命・派遣する副王が支配する属国となった。

この三国はスペインの属国として、一五五四年に皇帝カール五世からスペイン王位を継ぐ息子のフェリペ二世に譲られた。イタリアにある属国の統治は新設されたイタリア諮問会議《コンセーホ・デ・イタリア》が担当し、マドリードから派遣される副王は、フェリペの時代以降もっぱらカスティーリャから選出され、短期間の任期で頻繁に交代する役人になった。北部のミラノには戦略的重要地として重税を課さない配慮がなされたのに対して、イタリア南部ではスペインが行う戦争の兵力と軍事費をまかなうために、とくに貴族の反発の少ない間接税課税に頼る傾向があった。その結果、重税に苦しむ民衆の反乱や、農業の技術革新に関心を示さない封建領主のもとで、税金が南イタリア社会に還元されず、北イタリアが農業改革で生産力を高めて南から食料を輸入する必要性が薄れた後、南北の経済格差が広がる一因になった。

ローマ教皇領（教会国家）

八世紀にフランク王国のピピン三世が教皇に寄進した土地を理論上の起源とする教皇領は、一三世紀の教皇インノケンティウス三世の頃に複数の地方にまたがって支配権を広げ、教皇の国家と呼ばれることになる。地理的には、都市ローマを中心とするラツィオ地方、ウンブリア地方、マルケ地方、ロマーニャ地方といったイタリア中部であり、そもそも全カトリック教会を統べる聖界の長である教皇が、世俗の君主として特定の領土を治めるという特異な体制であった。この領土は数多くの都市国家、シニョーレの治める君主国、山村の共同体、修道院領などの寄せ集めであり、教皇の支配権の及ばない多くの地域を実際に支配したのは現地の有力者だった。たとえばリミニのマラテスタ家、フェッラーラのエステ家、ウルビーノのモンテフェルトロ家などである。さらにミラノのヴィスコンティ家がボローニャを占領したり、シスマと絡み合った王位争奪戦からアンジュー家のナポリ王ラディズラオがローマを占領するなど外国勢力にも悩まされた。教会国家を秩序立てようとする努力がなかったわけではなく、アヴィニョン教皇時代の一四世紀半ば過ぎ、枢機卿アルボルノスが中部イタリアに派遣され、教皇領の秩序と支配を再建しようとした。アルボルノスの出した「アエギディウス憲章」は教皇領の国家としての枠組みを定めようとしたものであり、国家を七つの管区に分けてそれぞれを一人の代官が統治するとしたが、この構想が幾分かでも実現するのは一六世紀以降のことだった。

一四九二年に即位したスペインのボルジア家出身の教皇アレクサンドル六世は、二年後にイタリア戦争が始まると、表向きはオスマン帝国からキリスト教世界を守るという理由で、実際にはフランスに対抗する軍事同盟を組織し、フランス王をイタリアから撤退させた。アレクサンデル六世の息子チェーザレ・ボルジアは、教皇軍司令官として、理念的には教会国家に属するロマーニャ地方、マルケ地方、ラツィオ地方の諸地域を実際に征服していった。マキャヴェッリが後に権謀術数に長けた理想の君主のモデルとして描いた人物である。教皇が一五〇三年に頓死したことでチェーザレの征服事業は道半ばで挫折するが、一カ月足らずのピウス三世の在位を挟んでその後を継いだ政敵ユリウス二世（在位一五〇三～一三年）もまた、一五〇六年にペルージャとボローニャを制圧した。このとき教皇は、ロマーニャ地方北部を占拠していたヴェネツィアを敵と見なして、一五〇八年にカンブレー同盟を結び、教皇、フランス王、スペイン王、皇帝による同盟軍が翌年ヴェネツィア軍を撃破した。返す刀で今度はフランスに矛先を向けて、一五一一年に対仏同盟（教皇、スペイン王、ヴェネツィア、イングランド王）が結ばれ、一二年六月の戦闘ではフランス軍が勝利したものの、勝利をもたらしたフランスの将軍ガストン・ド・フォワが戦死し、フランス王はイタリアからの撤退を決めた。戦争に明け暮れたが、その一方でミケランジェロやラファエロに多くの作品を注文した教皇は翌一三年に没した。

一六世紀前半、ローマはフィレンツェに代わってイタリア・ルネサンスの中心地になった。教皇たちの惜しみない学芸後援と浪費はローマの経済をうるおし、長年の懸案事項だったサン・ピエトロ大聖堂の改築工事を始めたメディチ家出身の教皇レオ一〇世の英断は、今に残る多くの文化財を造ったが、贅沢な宮廷生活や軍事費にかかる多額の費用を埋め合わせるために銀行から借金をし、聖職禄を競売にかけ、贖宥状を売り出した行為は、ドイツの神学教授マルティン・ルターによる宗教改革を引き起こし、一六世紀から一七世紀に至るカトリックとプロテスタントとの長い宗教対立を生みだした。

宗教改革への対応として、教皇パウルス三世がイエズス会――カトリック布教のために世界中に宣教師らを送ることになる――の創設を認め、異端審問所を設置し、トレント公会議（一五四五～六三年）を開いた。カトリックの教義を再確認したこの公会議から一七世紀にかけて、対抗宗教改革の時期が始まる。プロテスタントの問題提起に応えて始まった公会議は、教会改革に関してはさして実のある結論を出せなかった。しかし、簡素を旨とするプロテスタントに対抗するために、カトリック教会は視覚的イメージの力を大いに活用した。ローマは劇的な演出を特徴とするバロックの都となり、多くの華麗な教会や広場や噴水が造られた。一六世紀に始まったサン・ピエトロ大聖堂の改築が完成し、カラヴァッジョやベルニーニらが活躍した時代である。壮麗なバロック芸術は、王や貴族の威信を示すことに適合した美術様式として、ヨーロッパ諸国の宮廷に広まっていった。

フィレンツェ共和国からトスカーナ大公国へ

人文主義者レオナルド・ブルーニが共和主義の賛歌を歌い上げたように、フィレンツェはミラノ公に対抗して、共和政を誇った国だった。ただし高らかな理想とは裏腹に、現実には同職組合《アルテ》を基盤にした寡頭制である。そこから一五世紀にはメディチ家が台頭する。教皇庁の会計を請け負って銀行家として成功を収めたメディチ家は、主に新興階級に資金を融資することで支持者を増やし、共和政の行政機構そのものは変えることなく、要職を自派で固めて優位を保った。とくに顕著になるのが、一四三四年のメディチ家打倒の陰謀が失敗に終わった後である。追放先から無事戻ったコジモ・デ・メディチは、自派の権力が安定すると、市民の反感を避けるために自身はほとんど官職に就かず、莫大な私費を投じて、建築家のブルネレスキや彫刻家のドナテッロやギベルティ、画家のボッティチェッリやゴッツォーリ、フィリッポ・リッピ、フラ・アンジェリコらに仕事を依頼し、ピーコ・デッラ・ミランドラやマルシリオ・フィチーノ、ジャン・バッティスタ・アルベルティといった学者たちと交流を深め、後援した。「老コジモ《イル・ヴェッキオ》」とも称され、孫のロレンツォとともにフィレンツェ・ルネサンスを語るさいに欠くことのできない人物である。

フィレンツェ共和国の領域も広がった。一三五〇年から一四二一年にかけてプラート、ピストイア、ヴォルテッラ、アレッツォ、ピサ、リヴォルノが次々と共和国に下った。同じ時期にヴェネツィア共和国もイタリア北東部で支配領域を広げ、北西部ではミラノが、南部からはナポリ王が領土を拡大しようとして、ことあるごとに争った。この状況を打開するために、一四五五年、ミラノ、ヴェネツィア、フィレンツェ、教皇、ナポリとの間でイタリア同盟が締結され、約四〇年の勢力均衡と平和がつづく。

コジモから息子のピエロと孫のロレンツォに引き継がれたメディチ家の支配は、個人的な恩義の絆を張りめぐらせることで得たものだったが、同時に、メディチ家と少数の有力市民家系が相互の利益と安全を守るために作り上げた緊密な協力関係だった。メディチ家が支配していた六〇年の間に、支配集団の社会構成に目立った変化はない。メディチ家は選挙を操作し、戦争を背景に臨時に設置された非常大権委員会バリーアを常設機関に変えて掌握したが、共和政の制度は基本的に変わることなく、評議会ではメディチ派の出した法案を否決したり、メディチ家の支配体制を脅かす事件が発生することもあった。一四六四年のコジモ死後に起こった抗争を、息子のピエロはミラノ公の軍事力を背景に乗り切り――父コジモとピエロはフランチェスコ・スフォルツァと同盟を結び、多額の貸付をしていた――、一四六九年の父の死によって当主となったロレンツォは、名門のパッツィ家を中心とした陰謀（一四七八年）で大聖堂でのミサの最中に襲われたが、首謀者九名を処刑してメディチ家の支配を強化し、事実上のシニョーレとなった。「偉大なる人《イル・マニーフィコ》」というのがロレンツォの渾名である。

ローディの和約とイタリア同盟以来のメディチ家の外交政策は、柔軟に機敏に行動することでフィレンツェの独立を維持し、イタリア半島の勢力均衡に貢献したといわれるが、ロレンツォ・デ・メディチの手腕と惜しみない贈り物によって得た個々の支配者との個人的な信頼関係を基盤にした不安定な体制だった。ロレンツォの死後は息子のピエロ二世が継いだが、一四九四年にシャルル八世がイタリアに侵入したさい、屈辱的な条件でフランス軍の領内通過を認めたピエロに対してフィレンツェ人は激怒し、メディチ家を追放した。その頃ドミニコ会のサン・マルコ修道院長を務め、激烈な説教をする預言者として名声を博していたサヴォナローラが、メディチ家を伝統的な自由の破壊者だと非難していたのも大きく影響した。サヴォナローラの警告はフランス王の来襲によって本物と見なされ、メディチ家追放後のフィレンツェでは七十人評議会が廃止され、最高議決機関として五〇〇名の議員からなる大評議会が新設された。議員の有資格者は三〇〇〇人に及ぶ、これまでにないほど多くの市民が政治に参加できる機関である。

しかし、フランスとの同盟を主張し、教皇を弾劾したサヴォナローラの命数は短く、教皇アレクサンデル六世は彼を破門し、執政府《シニョリーア》によって逮捕されたサヴォナローラは一四九八年にシニョリーア広場で絞首刑のうえ焼かれた。都市の多くの市民が政治に参加すべきだとした彼の主張は、中流市民層には歓迎されたが、寡頭制を望む有力市民層を敵に回したからである。新政権で終身の正義の旗手《ゴンファロニエーレ》となったピエロ・ソデリーニは、大評議会と従来の寡頭制を望む有力市民とを調整しようと努めたが、一四九四年以来ずっと同盟を結んでいたフランスが一五一二年にイタリアから撤退したことによって失脚した。マキャヴェッリが外交官として働いていたのはこの政権の下である。フランスに対抗していた神聖同盟（教皇、ナポリ副王、ヴェネツィア、スイス連邦、イングランド王）は、フランス側に立ったフィレンツェ共和国体制の打倒とメディチ家の復帰を決定し、スペイン軍がフィレンツェから一五キロほどの距離にある近隣都市プラートを征服し、略奪した。戦意を失ったフィレンツェ共和国ではソデリーニが亡命した後、メディチ家の支持者と従来の支配層がかたちとしては共和政のままで新政権をたてた。ロレンツォ・デ・メディチの次男で枢機卿のジョヴァンニがこのときのメディチ家当主で、一五一三年に新教皇レオ一〇世となり、メディチ家の傀儡政権が成立したフィレンツェでも強い影響力をふるったのである。

二代後の教皇クレメンス七世（在位一五二三〜三四年）もロレンツォ・デ・メディチの甥であり、教皇の影響力の下でメディチ家の二人の若者アレッサンドロとイッポリトがフィレンツェの支配者となった。しかし、一五二七年の皇帝軍によるローマ劫掠の知らせを受けたフィレンツェでは、共和主義者のグループがメディチ体制を転覆し、共和政が復活する。追い詰められた教皇は一五二九年に皇帝と和解してバルセロナ条約を結び、教皇が皇帝のミラノ支配を承認する代わりに、皇帝は教皇がフィレンツェを征服するための援助を約束した。同年九月に皇帝軍はフィレンツェを包囲し、一〇カ月に及ぶ攻防戦の結果、フィレンツェ共和国政府は一五三〇年八月一二日に降伏した。一五三二年、メディチ家は二五〇年つづいた執政府《シニョリーア》制を廃止し、教皇の息子ともいわれるアレッサンドロ・デ・メディチを世襲の「フィレンツェ共和国の公」とするフィレンツェ公国を樹立した。フィレンツェは皇帝を後ろ盾としたメディチ家による君主国になったのである。

　共和国の伝統を誇るフィレンツェを君主国に変革し、安定した国家を作ったのは、二代目のフィレンツェ公で初代のトスカーナ大公となるコジモ一世（在位一五三七〜七四年）であった。一五三七年に暗殺されたアレッサンドロは皇帝カール五世の庶出の皇女と結婚していたが、嫡子はなかった。跡継ぎとして、グイッチャルディーニをはじめとするフィレンツェの有力市民が選んだのがメディチ家の傍系（コジモ・イル・ヴェッキオの弟の家系）のコジモである。黒旗隊のジョヴァンニと渾名された勇猛な傭兵隊長の息子だが、七歳のときに父が戦死した後、各地を転々とし、さほど教育も受けず、政治経験もない一七歳の若者を擁立した有力市民の思惑は、傀儡君主の下で有力市民による寡頭制を復活させることだったが、そのもくろみは外れた。ナポリ副王の娘エレオノーラを公妃としたコジモは、それまでのフィレンツェ有力市民層ではなく、支配下の他都市出身の中流市民層を側近に用いて自ら積極的に政治を行い、シエナ戦争（一五五二〜五九年）で南の隣国シエナ共和国を征服し、皇帝から封土として与えられたことで、ルッカ共和国を除くトスカーナ地方一帯に領土を広げた。一五六二年には、オスマン帝国海軍や海賊からトスカーナ地方の海岸を守るフィレンツェ公国の海軍として、サント・ステファノ騎士団を設立した。フィレンツェ公を団長とし、「貴族のみが入会できる」とされたこの騎士団は、メディチ君主政のもとで従来の社会的役割を失い、不満を抱えていたフィレンツェやトスカーナ地方の有力者たちを、君主に仕える騎士として統合する役割を果たした。さらに教皇との関係を改善して、一五六九年、教皇ピウス五世からトスカーナ大公の称号を獲得すると、皇帝は教皇の越権行為として非難したが、コジモの死の翌年の一五七五年、臣従と引き換えに後継者のフランチェスコにトスカーナ大公の称号を認めた。コジモ一世は存続も危うかったフィレンツェ公国を、イタリア有数の君主国トスカーナ大公国として残したのだった。

一五九二年以降、トスカーナ大公コジモ二世からフェルディナンド二世の時代にかけて開発されたリヴォルノは、一七世紀以降、他のイタリアの主要港が規模を縮小するなか、唯一繁栄をつづけた港である。リヴォルノはフィレンツェが敵対していたピサを征服した後、ピサに代わって新たな時代の要請に応える本格的な海港都市を目指して、ピサ近郊に建設され、五角形のルネサンス風の幾何学的要塞を備えた一種の理想都市でもあった。一五九三年のリヴォルノ憲章で自由港としてユダヤ人を誘致し、北西ヨーロッパと地中海の中継港として国際的に繁栄したリヴォルノは、第二次世界大戦の爆撃で破壊され、現在、古い建物は残っていない。そのこともまた、この港が近代に至っても軍事拠点だったことを示している。

ミラノ公国――フランスとハプスブルク家の間で

第2章でも述べたように、フィリッポ・マリア・ヴィスコンティの死後ミラノ公位を継承したのは、フィリッポ・マリアの一人娘ビアンカ・マリアの夫で、有名な傭兵隊長フランチェスコ・スフォルツァである。娘婿という女系への公位継承を皇帝は認めなかったが、一四五〇年にフランチェスコは共和政が復活していた都市ミラノを占領し、ミラノの全体集会でミラノ公の称号を授与され、ミラノのコムーネから承認を得た。ただし、これは都市ミラノ以外の公国の領域全体の支配を合法化するには十分ではなく、スフォルツァ家の支配者たちは皇帝からの公位承認を模索することになる。

一四五四年、スフォルツァとヴェネツィアが結んだローディの和約と、フィレンツェ、教皇、ナポリを加えて結んだイタリア同盟の承認によって、フランチェスコ・スフォルツァのミラノ支配は国際的に認められ、ヴェネツィアとはアッダ川を国境とすると合意した。彼の死後は息子ガレアッツォ・マリアが公位を継承したが、ミラノ貴族によって暗殺され（一四七六年）、遺児のジャン・ガレアッツォ・マリアが七歳の子供だったために、補佐役となった叔父ルドヴィーコが、やがて摂政として一四八〇年から実権を握った。髪も眼も肌も黒かったことから「ムーア人《イル・モーロ》」と呼ばれた野心家のルドヴィーコは、しだいに独裁的な傾向を強め、フランス王シャルル八世と結ぶ一方で、敵対する皇帝マクシミリアンとも交渉を重ねて、甥の死後にミラノ公の称号を得た。

しかし、シャルル八世の後継者ルイ一二世が一四九九年、ミラノ公位継承権を主張して、ミラノを占領した。敗れたルドヴィーコはフランスで幽閉されたまま没し、ミラノ公国の帰趨をめぐって状況は二転三転した。一五二六年のマドリード条約でミラノ公国は旧主ルドヴィーコ・スフォルツァの次男フランチェスコ・マリア・スフォルツァの領地とされたが、皇帝カール五世は二九年に結ばれたカンブレーの和約でフランソワ一世にミラノとナポリに対する権利を放棄させ、三五年にフランチェスコが死ぬと公国を帝国に接収し、総督を任命して統治にあたらせるようになった。一五五五年、ミラノ公国は皇帝カール五世の息子でスペインを継承するフェリペ二世に譲渡される。総督として、主にカスティーリャ出身の役人が短期の任期でマドリードから派遣された。ミラノはスペインがヨーロッパ政策を展開するうえで重要な戦略的位置にあり、そのため過度な負担を避けて、スペインがヨーロッパでの戦争のために必要な兵士と資金は本国とナポリ王国で調達した後、ミラノ公国に送るという配慮がなされた。また、元老院を拠点とするミラノ貴族はミラノに派遣されたスペイン貴族と協調を図る傾向にあり、一七世紀のミラノ公国では大規模な民衆反乱は起こらなかった。

ヴェネツィア共和国

一四世紀後半、東地中海《レヴァント》の海上交易をめぐってライヴァルだったジェノヴァと熾烈な抗争を繰り広げたヴェネツィアは、一五世紀初頭、ミラノのジャン・ガレアッツォ・ヴィスコンティの死（一四〇二年）を契機として、陸上での領土拡大を進める。ヴィスコンティ家の支配下にあったヴィチェンツァ（一四〇四年）、ヴェローナとパドヴァ（一四〇五年）を奪取し、トレヴィーゾを取り戻し、さらにミラノに近いブレッシャ（一四二六年）とベルガモ（一四二八年）を征服した。また一四二〇年にはフリウーリを、一四四一年にはラヴェンナを獲得した。北イタリアのヴェネト地方を中心として、東はフリウーリ地方、西はロンバルディア地方の東半分にまたがる領域を、ヴェネツィアでは「陸の国《スタート・ダ・テッラ》」あるいは単に「陸地《テッラフェルマ》」と呼んでいる。一五世紀末からのイタリア戦争でのヴェネツィアの膨張傾向は周辺諸国の敵意を招き、諸国を敵に回したヴェネツィアは、一五〇九年のカンブレー同盟戦争で大敗し、テッラフェルマの領土のほぼすべてを失ったが、その後の外交努力によって一五一七年までにはそのほとんどを回復し、そのまま一八世紀末まで保持することになる。

しかし、このイタリア内陸部での領土拡大は、少なくとも当初は地中海交易で栄えた海上商業国家としてのヴェネツィアの方向転換ではなかった。むしろ一四世紀末〜一五世紀に「海の国《スタート・ダ・マール》」と呼ばれた東地中海での海上領土も拡大していたからである（ネグロポンテ、アルゴス、ナウプリオン、ドゥラッツォ、コルフ、コリント、サロニカ、キプロスの島々）。しかし、一四五三年のビザンツ帝国の滅亡とその後のオスマン帝国の地中海への進出はヴェネツィアにとって大きな脅威だった。一四七〇年、二七〇年にわたってヴェネツィア領だったエーゲ海のネグロポンテがオスマン軍の猛攻の下で陥落した。オスマン帝国との第一次戦争である。第二次は一四九九年に始まり、ヴェネツィアはギリシア西南端の重要な海上拠点モドンとコロンを引き渡すことになった。ヴェネツィアの海上領土は交易と制海権を維持するためのものであり、それを失うことは商業に直接影響する痛手だった。

さらに、ポルトガルがアフリカ周りでアジア航路を確立し、東地中海《レヴァント》に運ばれていたスパイスの交易路を一時寸断したことは、ヴェネツィア商業にとって大きな打撃となった。しかし、ヴェネツィアにとっては幸いなことに、はるか遠方での戦闘やあまりに長い交易路を安全に維持するための軍事費はポルトガルにとって荷が重すぎ、一五三〇年代にはすでにポルトガルのスパイス交易独占は崩壊して、イスラーム商人の手によって東地中海を経由する旧来の交易路が復活した。ヨーロッパ全体でのスパイスの需要が増加したこともあって、一五二〇年代〜七〇年代のヴェネツィア商船はかつてとほぼ同じ量のスパイスを扱っていた。

しかし、大きく変化したこともある。まず、オスマン帝国の地中海進出によって、ヴェネツィアは一六〜一七世紀の過程で多くの商業拠点を失った。最大の損失が一五七三年に失ったキプロス島と、二四年もの戦いの末、一六六九年に失ったクレタ島である。二点目に、アドリア海の東岸ダルマツィア地方のラグーザ（現ドゥブロヴニク）とその対岸にあってラグーザと密接な関係を持っていたアンコーナが、オスマン帝国と友好関係を結んで東地中海に進出し、ヴェネツィアの競争相手となった。アンコーナは一五二〇年代に国際商業都市としての地位を確立し、一五三二年に教皇によって軍事占領されたが、教皇はアンコーナ市民の支持を得るために商業を手厚く保護し、この町は教会国家の港として急成長して、とくに一六世紀半ばに繁栄したのである。一六世紀後半にはラグーザが全盛期で、さらに一六世紀末以降はオスマン帝国と友好関係を結んだオランダ・フランス・イギリスが東地中海交易に参入した。一六世紀半ばから一七世紀初頭にかけては、ヴェネツィアも毛織物生産で繁栄を維持したが、やがてオランダ・フランス・イギリスは、安い輸送費と、東地中海市場のニーズに適合した軽くて色鮮やかな新毛織物を開発することで、ヴェネツィアのシェアを奪った。他のイタリア諸都市と同じく、ヴェネツィアでも同職組合の特権は強く、賃金水準も高く、伝統的な高品質の維持にこだわる製品は高価で競争力に欠けた。ヴェネツィアはヨーロッパ全体の経済の中心が大西洋側に移ったことによって経済大国の地位を失っただけでなく、地中海交易でも劣勢に立つことになるのである。

この状況のなかで、ヴェネツィアの支配層であり、商業の担い手でもあった都市貴族層は、投資先を変えた。商業が以前よりも危険で将来性が見えにくい分野になったのに対し、一六世紀の人口増加によって食料価格が上昇したため、土地を購入して農業生産を行うことは安全かつ確実な収入の見込める投資先となった。さらに君主の宮廷が成長する一六〜一七世紀は、領地を持ち爵位を得た伝統的な貴族の名声が強まった時代であり、商人出自のヴェネツィア都市貴族のなかにも地主貴族としての道を歩むものが出てくるのである。ルネサンス建築として有名なパッラーディオの建築の多くは、ヴェネツィア貴族たちが本土の農村で過ごすために建てた別荘《ヴィッラ》だった。

国際商業都市としての役割が薄れるにつれて、都市ヴェネツィアも新たな性格を持つようになる。一五九一年には、リアルト橋が現在も残る石造の橋に架けかわった。ヴェネツィアの目抜き通りである大運河のほぼ中央に位置するリアルト橋は、もともとに市場のある商業中心地であり、それまでは大きな船が航行できるように跳ね上げ式の木の橋が架かっていた。これに対して一五〇七年のコンクールで選ばれた新たな橋は堂々たる石造の巨大な固定アーチ橋であり、共和国の繁栄を記念するモニュメントの一つとして作られた。ヴェネツィアという都市が地中海交易と結びつく国際港湾都市から、水上の祝祭やスペクタクルが繰り広げられる劇場都市へと変化していく象徴ともなるものだった。

劇場としての都市や、そこで行われる祝祭は住民のためだけのものではない。一八世紀のヴェネツィアは、一二月二六日から約半年もカーニヴァルの祝祭がつづいたといわれるヨーロッパ有数の観光都市でもあった。こうしてヴェネツィアは、北ヨーロッパのエリートがあこがれる観光地、絹織物や食料といったテッラフェルマの産物を扱う地方港へと変貌していった。ヴェネツィア共和国は一八世紀末まで独立を保ったが、一七九七年のナポレオンの侵攻の前に降伏することで、その幕を閉じたのである。

ジェノヴァ共和国

商業利益の確保に傾注し、イタリアでの領土的野心の薄かったジェノヴァは、いわゆるルネサンスの五大国には数えないが、現在でもイタリア最大の港町であり、マルセイユやバルセロナと並ぶ西地中海の最重要の港町の一つである。そして、一九世紀にサヴォイア王国に併合されるまで、長く独立を保った共和国でもあった。

一四世紀には門閥貴族同士や教皇派と皇帝派の対立に代表される党派争い、一五世紀には門閥貴族とポポロの対立や反乱に端を発した外国軍の介入などに苦しみ、幾度もフランス王やミラノ公の支配を受けてきたジェノヴァは、イタリア戦争初期にはフランスとスペインの覇権争いに振り回され、国内でも党派対立が止まなかった。この混乱を収拾したのが一六世紀の貴族アンドレア・ドーリアである。ドーリアは一五二八年の改革でアルベルゴと呼ばれる有力家系の数を二八に限定し、非貴族の有力者も取り込んで貴族を固定化することで貴族寡頭体制を確立した。「祖国の父」とも呼ばれるこの貴族は、スペインの影響下でジェノヴァが独立を維持する道を選び、皇帝カール五世に自らが率いる強力な艦隊を提供することと引き換えに、母国ジェノヴァの自治を承認させた。ジェノヴァ商人はオスマン帝国台頭後の東地中海や黒海沿岸には固執せず、商業活動の重心を西方に移してポルトガルやスペインの大西洋交易に積極的に参加し、スペインの金融をも担った。スペインの資金で大西洋に乗りだし、アメリカ大陸を「発見」したコロンブスは、おそらくもっとも有名なジェノヴァ人である。

ジェノヴァの銀行家は、アメリカ産の銀取引のための手形交換所を管理することで利益を上げ、国際為替市場の支配者としての立場を強化した。さらにスペイン王室に多額の貸付をし、王室が国庫支払い停止を宣言しても、債権者としてスペイン、ナポリ、シチリアの諸王国で官職、領主権、収税権などを獲得して損失を補った。しかし一六二七年、スペインがジェノヴァ人が果たしてきた役割をポルトガルのコンベルソ（ユダヤ教からの改宗者）にゆだねる方針をとったことで、スペインから撤退するジェノヴァ人銀行家が出始め、同年ミラノ総督がモンフェッラートの相続をめぐってサヴォイア公と協定を結んだことが、ジェノヴァ側の不信を生んだ。隣国サヴォイア公国の領土拡大政策は長年にわたってジェノヴァにとって脅威であり、スペインがジェノヴァに断りなくサヴォイアと結んだことは、スペインとの間に溝を作ることになった。そして一八世紀末、ナポレオンが一七九七年のパトリオットの反乱に介入したことで、ジェノヴァ共和国はついに崩壊した。ナポレオン失脚後のウィーン会議ではサヴォイア家がこの地域を獲得し、サルデーニャ王国の領土に組みこんだのだった。

3　外国支配下での啓蒙と改革

大国に翻弄されるイタリア

イタリア戦争によって確立したイタリア半島でのスペインの支配権が揺らぐのが、一七〇〇年、ハプスブルク朝スペイン最後の国王カルロス二世が没したときである。新たな国際秩序を求めて、フランス・スペイン対イギリス・オランダ・オーストリアの陣営に分かれて、大規模な戦争が勃発した。スペイン継承戦争（一七〇一～一四年）である。最終的に和平が実現した一七一三年のユトレヒト条約と翌年のラシュタット条約では、スペインはネーデルラントに加えて、イタリアの南部全域、ロンバルディア地方を含むミラノ公国、マントヴァ公国、サルデーニャ王国などをオーストリアに割譲し、オーストリアがイタリアの大部分を支配することになった。フランスとオーストリアの間に位置する緩衝国であることを利用して領土拡大をねらっていたサヴォイア公国はモンフェッラートを得て東進したうえに、シチリア王国を獲得して念願の王位を得た。

スペインは一七一七年から翌一八年にかけてサルデーニャとシチリアを奪回したが、オーストリアの反撃やフランス、イギリスの介入にあい、シチリア島はオーストリア領となった。シチリアを失ったサヴォイアには、代

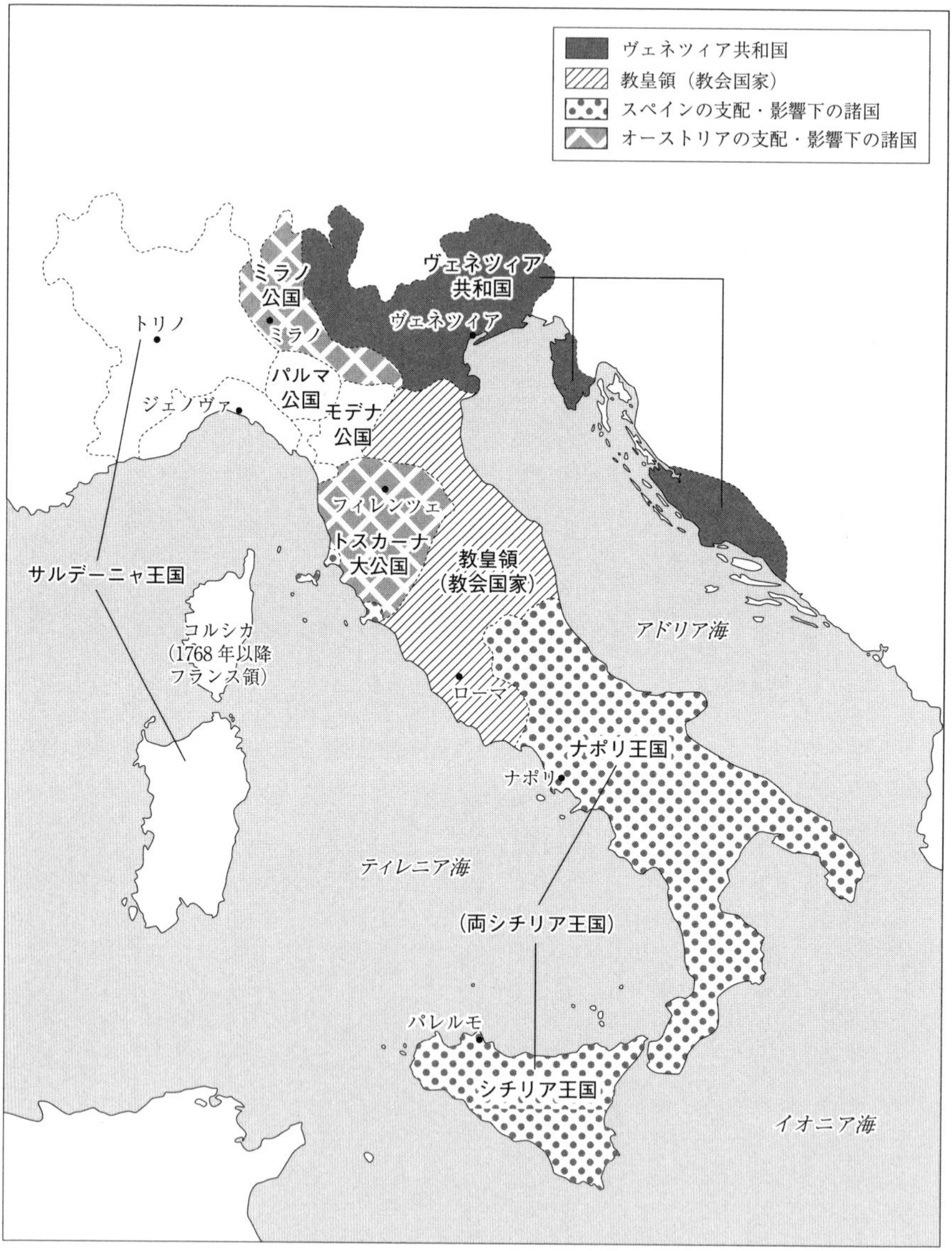

図3－2　18世紀後半のイタリア

出典：北村暁夫・伊藤武編著『近代イタリアの歴史』ミネルヴァ書房，2012年，29頁，一部改変。

わりにサルデーニャ王国が与えられ、王の称号は確保している。スペイン王フェリペ五世の息子ドン・カルロスには、パルマ・ピアチェンツァ公国が与えられた。

ポーランド継承戦争（一七三三～三五年）では、スペインがオーストリアからナポリ王国とシチリア王国を取り返し、一七三八年のウィーン条約でフェリペ五世の息子カルロに与えられた。オーストリアはミラノ公国、マントヴァ公国を維持し、新たにパルマ・ピアチェンツァ公国を得たほか、一七三七年にメディチ家の血筋を引く最後の大公ジャン・ガストーネが没したトスカーナ大公国は、マリア・テレジアの夫ロートリンゲン公フランツ・シュテファンに与えられた。

マリア・テレジアのオーストリア大公位継承をめぐって争われたオーストリア継承戦争（一七四〇～四八年）では、アーヘン条約によってパルマ・ピアチェンツァ公国がフランスに与えられ、サルデーニャ王国がさらに支配領域を東へ拡大したほかには、大きな変更はなかった。

このように、サルデーニャ王国やヴェネツィア共和国、ジェノヴァ共和国などを除くイタリアの中小君主国は、戦争のたびに列強間の和平や勢力均衡のための取引材料とされ、支配者がめまぐるしく交代した。独立を維持していたヴェネツィアにしても、一七一八年にオスマン帝国との間で結ばれたパッサロヴィッツ条約では、オーストリアがバルカン半島の支配領域を拡大する代償として、実力で取り戻したモレア（ペロポネソス半島）をオスマン帝国に返還させられ、わずかにダルマツィア沿岸の領有が認められただけであった。イタリア諸国の近世は、大国の利害関係の荒波に翻弄されつづけ、サルデーニャ王国と教皇領、それにヴェネツィアとジェノヴァの二つの共和国を除いた多くの地域が、オーストリアやスペインなど外国の支配下や影響下に置かれた時代であった。

ただし、外国支配によってヨーロッパの大国と直接的に結びついたことで、とりわけ北イタリアでは農業生産が拡大し、農産物や手工業の原材料の輸出を増大させた。中世には地中海交易や金融業によってヨーロッパ経済を牽引したイタリアは、もはや高価で珍しいアジア産品や毛織物・絹織物、レース織りなどの奢侈品の供給地ではなく、周縁的な農業生産地へとヨーロッパでの立場を大きく転換させたのである。

啓蒙と改革

大規模な戦争から免れた一八世紀後半には、イタリアは相対的に安定した時期を迎えた。啓蒙思想に親しんだ外国人君主の手によって、さまざまな改革が進められるのは、まさにこの時代である。

オーストリア政府によって直接統治されたミラノ公国では、皇帝カール六世によって土地台帳の作成が開始され、その後を継いだマリア・テレジアの治世に完成を見た。地方行政制度も刷新されて全土に自治機関が設立され、特権を持つ農村領主層や都市貴族層に打撃を与えた。マリア・テレジアの息子ヨーゼフ二世の時代になると、ミラノに経済最高評議会が開設され、徴税請負制度が廃止された。また、ヨーゼフ二世の弟ピエトロ・レオポルドが父ロートリンゲン公フランツ・シュテファンから受け継いだトスカーナ大公国では、トスカーナ啓蒙学派のネーリやジャンニといった知識人が起用され、ミラノを範とする地方行政制度の整備、刑法改革と拷問や死刑の廃止などが実現した。また、土地所有の制限と自作農の育成、穀物流通の自由化などの農業政策が進められたが、貴族層の抵抗にあって土地台帳の作成は頓挫し、収穫物を領主と農民が分け合う折半小作制が維持された。

スペイン・ブルボン家治下のナポリ王国では、宰相となったタヌッチが教会権力の縮小を図ってイエズス会士を追放し、修道院領を没収して農民に分与した。タヌッチと親交のあった経済学者ジェノヴェージは穀物商人と結びついた食糧供給制度を批判して「商業の自由」を主張した。一七八〇年代には、ハプスブルク家出身の王妃でフランス王妃マリー・アントワネットの姉マリア・カロリーナのもとで、農業改良家として著名な開明派貴族グリマルディやパルミエーリらの啓蒙思想家が集められたが、必ずしも期待された成果を上げることはできなかった。

戦争のたびに着実に勢力を拡大し、サルデーニャを得て王国に昇格したサヴォイア公国（サルデーニャ王国）では、ヴィットーリオ・アメデーオ二世が行政改革を通じて中央集権化を進め、課税台帳の整備を行った。カルロ・エマヌエーレ三世は貴族や教会の特権を抑え、財政基盤を強化して常備軍制度を確立したが、ヴィットーリオ・アメデーオ三世は貴族による宮廷政治を復活させて復古的な政策を採用し、台頭しつつあった官僚層の弱体化を図った。しかし、官僚による統制が緩和されたことで印刷物の流通量が増大し、クラブや結社に集う人びとの間で活発な議論が展開されるようになった。啓蒙改革が外国人君主の主導で実施される一方、ヴェネツィアやジェノヴァといった共和国が実効性のある改革をなしえなかった一八世紀のイタリアにあって、フランス革命とナポレオンの進撃を経た次なる時代の主役となるのは、地理的にも歴史的にもイタリアの伝統から外れた、この新興国家であった。

（中平希・藤内哲也）

参考文献

大西克典「ピエトロ・レオポルド期トスカーナ大公国における土地税改革一七七二―一七八三年」『史学雑誌』一二四―六、二〇一五年。

北田葉子『近世フィレンツェの政治と文化――コジモ一世の文化政策（一五三七～六〇）』刀水書房、二〇〇三年。

齋藤寛海『中世後期イタリアの商業と都市』知泉書館、二〇〇二年。

高田京比子「中世イタリアにおける支配の変遷――二〇〇四年における一つの到達点の紹介」『神戸大学文学部紀要』三五、二〇〇八年。

藤内哲也『近世ヴェネツィアの権力と社会――「平穏なる共和国」の虚像と実像』昭和堂、二〇〇五年。

永井三明『ヴェネツィアの歴史――共和国の残照』刀水書房、二〇〇四年。

中平希「十六世紀ヴェネツィア共和国財政と税制――テッラフェルマ支配解明に向けて」『史学研究』二四一、二〇〇三年。

G・A・ブラッカー著、森田義之・松本典昭訳『ルネサンス都市フィレンツェ』岩波書店、二〇一一年。

松本典昭『メディチ君主国と地中海』晃洋書房、二〇〇六年。

三森のぞみ「フィレンツェにおける近世的政治秩序の形成」『歴史学研究』八二二号、二〇〇六年。

ジェルヴァーゾ・モンタネッリ著、藤沢道郎訳『ルネサンスの歴史　上下』中公文庫、一九八五年。
A. Gamberini, and I. Lazzarini (ed.), *The Italian Renaissance State*, Cambridge, 2012.

歴史の扉
3

シチリア島におけるムスリムの終焉

イタリアの南、シチリア島は、共和政ローマにより最初の属州とされるなど、古代地中海世界において重要な歴史の舞台となってきた。中世に至ると、東ローマ（ビザンツ）帝国がシチリア島を支配したが、イスラーム勢力の地中海進出のなかで、八二七年、シチリア島はアグラブ朝の侵攻を受け、八三一年のパレルモ陥落、九〇二年のタオルミーナ陥落をもってシチリア全島がムスリムの支配下となった。ムスリム支配下のシチリアには北アフリカから多数のムスリムが移住し、諸都市の人口が増加するとともに、彼らムスリムが、柑橘類などの農作物に加えて、農業技術や灌漑技術をシチリア島にもたらしたといわれる。

しかし一一世紀になると新勢力が南イタリア・シチリア島にあらわれる。すなわち、ノルマン人である。彼らは傭兵として南イタリアの勢力争いに参加し、南イタリアの諸侯やビザンツ帝国に仕えつつ勢力を拡大した。とりわけ彼らのなかで台頭したのが、オートヴィル家のロベール＝ギスカールと弟ロジェール（ルッジェーロ）一世である。ロジェールは一〇六一年からメッシーナを攻撃し、兄の助力を得つつシチリア島のムスリムと戦い、一〇七二年にパレルモを占領してシチリア伯となった。つづく一二世紀には、ロジェールの子のルッジェーロ二世が、南イタリアとシチリアのノルマン人支配地を統一し、シチリア王国を建国した。

このノルマン・シチリア王国においては、王はムスリム統治時代の遺産を継承し、シチリア王国を基盤として堅固な国制をさだめ豊かな財を持ち、ノルマン君主の庇護のもと、ギリシア・イスラームの文化と西欧の文化が融合して栄え、学問・芸術が花開いたとされる。こうした盛期ノルマン・シチリア王国の文化を現在に伝えるのが、パレルモのモスク風の諸聖堂と、ノルマン王宮の王宮礼拝堂およびモザイク画などである。

しかしこうしたノルマン諸王のもとでの文化隆盛も長くはつづかなかった。一二世紀末、ノルマン朝が断絶すると、ルッジェーロ二世の娘コスタンツァの夫、ドイツの皇帝ハインリヒ六世が王位を主張してシチリア王位を獲得したからである。その後、コスタンツァの子（ルッジェーロ二世の孫）皇帝フェデリーコ（フリードリヒ）二世が、シチリア王を兼ねた。周知のように、フェデリーコ自身は、アラビア語を含む複数言語に通じ、ムスリム世界の学者たちと書簡による哲学談義をかわし、宮廷ではアラビア語文献の翻訳活動を行わせ、その成果を生かして、彼自ら鷹狩りに関する論文『鳥をつかって狩りをする方法について（De arte venandi cum avibus）』を著した。しかし皇帝（シチリア王）フェデリーコのもとでは、ノルマン君主の寛容の精神は失われた。一二二〇年の皇帝戴冠後からフェデリーコはシチリア西部のムスリムと戦って彼らを屈服させ、帰順したムスリムを南イタリアの都市ルチェーラに強制移住させたのである。ルチェーラにおいてムスリムは信仰と慣習の維持を認められたが、フェデリーコは彼らから徴用してムスリム人部隊を編成し、教皇庁やロンバルディア諸都市との戦いに彼らを投入して教皇派から非難をあびた。このように彼のイスラーム文化への傾倒は、シチリア島ムスリムへの寛容をもたらさなかったのである。

以上のシチリア島における多文化共存とその喪失は悲劇的な変容として語られてきた。しかし、イギリスの歴史家デイヴィッド・アブラフィアの研究は、この変容は実態としては、より複雑な過程で起こったことを明らかにした。すなわち、ノルマン時代の「寛容」が評価されるノルマン王宮廷でも、ムスリムの廷臣は改宗圧力にさらされていたこと。さらに宮廷外では、ムスリムとキリスト教徒との対立が存在し、政治混乱のたびに住民対立が激化していたこと。このような対立のなかで、アブラフィアの推計によるならば、ノルマン時代におよそ二〇万人にのぼったシチリア島のムスリム人口は、フェデリーコの強制移住の時点ですでに二万人に減少していたという。ムスリムは北アフリカに逃れ、商業の担い手としてムスリム商人に代わり、ジェノヴァ商人、のちにはカタルーニャ商人がシチリア島の商業に進出してくる。こうしたムスリム人口の減少に対応して、ノルマン諸王がとった政策がラテン系住民の積極的移住政策であった。すなわち、北部・中部イタリアからの組織的な移民がシチリア島内にもたらされ、こうした人口流入によりシチリア島のラテン化・キリスト教化が進行したという。このアブラフィアの見解を受け入れるならば、一二二〇年代のフェデリーコによる強制移住はこの長期の変容の最終局面だったということになる。

こうしたアブラフィアの研究はさらに二点の興味を喚起する。第一に、なぜ多文化共存は安定しなかったのか、という点である。第二に、アブラフィアは一一〇〇年から一三〇〇年までのおよそ二〇〇年間に、人口・宗教・言語・文化においてシチリアが変容し、更新されたという。だとすれば、こうした変容それ自体もまた、興味深い研究対象であることは疑いない。

（榊原康文）

参考文献

高山博『中世地中海世界とシチリア王国』東京大学出版会、一九九三年。
エルンスト・カントーロヴィチ著、小林公訳『皇帝フリードリヒ二世』中央公論新社、二〇一一年。

スティーブン・ランシマン著、榊原勝・藤澤房俊訳『シチリアの晩禱——十三世紀後半の地中海世界の歴史』太陽出版、二〇〇二年。

David Abulafia, 'The End of Muslim Sicily', in: *Muslims under Latin Rule*, 1100-1300, ed. by James M. Powell, Princeton, 1990, pp. 103-133.

第4章

「大国」をめざして——近現代イタリアの挑戦

イタリアは、古代はローマ帝国、中世はキリスト教会、さらにはルネサンス文化の中心地として常にヨーロッパの重要な位置を占めてきたが、一六世紀以降は大半が外国の支配下に置かれた。イタリアの近現代史は、この沈滞を打破して再び大国の地位を取り戻すための挑戦の歴史であったと言える。道のりは決して平坦ではなかった。一九世紀の国家統一は「自由主義の傑作」とも「欠如した革命」とも評されるし、ファシズムをめぐる評価は一層見解が分かれよう。それでもなお、イタリアが外交や文化などさまざまな舞台で独自の存在感を発揮したことは確かである。以下、その足跡をたどっていくことにしよう。

1　リソルジメント

フランス革命の衝撃とリソルジメント

イタリアは一六世紀から長らく小国が分立し、その大半がスペインやオーストリアの支配下に置かれる沈滞状態にあった。だが、一九世紀に入ると新たな一歩への機運が芽生えた。リソルジメント運動である。リソルジメントは「再興」を意味し、イタリアの過去の繁栄を政治、経済、文化などさまざまな分野で蘇らせることが目標とされたが、最終的に一八六一年の国家統一として結実することになった。

運動の起源については諸説があるが、とくにフランス革命後にジャコバン派の影響を受けて誕生した急進派「ジャコビーノ」は重要な位置づけを与えられている。なぜなら、一七九六年以降、フランス軍のイタリア侵入に呼応して各地で共和政樹立の革命を試みるなかで、一部の者がイタリア統一を初めて現実の目標に掲げたからである。

だが、ジャコビーノの革命は失敗に終わり、イタリア半島はナポレオンの支配下に置かれた。北部にはナポレオン自身を元首とするイタリア共和国（後に王国）、南部には兄ジョゼフ、ついで義弟のミュラーを国王とするナポリ王国が設置された。他方でヴェネツィア共和国とジェノヴァ共和国は各々オーストリアとフランスの支配下に組み込まれ、長い歴史に終止符が打たれた。

ナポレオンの支配は、封建制の廃止、法の下での平等の確立、私的所有権の保障によってイタリアの近代化に寄与した。一方、軍事面では徴兵制が導入されたため、イタリア兵はスペイン、ロシアなど各方面に徴用された。

ウィーン体制下のイタリア

ナポレオン体制はロシア遠征の失敗を機に急速に崩壊した。その後ヨーロッパ諸国による国際会議をへて、ウィーン体制が成立した。新体制では国際秩序の安定のために大国間の「勢力均衡」が重視された。その結果、イタリアの小国群は元通りに復活することを許されず、ほとんどがオーストリアの支配下あるいは影響下に組み込まれた。北部では、オーストリアがヴェネツィアの支配権を獲得し、ロンバルディア地方と合わせてロンバルド・ヴェネト王国を設置した。中北部でも、トスカーナ、モデナ、パルマにオーストリア系君主の支配する諸公国が置かれた。対して中部では教皇領（教会国家）、南部ではスペイン系ブルボン王朝が復活した。後者はナポリ王国とシチリア王国が統合され「両シチリア王国」が成立した。独立を保つことを許されたのは、フランス―オーストリア間の緩衝国家に位置づけられた北西部のサルデーニャ王国だけであった。この分裂状態を見て、ウィーン体制の立役者であるオーストリア外相メッテルニヒは、イタリアは「地理上の表現に過ぎない」と皮肉ったといわれる。

秘密結社の革命

新たに成立した諸国家の下では、概して保守反動的な体制が敷かれた。自由や民族独立を求める声に対して、メッテルニヒは反革命の軍事同盟である神聖同盟や秘密警察をもって厳しく対処した。そのため反体制活動の多くは、秘密結社の形をとることになった。南イタリアのカルボネリーア（炭焼党）は、とくに有名である。組織は厳しい位階制に基づいており、目標も位階ごとに別々かつ秘密にされたが、指導層の当面の目標は立憲主義の確立であったといわれる。

一八二〇年にスペインで立憲革命が起こると、同じ家系の王朝を戴く両シチリア王国でもカルボネリーアが直ちに決起した。ナポリ近郊で始まった反乱は瞬く間に広がり、国王フェルディナンド一世からスペイン憲法と同一内容の憲法の発布と、新政府樹立の許しを得ることに成功した。だが、事態の進展とともに指導層と農民層の亀裂が顕在化し、オーストリアからの軍事介入も受けた結果、革命は急速に崩壊した。

北イタリアの秘密結社活動では、ルネサンスの画家ミケランジェロの血を引く革命家ブォナローティが強い影響力を発揮した。彼の発想の特徴は、一国革命よりもヨーロッパ各地での同時多発革命を望み、そのイニシアティヴをパリに期待するところにあった。ブォナローティはカルボネリーアの革命に呼応した一八二一年のピエモンテ革命や、パリの七月革命を受けて勃発した一八三一年の中部イタリア革命で重要な役目を果たした。だが、いずれも最後はオーストリア軍の介入で打ち砕かれた。

これらの失敗から秘密結社による革命の限界が明らかになった。それは「秘密」ゆえに警察網をかいくぐれる反面、一般市民を巻き込んだ大規模な運動を起こしえないことである。次の世代の民族運動は、この限界を乗り越えようとするところから始まることになる。

民族革命への選択肢——共和派と穏健派

マッツィーニこそが、新しい世代の革命家であった。彼は秘密結社の複雑な位階制や目標の不明確さ、外国情勢への依存に強い反発を感じていた。そこで、より一元的な革命組織として一八三一年に「青年イタリア」を設立した。目標は「統一イタリア共和国」の建設だと明示し、革命をイタリア民族が自力で成し遂げるべきことも強調した。さらに、自立した諸民族から成るヨーロッパの形成という理想の実現に向けて、青年ドイツ、青年ポーランド、各国の組織を束ねる青年ヨーロッパも結成した。

マッツィーニは民族運動の実現に向け、情熱あふれる若者たちを主体とするゲリラ蜂起が狼煙のようにイタリア全土に広がることを願った。だが現実には、蜂起はいずれも参加者の躊躇や裏切りによって警察や軍に弾圧された。マッツィーニ自身も人望を失い、長期にわたる亡命生活を強いられることになった。

青年イタリアの革命が挫折した結果、民族運動の推進を求める人びとの間でもより穏健な計画を求める声が強まった。その担い手として、力の裏づけも持ち合わせた二人の君主が期待を集めた。サルデーニャ国王と、ローマ教皇である。

サルデーニャ国王は、ウィーン体制下のイタリアで唯一独立を保った国の君主として期待を集めた。同国の貴族バルボは、『イタリアの希望』（一八四四年）を記し、サルデーニャのロンバルディア進出への野心を、オーストリアからのイタリアの独立という新たな課題と結びつけたことで注目を集めた。

一方、ローマ教皇は民族運動に厳しい姿勢を保ち続けてきたが、愛国者の中には教皇が高い精神的権威を生かして民族運動の先頭に立つことへの期待も存在していた。一八四三年に発表されたジョベルティの『イタリア人の道徳的文明的優越』では、現存の諸国家の連合としての緩やかなイタリア統一が提案され、その首長としてローマ教皇が位置づけられた。一八四六年に「自由主義教皇」と呼ばれたピウス九世が即位すると、世論の期待は一気に高まった。

一八四八年革命

イタリアがピウス九世への期待で盛り上がり始めた一八四〇年代後半、ウィーン体制への不満はヨーロッパ各地でいよいよ限界点に達しつつあった。それは一八四八年にヨーロッパ各地の同時多発革命として爆発することになった。パリの二月革命を皮切りに、ベルリン、ウィーンおよびオーストリア支配下の諸地域へと、革命は急速に飛び火した。

イタリアではこの年、すでに一月からシチリアのパレルモを中心に民衆反乱が拡大しており、国王政府に憲法公布を認めさせることに成功していた。次いでウィーン三月革命の知らせが伝わると、革命は北部にも波及した。ヴェネツィアでは三月二二日、改革派の指導者ダニエーレ・マニンを中心にヴェネツィア共和国の再建が表明された。ミラノでも市民が蜂起し、三月一八日からの「ミラノの五日間」と呼ばれる壮絶なバリケード戦の末に、一万四〇〇〇人のオーストリア軍を撃退することに成功した。

この後ミラノでは、イタリア連邦共和国の樹立を理想とするカッターネオらの民主派と、サルデーニャ王国と合併して北イタリア王国を作ろうとする穏健派の対立が生じた。後者が優勢となったため、サルデーニャ王カルロ・アルベルトもオーストリアへの宣戦を決意した。この戦争は「第一次イタリア独立戦争」と呼ばれるようになり、各地からの反響を得てイタリア全土の解放戦争の様相を呈した。合言葉は「イタリアは自ら成す」であった。

しかしながら、最高潮に達した独立戦争の機運は、次の瞬間には崩れ始めることになった。ローマ教皇が同じカトリック国家であるオーストリアと戦うことへの矛盾を指摘されて戦線から脱落した結果、民族運動が急速に求心力を失ったからである。オーストリア側はラデツキー将軍の下で態勢を立て直し、八月にはロンバルディアを回復した（有名なラデツキー行進曲はこの勝利を記念して作曲された）。カルロ・アルベルトは翌年再び挙兵したが、三月二三日にノヴァーラの戦いで敗れて退位を余儀なくされた。

この後も局地的な抵抗活動はつづいた。とくにローマでは教皇のガエータへの逃亡を受けて一八四九年二月に「ローマ共和国」が成立し、マッツィーニが指導者となった。彼は以前から「皇帝たちのローマ」、「教皇たちのローマ」につづいて「人民のローマ」としての「第三のローマ」がヨーロッパの中心となるべきことを訴えてきたが、ついにこの崇高な理想を現実の政治で追求する機会を得たのであった。だが、七月に教皇を擁護するフランス軍の総攻撃を受けて、夢はついえた。つづいて八月に最後までオーストリア軍に抵抗してきたヴェネツィアも屈したことで、イタリアの長い「一八四八年《クアラントット》」は終焉を迎えた。

カヴールと第二次イタリア独立戦争

革命の波が去ると、イタリア諸国は一八四八年以前の体制に戻った。そのなかで民族運動の唯一の希望と映ったのが、サルデーニャ王国であった。この国は新王ヴィットーリオ・エマヌエーレ二世の下で緑白赤の三色旗と憲法を保ったうえに、一八五二年には自由主義貴族として名高いカヴールを首相に登用した。カヴールは、左派と「結婚（コンヌービオ）」と呼ばれる同盟を築いて政局を安定させ、経済面では自由貿易への転換と関税の引き下げ、鉄道、海運、銀行の整備を行った。サルデーニャ王国への期待は一層高まり、民主派のなかにも「国民協会」を結成して協力を申し出る者が現れた。

ところがカヴールは、民族問題に関してはイタリアが独力で対処できるとは考えておらず、むしろ外交的な解決を好んだ。その格好のパートナーとして白羽の矢を立てたのが、ウィーン体制打破への野心に加えて、カルボネリーアに所属した過去も持ちあわせるフランス皇帝ナポレオン三世であった。カヴールはクリミア戦争で英仏側に参戦した後、一八五八年にプロンビエールの密約を結んでフランスから軍事協力の約束を取りつけることに成功した。そのさいナポレオンが提示したのは教皇を長とするイタリア連邦の形成で、サルデーニャ王国はロンバルド・ヴェネトを併合して北イタリア王国となるに過ぎなかったが、カヴールは十分な満足を示した。

この合意に基づいて、一八五九年四月二九日に第二次イタリア独立戦争が始まった。サルデーニャ、フランス連合軍はマジェンタとソルフェリーノで勝利して、ロンバルディアの制圧に成功した。ところが、急速な勝利を見てナポレオン三世はプロイセンの参戦やイタリアの大国化を懸念し、サルデーニャ王国への相談なしにヴィッラフランカの和約を結んでオーストリアと単独講和した。カヴールは憤慨したが、ヴェネトへの進軍は諦めざるをえなくなった。

同じ頃、トスカーナをはじめとする中部イタリア諸国では、サルデーニャ王国への併合を求めて独自の蜂起が起こり、君主を放逐するに至っていた。ナポレオン三世はオーストリア系君主の復帰も望まなかったので対応に苦慮したが、最終的にサルデーニャが対仏国境のサヴォイア、ニース両地方を割譲することを条件に併合を承認した。

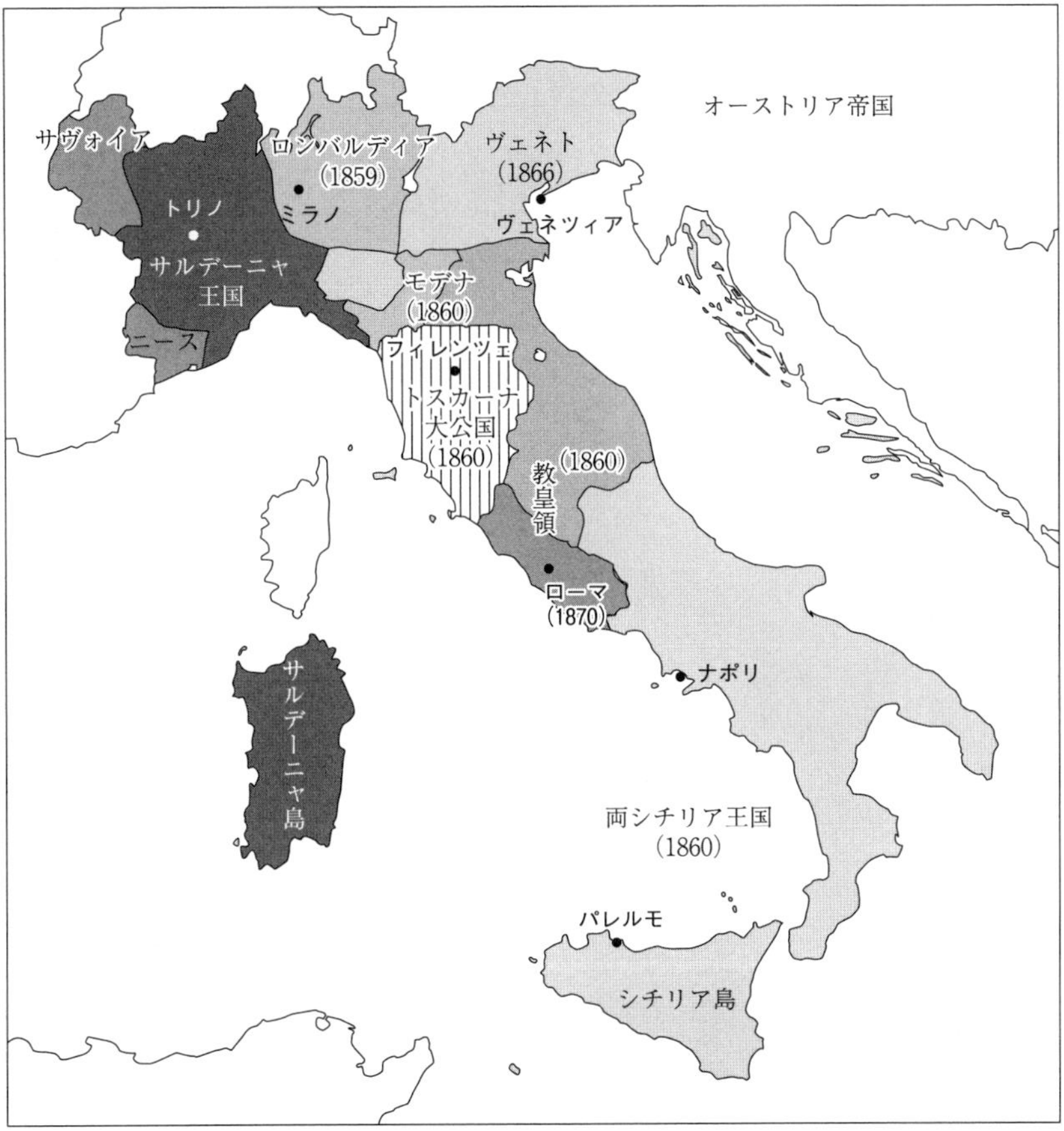

図4－1 リソルジメント期のイタリア

出典：筆者作成。

図4－2　ヴィットーリオ・エマヌエーレ２世と会するガリバルディ
出典：藤澤房俊『大理石の祖国』筑摩書房，1997年，53頁。

ガリバルディの南部遠征とイタリア統一の完成

この知らせに激怒したのが、ガリバルディであった。南米でゲリラとして名を上げ、一八四八年革命期には青年イタリアの一員として身重の妻を失いながらも奮戦しつづけた彼にとって、イタリア統一の重大な局面で故郷のニースが他国に割譲されるのは許せないことであった。それゆえ併合を問う住民投票箱を爆破しに行くとさえ言ったが、最終的にクリスピらの説得を受けて、住民の不満が募るシチリアへと矛先を改めた。

一八六〇年五月、ガリバルディは「千人隊」と呼ばれる義勇兵たちとともにシチリアに上陸した。ブルボン朝の正規軍を前に苦戦を強いられたが、ガリバルディは「ここでイタリアが生まれるか滅びるかだ！」と叫び義勇兵を奮い立たせた。遠征軍は島民の協力も得て全島を制圧すると、今度は南イタリア本土に上陸し、九月にはナポリに無血入城するに至った。

この成功を黙って見ていられなかったのが、今や完全に主導権を奪われる形になったカヴールである。苦境打開のために、カヴールは国王の出馬を仰いだ。国王は教皇領を南下し、一〇月二八日、テアーノの地でガリバルディと会した。このときガリバルディはただ一言、「ここにイタリア国王がおられるのだ！」と叫んですべての征服地を国王に献上し、自らはカプレラ島に身を引くことを決意したといわれる。

このエピソードは、リソルジメント史のもっとも有名な美談となった。だが、現実にはガリバルディは多くの幻滅とともに表舞台から去らねばならなかった。サルデーニャ王国に要求していた征服地への一年間の臨時施政権も、義勇兵たちの正規軍への組み入れも叶わなかったからである。また、地域を問わず、征服地での住民投票がすべて「サルデーニャ王国への併合に是か非か」を問うだけの形で行われたことも、「統一はイタリアのサルデーニャ王国化として実現した」と皮肉られる所以となり、将来への禍根を残すことになった。

2 自由主義期のイタリア王国

新生イタリア王国の困難な船出

統一完成から間もない一八六一年六月六日、統一の立役者カヴールは五一年の生涯を閉じた。「イタリアは出来上がった。すべては救われた」が最後の言葉であったといわれる。だが、実際には新生イタリア王国には課題が山積していた。

まず指摘されるのは、国民統合の問題である。イタリア統一はカヴールがガリバルディの想定外の成功に対抗して急仕上げで行ったため、他国と違って国家統一が国民意識の成熟に先行することになった。その結果、「制度上のイタリア（Paese Legale）」と「現実のイタリア（Paese Reale）」の乖離が指摘されることになり、カヴールの言葉とは裏腹に「イタリアは出来上がった。今やイタリア人を作らねばならない」と言われる状況が生じた。

とくに深刻な問題は南部の統治であった。統一後も大土地所有制度が残り、土地問題の解決を得られなかったことに不満を抱いた農民たちは山賊やマフィアとなって反体制活動を開始した。新国家が自由貿易に舵を切り、旧来の保護関税政策が撤廃されたことの地元産業への打撃も大きく、南北間の経済格差は一層拡大していった。

ヴィッラリやその後を受けた「南部主義者」らは一貫して南部の貧困や犯罪を国家主導で克服することを求めたし、政府の側も決して南部を切り捨てるという発想は持たなかったが、「南部問題」は今日まで尾を引く深刻な問題となった。

対外関係では、未併合の地域のうち、ヴェネトは一八六六年の普墺戦争、ローマは一八七〇年の普仏戦争のさいに併合したが、ヴェネトより北東にもトリエステや南ティロル地方のような未だオーストリア支配下のイタリア人居住地域（未回収のイタリア）が残されたことから、「イッレデンティズモ（失地回復主義）」が生まれた。また、「首都ローマ」の実現は統一運動の悲願であったが、教皇庁はこれに強く反発し、回勅「ノン・エクスペディト《ふさわしくない》」（一八七四年）によってカトリック教徒にイタリアの国政選挙への参加を禁じるだけでなく、互助活動や教育への支援によって国民の日常生活にも影響力を行使した。そのため、教皇庁との関係のあり方は国家の根幹に関わる問題となった。

歴史的右派から歴史的左派へ

新生国家の指導者は、大きくは「歴史的右派」と「歴史的左派」と呼ばれる二つのグループに分かれた。前者は北中部出身の土地所有貴族が多く、有権者の拡大を望まなかった。対して後者には統一完成前後に王政支持に転じた共和主義者や民主主義者が多く、南部も含む多様な地域の出身者から構成された。双方ともに自由主義者を自任し、議会を軸に立憲政治を展開したため、統一後ファシズム政権成立までの時期を「自由主義期」という。

当初政権を担当したのは、カヴールの系譜を引く右派で、ヴェネツィア、ローマの併合と首都移転、匪賊の弾圧、行政制度の統一などさまざまな課題に取り組んだ。財政収支の均衡化にも尽力し、民衆の生活を圧迫する製粉税さえ導入した。ところが皮肉なことに、財政均衡が実現した一八七六年に歴史的右派は政権を失った。引き金は鉄道の国有化問題であったが、地租の不均等などに不満を持つ南部系左派議員の増加も影響していた。

左派政権とトラスフォルミズモ

左派政権は、無償義務教育制度の導入や選挙権の拡大といった新たな政策を導入した。一八八二年の選挙法改正で財産資格や年齢資格の要件が引き下げられたため、有権者は人口の二パーセントから七パーセント（二〇〇万人、成人男子人口の約二五パーセント）へと拡大した。加えて読み書き能力があれば財産資格は免除されることになった。それは実質的な普通選挙制へと扉を開くものであり、一八七七年のコッピーノ法による初等義務教育の徹底化と相まって、有権者にふさわしい国民を創出する試みでもあった。だが、当時の六歳以上の人口の識字率は北部の五八パーセント、中部の三五パーセントに対して南部は一九パーセントで、ここでも南北間の格差が浮き彫りになった。ただしそれは、南部の地主階層にはむしろ望ましいことでもあった。

選挙権拡大と併せて注目されるのは、「トラスフォルミズモ（変移主義）」と呼ばれる政治手法の出現である。首相デプレーティスは右派と左派の提携による新たな多数派の形成を呼びかけ、党派ではなく個別利害の糾合によって政権を運営しようとした。この方式はイタリア政治の慣行として定着し、それとともに右派と左派の実質的な区別は消滅した。

トラスフォルミズモはまた、左右両極の増大への対処でもあった。とくに社会主義者は共和主義者に代わって勢力を拡大し、一八八二年の国政選挙で初の議席を獲得していた。

一八八〇年代の経済政策では、カヴール時代以来の自由貿易主義から、保護主義へと転換したことが注目される。これはアメリカやロシアからの低価格な穀物の流入への対抗や、脆弱な国内工業の保護を目的としていた。

クリスピとジョリッティ

一八八七年に首相となったクリスピは、南部出身で千人隊の遠征に参加するなど、従来の首相とは一線を画する経歴を持っていた。だが、就任後は、イタリア王国誕生以来長年の課題であった強いイタリアとイタリア人を作ることに全力を注いだ。

内政面では、建国以来の課題であった統一刑法典や一連の社会立法など、制度面の整備を通して国民統合の強化を図った。外政面では、ドイツへの接近と植民地の獲得が二本柱であった。ドイツは「鉄血宰相」ビスマルクの下で普墺戦争、普仏戦争の勝利により一八七一年に国家統一を実現し、ヨーロッパの大国としての存在感を強めていた。イタリアは一八八一年にフランスがチュニジアを保護下に置いたことへの反発から翌一八八二年にドイツ、オーストリアとの「三国同盟」を締結し、フランスの孤立を図るビスマルク外交の一翼を担うことになった。ビスマルクに心酔していたクリスピにとって、三国同盟はイタリアを列強の一員に押し上げる手段でもあった。オーストリアとの間には「未回収のイタリア」をめぐる領土問題も存在したが、同盟国間の友好を優先するために、イッレデンティズモに係る運動に対する政権の姿勢は弾圧に転じた。

クリスピはまた、帝国主義の時代に確たる地位を得るために、アフリカの植民地獲得にも乗り出した。この点で彼はリソルジメントの理想を超越した。イタリアはすでに一八八二年に購入した紅海沿岸のアッサブを足場にアフリカ進出に乗り出していたが、クリスピが狙ったのはエチオピアであった。だが、遠征軍は一八九六年にアドワで大敗し、自らも引責辞任を強いられた。

その後、二〇世紀を迎えたイタリアを主導したのはポスト・リソルジメント世代の政治家ジョリッティで、一九〇三年から一三年までに三度首相となり、それ以外の時期も強い影響力を発揮して「ジョリッティ時代」と呼ばれる一時代を築き上げた。

ジョリッティの政治手法はトラスフォルミズモの延長線上に捉えられるが、工業化の進展にともなう労働運動の激化を受けて、最左派に位置づけられた社会党をも体制内に取り込もうとしたところが画期的であった。最左派との協調関係は、後述のリビア戦争（一九一一～一二年）の開戦が社会党の離反を招くまでつづいた。

一方、ジョリッティを批判する知識人たちはフィレンツェを舞台に活発な文芸活動を展開し、知識人の組織化によるイタリア精神の再生を目指した。その代表が一九〇八年にプレッツォリーニが創刊した文芸・社会批評誌『ラ・ヴォーチェ（声）』で、南部主義の歴史家サルヴェーミニ、「精神哲学」を説くクローチェ、作家パピーニらが集った。彼らの立場は一様ではないが、政治家たちの精神的堕落を批判する点ではほぼ一致していた。

同じ頃ミラノでは、マリネッティが未来主義運動を起こし、スピードの美や機械のダイナミズムを称揚した。未来派は一九一〇年にコッラディーニが設立したナショナリスト協会とともに、リビア戦争への参戦熱を煽った。この戦争は伊土戦争とも呼ばれ、モロッコをめぐるフランスとドイツの争いに乗じて地中海対岸のトリポリタニアとキレナイカをオスマン帝国から獲得することを目的としていた。勝利したイタリアは、両地域を「イタリア領リビア」として植民地支配することになった。

ジョリッティ時代はまた、大量移民の時代でもあった。従来の北部からスイス、フランスへの流れと異なり、南部からアメリカ大陸、とくにブラジルやアルゼンチンへの移民が盛んになった。その背景には交通機関の発展とともに、北部の工業発展の影で農業不況と保護関税に苦しめられた南部大衆の厳しい現実があった。植民地の獲得には、移民を余儀なくされる「弱い国家」からの脱却を目指すための帝国主義という側面もあった。

第一次世界大戦

一九一四年七月、サライェヴォでのオーストリア皇太子暗殺事件をきっかけに第一次世界大戦が勃発した。イタリアは三国同盟に加盟していたにもかかわらず、当初は中立の立場をとった。ジョリッティはイタリアの国力が現状ではヨーロッパ規模の戦争には堪えないと判断しており、議会の多数はこれに従った。カトリック教会や社会主義者も参戦に批判的であった。それに愛国心を動員する回路になりえた「未回収のイタリア」はオーストリア領であり、三国同盟の路線とは相容れないという問題もあった。

だが、サランドラ政権は自国の影響力拡大を目指して、水面下では三国同盟だけでなく、協商国側の英仏とも参戦交渉を進めていた。その結果、後者からロンドン秘密条約でより多くの領土を約束されたため、イタリアは一九一五年に三国同盟を破棄して協商国側で参戦することを決めた。議会の多数が中立を支持するなかで参戦決議を強く後押ししたのは、後に「輝ける日々」として神話化される参戦主義者の激しい街頭デモの展開であった。参加者のなかには、「未回収のイタリア」の回復を目指すナショナリスト、「戦争は世界の唯一の健康法」と称した未来派、戦争がヨーロッパ諸国の民主化を促進するという「民主主義的参戦論」を掲げる者などさまざまな立場があった。

戦闘は、東部国境をめぐるイゾンツォ戦線でのオーストリアとの攻防が中心になった。この戦線はヘミングウェイの『武器よさらば』の舞台になったことでも知られる。イタリア軍は敗れつづけ、とくに一九一七年のカポレットの戦いでは、後にこの地名が大敗を意味する比喩として定着するほどに壊滅的な敗北を喫した。だが、イタリア軍は協商諸国の支援を得て態勢を立て直し、ヴィットーリオ・ヴェネトの戦い（一九一八年一〇月）で大戦の勝利を決定づけた。

3 ファシズム期

「損なわれた勝利」と「赤い二年間」

第一次世界大戦終結後、イタリアは戦勝国としてパリ講和会議に出席した。会議の席上、トリエステ、イストリア半島、南ティロルの獲得が認められたが、アドリア海対岸のダルマツィアの領有や、イストリア半島東部の港町フィウメの併合は認められなかった。

六〇万人もの犠牲者を出しながら満足な成果を得られなかった結果、「損なわれた勝利」への失望が高まり、左右両極の攻勢がかつてなく強まった。右翼では、詩人ダヌンツィオがフィウメ占領を強行した。左翼では、後にイタリア共産党の結成に重要な役割を果たすグラムシの「オルディネ・ヌオーヴォ（新秩序）」のグループが台頭し、ミラノやトリノで労働者の工場占拠を主導した。とくに一九一九年から二〇年にかけては「赤い二年間」と呼ばれるほど、労働運動が盛り上がった。

この苦境を収拾するために、ジョリッティが再登板した。老獪な彼は、巧みな労使調整によって工場占拠闘争を収拾する一方で、フィウメ問題に対しては同市を自由市とすることでユーゴスラヴィアと合意し、ダヌンツィオらを排除するために軍事攻撃をかけた。

こうして急場をしのぐことはできたが、政権運営は今後も困難が予想された。資本家階級もまた、「赤い二年間」に直面して労働運動への対処に強い危機感を募らせていた。何か新しい、抜本的な対策が求められていた。それこそが、議会制民主主義でもなければ共産主義のプロレタリアート独裁でもない「第三の道」としてのファシズムだったのである。

ムッソリーニとファシスト党の登場

ファシズムは、後に世界各地に広がる全体主義の最初の一例として、戦後イタリアの混迷のなかで誕生した。そのリーダーとなったのがムッソリーニである。元は社会主義者であったが、第一次世界大戦を機に「民主主義的参戦論」に転向して存在感を強め、戦後はミラノで「戦士のファッシ」を結成した。当初の参加者は、一一八人であった。

ファシズム（ファッショ＝結束＋イズム）は、一般に議会主義、資本主義の危機にさいして出現する反民主主義、反社会主義、反革命の暴力的な独裁政治とその運動と定義される。だが、当初のムッソリーニの思想的な核を成したのはナショナル・サンディカリズム（労働組合主義）であった。その独創性は、社会主義とナショナリズムとの結合に見出される。すなわち、労使協調による生産向上と社会の発展によってイタリアの国威を高揚させるべきことを唱えたのである。

ムッソリーニは労働者のための社会改革として八時間労働の実現や累進課税を唱える一方で、資本家の手先としてスト破りも行った。「突撃隊」あるいは「黒シャツ隊」と呼ばれる懲罰軍が資本家の用意したトラックに乗り込み、工場を占拠した労働者や農地を占拠した農民を制裁するのである。軍事力の所有こそが他政党との決定的な違いであった。

ファシズムは、下層階級からは革命を、上層階級からは秩序を期待されて急速に勢力を伸ばした。中心的な支持母体としては、都市、農村のブルジョワジー（工場経営者、農業資本家、地主）や復員軍人に加えて、中産階級（会社員、公務員、小地主）の存在も大きかった。彼らは戦後の経済停滞によってプロレタリア化への恐怖と政府の無策への憤りを強く感じており、率先してファシズムに身を投じた。

勢力が急速に拡大した結果、ムッソリーニには突撃隊や地方組織（とくに「ラス」と呼ばれたボス）への押えを利かせる必要が生じた。そこで一九二一年にファシストを全国ファシスト党という政党に組織するとともに、自らを「統領（ドゥーチェ）」と称し始めた。まもなくこの党は、ジョリッティによって連立与党に加えられるに至った。

ローマ進軍からファシスト独裁の確立へ

ファシスト党の政権入りは、ジョリッティにとっては政権運営上の多数派工作に過ぎず、この党が持つ潜在性までは考慮されていなかった。だが、ファシスト党は、景気後退と財政難でさらに政府が弱体化するのを見ると、一気に単独政権を掌握すべく、一九二二年一〇月末に首都ローマへの「進軍」を決行した。この進軍は、当初はムッソリーニさえうまく行くと思っていなかったが、内乱を恐れた国王ヴィットーリオ・エマヌエーレ三世が軍部を抑えこんで彼に組閣を命令したために、予想外の成功を収めることになった。

政権を掌握したムッソリーニは、ファシズムの最高機関として党幹部と政府有力者で構成するファシズム大評議会を設置した。翌年には選挙法を改正して最多得票政党が議席の三分の二を得られることを定め、一九二四年の選挙で圧勝した。その後、統一社会党書記長マッテオッティの殺害事件にともなう苦境を乗り切ると、一九二五年一月に独裁体制の確立が宣言された。つづいて政府の立法権の拡大、反政府の公務員の罷免、検閲や秘密警察（ＯＶＲＡ）の導入も行われた。この独裁を、ムッソリーニは「全体主義」という言葉で正当化した。それは国家、社会のためには個人の自由の犠牲を厭わないことを意味した。翌一九二六年には、ファシスト党以外の政党は禁止とされた。

一方でファシスト政権は、労働問題に関しては労使協調を重視しており、階級的色彩の濃い「組合」を労使混合の「協同体」に改組し、「協同体議会」を国会に取って替えることで政治と経済の融合を目指した。加えて、

図4－3　演説するムッソリーニ

出典：藤澤房俊『第三のローマ――イタリア統一からファシズムまで』新書館，2001年，245頁。

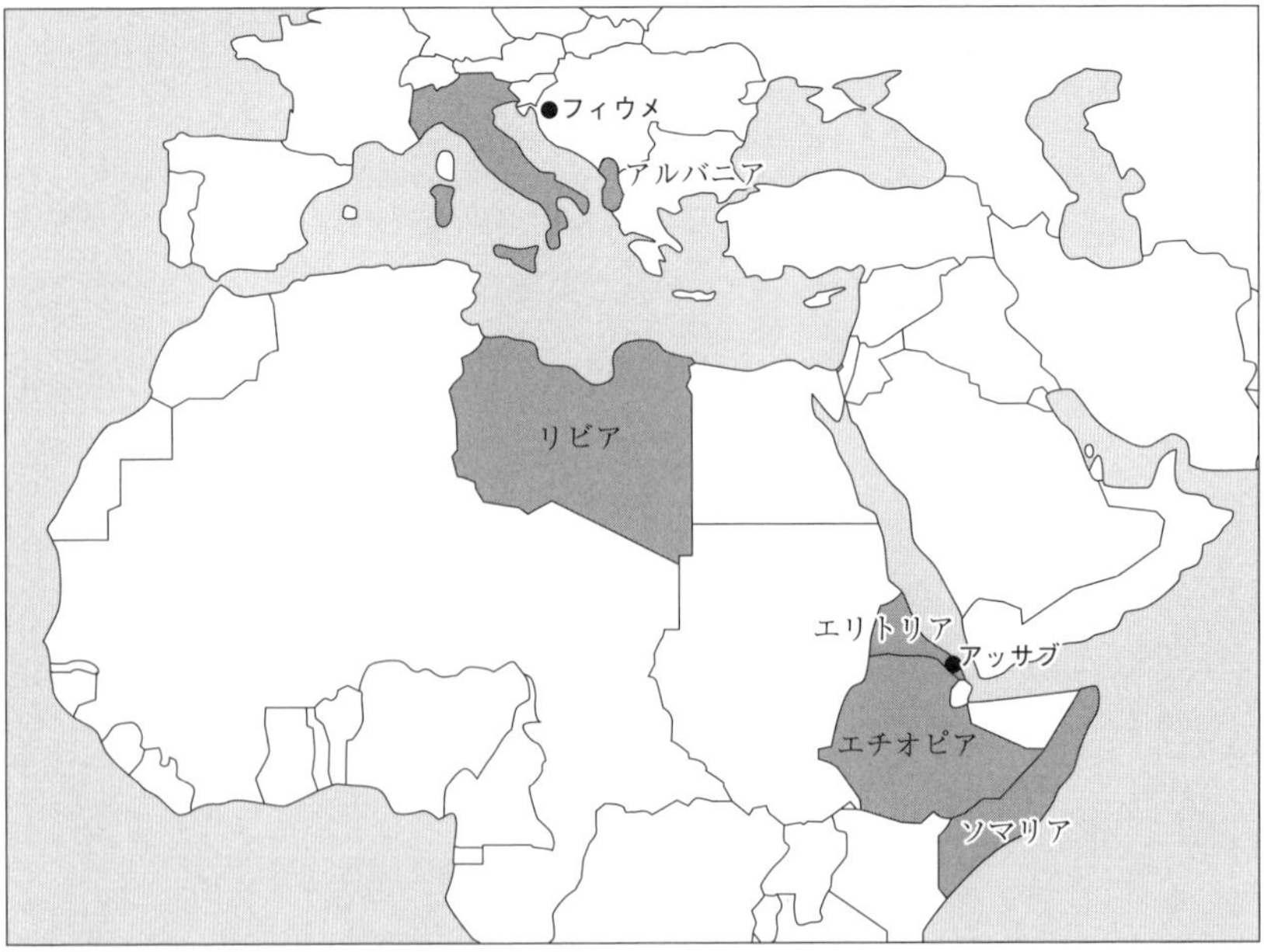

図4－4　イタリアの対外進出

出典：筆者作成。

大衆の合意取りつけにも怠りなかった。その最たる手段がドーポ・ラヴォーロ（仕事の後、つまり余暇）であった。都市部ではスポーツ大会や安価な旅行が企画され、農村では映画など、都市の娯楽が提供された。

ムッソリーニはまた、カトリック教会との関係改善も重視した。彼は一九二九年にラテラーノ条約を締結し、イタリア統一以来永年の課題であった教皇庁との和解をついに実現した。その内容は①イタリア国家と教皇庁の間の相互承認と和解、②教皇庁の独立を承認しローマ市内に「ヴァティカン市国」を創設すること、③イタリア国家はカトリックを国の唯一の宗教とすること、などである。これによってムッソリーニはさらなる支持と威信を、教会は文化的権威や財政支援を得ることになった。

こうしてファシズムは大成功を収め、イギリスのチャーチルをして、「私がイタリアに生まれていたら、ファシストになっていただろう」と言わしめた。ただし実際にはファシスト政権は国王や教会との妥協を強いられ、国民にも表面的な「合意」以上のことは要求しなかったため、全体主義化は不完全なものに終わったことも指摘されている。

新たな帝国への野望と第二次世界大戦

ファシスト政権の対外政策は、当初はコルフ島占領（一九二三年）、フィウメの併合（一九二四年）、アルバニアの属国化（一九二六年）を除けば大規模な国際的軍事行動は控えていた。だが、この方向性は一九二九年の世界恐慌の後は大きく転換した。古代ローマ帝国時代のように再び地中海を「我らの海」とすべく南方への進出が企てられ、その矛先はかつてアドワで敗れたエチオピアに向けられた。一九三五年一〇月に始まった戦闘で、イタリア軍は飛行機や毒ガスを使用してエチオピア軍を圧倒した。国際連盟の経済制裁は、植民地の抵抗運動の拡大を懸念した英仏が石油や鉄鋼を輸出禁止対象から外したため、実効性を欠いていた。イタリアは一九三六年五月にエチオピア帝国の成立を宣言し、エリトリア、ソマリアとともに「イタリア領東アフリカ」を形成することになった。

これを機に、イタリアは国際的な孤立を深め、一九三七年に国際連盟から脱退した。当時、すでに満州事変を機に日本が、再軍備をめぐってドイツが国際連盟を脱退しており、この三国は互いに接近し始めることになった。スペイン内戦にさいして、イタリアはフランコ将軍を支援するためドイツとともに軍事介入した。「ローマ＝ベルリン枢軸」という表現が生み出され、一九三七年には日独伊防共協定も調印された。

ただし、イタリア外交は決してドイツ一辺倒なわけでもなかった。ドイツがチェコのズデーテン地方を要求したとき、ムッソリーニはミュンヘン会談を呼びかけ、英仏とドイツとの調停者の役割を演じることで存在感を示した。一九三九年九月に第二次世界大戦が勃発したさいも、「非交戦国」を名乗り参戦を避けた。

ところが、一九四〇年六月にドイツがフランスへの勝利を確実にすると、ついにイタリアはドイツと「鋼鉄同盟」を結んで英仏に宣戦した。実際の戦闘ではエジプトでもギリシアでもイギリス軍を相手に苦戦がつづき、持ち直すにはドイツ軍の支援を仰ぐしかなかった。大勢は一九四二年に決した。イタリア軍はスターリングラードでドイツ軍とともに壊滅し、エジプトでもエル・アラメインで敗れ去った。

レジスタンスとファシズム体制の終焉

北アフリカを制圧した連合軍は一九四三年七月、シチリア島に上陸した。国内ではムッソリーニ政権への不満が強まり、七月二四日のファシズム大評議会の結果、彼は事実上解任されるとともに、逮捕された。

後任にはバドリオ元帥が就任した。新政権は九月八日に連合軍との休戦協定を公表した。政府の要職者と国王一家は、その後ドイツの報復を恐れてローマを脱出した。彼らは南部のブリンディシに亡命政権を構え、連合国側に転じてドイツと開戦することを宣言した。一方、ムッソリーニはアペニン山脈のグラン・サッソに幽閉されていたところをドイツ軍に救出され、北部にイタリア社会共和国（サロ共和国）を設立した。

同じ頃、ドイツ占領下の中北部を中心にレジスタンス（抵抗闘争）も本格化していた。自由党、キリスト教民主党、共産党、社会党、行動党は国民解放委員会（ＣＬＮ）を組織し、闘争の中心を担った。レジスタンスは反ドイツの解放戦争であるとともに、反ファシズム闘争という内戦的な側面も併せ持っていた。

ＣＬＮは当初、バドリオ政権に旧政権からの連続性を見出し、正当な政府と認めることに反発していた。だが、ソ連から帰国した共産党のトリアッティは、反ドイツ闘争への国力結集のためにバドリオ政権に協力することを呼びかけた。これを受けて、国家体制に関する議論は全土の解放後まで延期することを条件に、バドリオ国民統一内閣がサレルノで発足した（サレルノ転換）。一九四四年六月にローマが解放されると、首相は労働民主党出身のボノーミに交代し、二〇年ぶりに政党内閣が復活した。

最終的にドイツ支配からの解放は、南部とローマは連合軍、フィレンツェ以北はレジスタンスによって行われた。一九四五年四月末の北部諸都市における一斉蜂起とムッソリーニの処刑によって、長い戦いについに終止符が打たれた。

4　第二次世界大戦後のイタリア

イタリア共和国の成立

終戦後、イタリアは戦勝国としての地位は認められなかったが、日本やドイツと異なり自力再建を許された。政権運営では、デ・ガスペリ率いるキリスト教民主党が中心となった。一九四六年に入ると政体を決める国民投票と制憲議会選挙が同時に実施された。王政の廃止は五四・三パーセントの支持により可決され、イタリアは共和国となった。共和政は、レジスタンスを経験した中北部でとくに支持された。制憲議会では社会党、共産党も多数を占めたが、冷戦が深刻化すると、デ・ガスペリは戦中からの両党との協力関係を解消し、自由党、共和党など小政党と連立する道を選んだ。

対外的には、イタリアはエチオピア、リビアなど海外の植民地をすべて失い、イストリア半島やダルマツィアの領土もユーゴスラヴィアに割譲した。当初は自由地域とされたトリエステ周辺の領有問題は、最後まで紛糾した。なぜなら、世界中で冷戦対立が強まるなかで、共産主義化した隣国ユーゴスラヴィアとの国境は「鉄のカーテン」の南端と目されたからである。交渉は長期化したが、ついに一九五四年のロンドン覚書でトリエステ市街（A地区）をイタリア領に、郊外（B地区）をユーゴスラヴィア領にすることで決着した。

戦後復興と社会問題

一九五〇年代に入ると、イタリアは「経済の奇跡」と呼ばれる急速な戦後復興を遂げた。一九五一年から六三年までにイタリアの国内総生産は九七パーセント上昇し、とくに一九五八年から六三年までは年平均経済成長率が六・三パーセントに達した。ヨーロッパ経済共同体（ＥＥＣ）加盟による市場開放も成長を後押しした。ただし、この発展にも南北間の格差が見られた。北部ではトリノ、ミラノ、ジェノヴァの「工業三角地帯」やヴェネツィア近郊で重化学工業が発達し、車社会も到来した。だが、南部の工業化政策は期待した成果を上げることができずに挫折した。この経済発展の傍らで、キリスト教民主党は、開発事業に携わる公社、公団から地域住民へさまざまな名目の補助金を与えることで、クリエンテリズモ（縁故主義）の強固なネットワークと、これに基づく統治システムを築き上げていった。

だが、一九六〇年代後半以降、イタリア社会は混迷した。一九六八年には学生運動と労働運動が結びつき「熱い秋」と呼ばれる社会運動の高揚の時期を迎えた。一九七〇年代に入るとオイルショックにともなう経済状態の悪化のなかで、社会的緊張が高まった。左右両翼による直接行動も増加し、極左組織「赤い旅団」によるモーロ元首相の誘拐暗殺や、ネオファシストによるボローニャ駅爆破テロのような惨劇も起こった。フリーメーソン「ロッジP2」の金融スキャンダルや右翼テロへの関与も判明した。

一九八〇年代に入ると経済状況は好転した。とくにベネトン社など、中北部の家族経営的な中小企業が衣料などの生産で躍進し、イタリア経済をリードする存在となった。

「第二共和政」と二一世紀の始まり

共和政成立後、一九九〇年代初頭までの政局は、第一党の地位を保つキリスト教民主党と、これに次ぐ議席を持つ左翼系の社会党、共産党を中心に展開するのが常であった。途中、一九六三年から社会党が政権入りしてクラクシの下で長期政権（一九八三～八七年）を構えたし、共産党も一九七〇年代にベルリングエルの下で政権に歩み寄る「歴史的妥協」を見せたが、この三党が中心の構図に変化はなかった。

ところが、一九九〇年代に入って劇的な変化が訪れた。外的要因は、冷戦の終結であった。これまでのイデオロギー対立が意味をなさなくなり、社会党や共産党は存立基盤を揺るがされることになった。さらにEUの発足（一九九三年）と共通通貨ユーロの導入決定によって、財政赤字の削減とインフレ抑制、それにふさわしい政治、行政システムの刷新も求められた。対して内的要因は、大規模な汚職捜査（清い手作戦）やマフィア大裁判によって、政界と結びついた組織犯罪の実態が露呈されたことであった。既存の政治体制に対する国民の不満はいよいよ強まり、抜本的な政治改革が求められた。

改革の焦点は、左右に分裂した諸政党の存続を許す比例代表制を改め、小選挙区制の導入により政権交代の可能な民主主義を作り出すことであった。これを踏まえた新選挙制度が、一九九三年四月の国民投票で可決された。その結果、既存政党の弱体化とも合わさって、「第一共和政の終焉」、「第二共和政の開始」が告げられることになった。

新選挙制度の下で初めて戦われた一九九四年の総選挙では、ミラノの大企業家ベルルスコーニが結成した「フォルツァ・イタリア（頑張れイタリア）」が北部の自立を訴える北部同盟などと右翼連合を結成して勝利した。次の一九九六年の総選挙では、中道左派による「オリーヴの木」連合が勝利した。こうして第二共和政下の選挙戦は小党による中道右派連合と中道左派連合という二大陣営の競合という様相を呈した。だが、これが二大政党制へと移行するには至っていない。諸政党はリーダーの人格に依存する個人的政党としての性格が強く、各々の陣営は単独政権を担えない政党の寄合なのが実情だからである。このような状況のなかでもっとも堅固な基盤を築いたのが、自身が所有するメディア網を駆使した広告戦略で二〇〇八年の選挙に圧勝したベルルスコーニであった。彼は二〇一一年秋に欧州経済危機の深刻化と自らのスキャンダルによって辞職を強いられるまで、長期間政権の座にとどまった。その後、モンティの専門家《テクノクラート》内閣、レッタの左右大連立内閣が成立したが、政局は安定せず、経済再建も果たせぬまま、いずれも短命に終わった。そして二〇一四年二月、民主党のレンツィが史上最年少の三九歳で首相に就任するに至った。

（濱口忠大）

参考文献

石田憲『地中海新ローマ帝国への道』東京大学出版会、一九九四年。
スチュアート・ジョーゼフ・ウルフ著、鈴木邦夫訳『イタリア史一七〇〇―一八六〇』法政大学出版局、二〇〇一年。

北原敦『イタリア現代史研究』岩波書店、二〇〇八年。

北村暁夫『ナポリのマラドーナ』山川出版社、二〇〇五年。

北村暁夫・小谷眞男編『イタリア国民国家の形成』日本経済評論社、二〇一一年。

馬場康雄ほか編『イタリアの政治』『イタリアの経済』『イタリアの社会』早稲田大学出版会、一九九九年。

ファシズム研究会編『戦士の革命・生産者の国家――イタリア・ファシズム』太陽出版、一九八五年。

藤澤房俊『大理石の祖国』筑摩書房、一九九七年。

藤澤房俊『「イタリア」誕生の物語』講談社選書メチエ、二〇一二年。

ロザリオ・ロメーオ著、柴野均訳『カヴールとその時代』白水社、一九九三年。

歴史の扉 4

国境の町から見たイタリア近現代史

リソルジメント運動は一般に国家統一運動として理解されている。しかしながら、それまでに政治的な実体としてのイタリアが存在しなかった以上、どこまでがイタリアに含まれるべきかと問われると、答えるのは容易ではない。歴史的な経緯を重視する者は、かつてヴェネツィア共和国の支配下にあったアドリア海東岸地域や、国家統一のさいにフランスに割譲されたサヴォイア、ニースの名前を挙げる。対してトリエステや南ティロルは、過去に一度もイタリア系君主の支配下に入ったことがないにもかかわらず、イタリア語話者が多数を占めることを理由に「未回収のイタリア」に含まれた。

多様な答えが考えられるからこそ、境界地域の人びとの側も自分たちの民族、国家的な帰属を切実に問われることになった。ここでは、筆者が研究しているトリエステの事例をもとに、国境地域の側からイタリアを見つめ直してみることにしたい。

トリエステはアドリア海の最奥部に位置しており、スロヴェニアと隣接する一方で、長靴型のイタリア半島をアドリア海の対岸に眺める場所にある。町の起源はローマ時代に遡り、使用される言語もイタリア語が主体であった。だが、一八世紀以降オーストリア帝国の自由港として発展した経緯から、一九世紀に入っても同国への帰属は自明の前提であった。民族意識は、さまざまな民族が集う港町ゆえに独特のコスモポリタニズムに彩られていた。一八三六年に創刊された文芸誌『ファヴィッラ』は、「トリエステはイタリア都市と名乗りうるか」と問いかける一方で、自分たちの町を「諸民族の結節点」と呼び、東隣のスラヴ人の文化をイタリアに紹介することにも使命を見出した。

この町でようやくイタリアへの帰属を望む声が強まったのは、隣のヴェネトがイタリアに併合され、地元ではスラヴ系住民の台頭が見られた一九世紀後半のことである。つづいて第一次世界大戦の到来が、この町の進むべき道についてかつてなく活発な議論を促した。熱烈なナショナリストのティメウスは、トリエステを単にイタリアが回収するべき対象ではなく、将来アドリア海やバルカン半島を征服するための「東方への扉」として位置づけた。対して社会主義者のヴィヴァンテは、トリエステの繁栄はオーストリアの庇護があればこその人工的なものだと説いて、同国との不可分性を訴えた。文学者としても名高いズラタペルは、商業的にはオーストリアを、文化的にはイタリアを向くトリエステの二面性を「二重の魂」と呼び、国境を変更せずに、諸民族の衝突よりも出会いのなかでイタリア文化を守り、深める「文化的イッレデンティズモ」を唱えた。

図1　トリエステのイタリア統一広場
出典：筆者撮影。

大戦の結果、トリエステはイタリアに帰属することで決着した。だが、市内にスラヴ系の住民を多数抱えたことが、全国でもっとも早くファシズムが支持を集める温床になった。イタリア人とスラヴ人の対立関係はしだいに強まり、第二次世界大戦前後には、「フォイベ」と呼ばれるこの地域独特の鍾乳窩を舞台に大量虐殺の応酬が行われた。トリエステのイタリア復帰は一九五四年にようやく決まったが、「鉄のカーテン」の南端に位置したことで港湾活動は停滞し、祖国復帰への歓喜は瞬く間に幻滅へと変わった。そのため、イタリアでもなければ中欧でもない「トリエステ性」に閉じこもる論調が幅を利かせるようになった。閉塞感から抜け出すには、冷戦の終結とEUの東方拡大まで待たねばならなかった。

さて、トリエステの側からイタリア史を見れば、どのようなことが言えるのであろうか。スロヴェニアとの国境が実質的に消滅した二〇〇七年に、トリエステ近現代史の興味深い概説書が出版された。マリーナ・カッタルッツァの『イタリアと東部国境』である。カッタルッツァはファシスト政権が常に東部国境のスラヴ系マイノリティの抵抗に苦慮したことを明らかにすることで、イタリアが国民国家として、全体主義国家としていかに不完全であったかを示した。また、これまで「公式」の「国民史」ではタブーとされた「フォイベ」の問題を真正面から取り上げたことも、辺境側からの大きな問題提起になった。国境地域はナショナル・ヒストリーを描き直す視座として、豊かな可能性を感じさせてくれる。

（濱口忠大）

第Ⅱ部

テーマから探るイタリアの歴史と文化

ヴェネツィア遠景

第5章

イタリアと地中海

1　ローマ帝国と地中海

海に生きる喜び

海の生物やそれを漁る様子を描いたモザイクは、地中海周辺に多く残存している。そのなかでも初期キリスト教時代に属する最大の作品の一つが、イタリア半島北東部のアクィレイアにある。アクィレイアは紀元前一八〇年頃、ローマ人によって軍事都市として建設された。その後海岸線が南進し、現在はフリウーリ沿岸平野の小さな町となってしまったが、往時はバルト海に通じる「琥珀の道」の起点で、アルプスからドナウ川流域に至る街道が通り、さらにアドリア海・地中海の海上交易によって各地と結ばれた交通の一大拠点であった。

こうした地の利はまた、さまざまな勢力の侵入を呼ぶ結果ともなる。五世紀初頭にゴート族のアラリックの侵入は退けたものの、四五二年にフン族のアッティラに敗退し、六世紀には総大司教座が置かれた。しかし五六八年のランゴバルド族の侵入によって、総大司教は住民とともに南方のグラードへ逃亡を余儀なくされた。この集

図5－1　アクィレイア大聖堂　床面モザイク
出典：Marzia Vidulli Torlo, *Aquileia Mosaici*, Bruno Fachin Editore, Trieste, 2009, p. 41.

団はその後さらに南西のラグーナ（潟）へ移動し、同様に侵入者から逃れてきた人びととともに、水上都市ヴェネツィアを建設することになる。

アクィレイアの町は、アドリア海に向かって南北に真っ直ぐのびる古代ローマの街道によって東西に二分され、大聖堂はその東側に位置する。大聖堂を中心とする一帯には、ローマ時代の住居や建造物などの遺跡発掘現場がひろがっている。

大聖堂の中核部分は、三一三年頃司教テオドリクスによって建造された。内部に入ると、まず幾何学的な多角形の区割りのなかに鳥獣や人物像を描いた身廊の床モザイクが目に入る。そこから内陣に向かって進むにつれて、床面は実に生き生きとした海辺の光景に一変する（図5－1）。「ヨナと大魚」の一場面、小舟に乗って網で漁をする天使など宗教的なモチーフも各所に見られるが、圧倒的多数を占めるさまざまな魚やユーモラスなタコ、イカ、エイなどの躍動感あふれる姿からは、むしろ率直な「海辺に生きる喜び」が見る者に伝わってくるであろう。

大聖堂近くの国立考古学博物館にも、アクィレイアで出土した多数のモザイクが収められている。そのなかに「アサラトン（掃除していない）」と呼ばれるユニークな作品がある。これは、宴会の食べかすを床に描いたモザイクで、おそらく食堂の床であると思われる。ローマ時代、富裕な人びとは宴会の席では寝台に横臥して飲食し、食べかすを床に吐き捨てる習慣があった。残された断片を見ると、ここでも料理の主役は魚介類であるようだ。

大聖堂を出て背後を流れる水路にそって糸杉の並木道を行くと、約六〇〇メートルにわたってのびる河港跡が見えてくる。二段の埠頭を持つこの港は一世紀頃に建造され、一九世紀になって発見された。夏の盛り、石積みの港跡は一面に水草が生い茂り、蛙の大合唱に包まれる。往時の繁栄を思うと同時に、過ぎ去った年月の長さもまた深く心に残る光景である。

イタリア半島は、地中海の中央部に位置し、アルプス山脈の南側から地中海に向かって東南に細長く突き出している。海岸線の長さ（約七六〇〇キロメートル、ただしシチリア島とサルデーニャ島を含む）は世界一五位であり、地中海に面した国家のなかではギリシアに次ぐ長さを誇るヨーロッパ屈指の海洋国である。イタリア半島の人びとの多くは、アクィレイアのモザイクに見られるように、常に地中海と向き合って生きてきたといえよう。

本章ではイタリア半島の港町を通して、イタリアの人びとと地中海との結びつきの諸相を考える。地中海ではさまざまな地域のヒト・モノ・カネ・情報が行きかい、港町はそのネットワークの結節点であった。しかし、地中海は常に「異文化共存」の平和な世界であったわけではなく、宗教や文化の相違、国家間の利権争奪競争などによって、激しい対立も生じていたのである。港町はそうした紛争がもっとも表面的にあらわれる場であったことも、忘れてはならない。

「我らの海」

伝承によれば、ローマは紀元前七五三年頃、軍神マルスの息子ロムルスとレムスによって、イタリア半島中部ラティウム地方のテヴェレ河畔に建国された。共和政ローマは、紀元前三世紀後半にイタリア半島最強最大の勢力となり、三次にわたるポエニ戦争（紀元前二六四年から紀元前一四六年）に勝利して北アフリカの宿敵カルタゴを併合した後は、地中海における最強国となった。これ以降、ローマは強大な軍事力を背景に、古代史上初めて、地中海帝国への道を歩み始めたのである。

地中海周辺の地域を次々と征服し、版図を広げていく過程で、さまざまな文化文明がローマに流入した。たとえばギリシアを征服したことによって、莫大な量の銀食器や青銅器装飾品、絵画や彫像、奴隷がローマに流入した。ギリシア文明の到来は、共和政ローマにおいてギリシア風文物への需要、ギリシア式神殿建設の流行などを生み、海を通じて地中海各地からこれらの品々がローマへと運ばれるようになったのである。

紀元前二七年に、名実ともにただ一人の絶対的存在として、初代皇帝アウグストゥスが権力の中枢についた。彼の登場によって皇帝支配、ローマ帝政が始まるのである。アウグストゥスは地中海に「パックス・ロマーナ」（ローマの平和）をもたらした。紀元前三一年に地中海最大の穀倉地帯であるエジプトを併合し、最盛期（紀元二世紀）には人口一〇〇万を超えたともいわれる首都ローマの市民生活を支える穀物補給の道を確保した。皇帝の名を冠した劇場、神殿、闘技場、政治論議の場であり商業取引の場でもあるフォロ（公共広場）などの造営は代々の皇帝に引き継がれ、古代都市ローマは未曾有の繁栄を迎えた。

最大版図を誇った二世紀初め、ローマ帝国の領土は、東はユーフラテス川、西はイベリア半島、南は北アフリカ、北はドイツ（ゲルマニア）のライン川南岸からイギリス（ブリタニア）にまで及び、およそ四〇余りの異民族を支配した。広大な帝国の領土支配を支えていたのは、歩兵を中心とする軍事力であった。軍隊の移動用に、石畳の軍用道路が帝国の隅々にまではりめぐらされた。これらの「ローマの道」は、すべてをつなぎ合わせれば地球二周分にもなるという。

領土の拡大によって、地中海は帝国の版図に完全に内包された。物資の大量輸送には、高い山脈や大河によって阻まれる陸路よりも、海路を船で行く方が適している。ローマの人びとにとって地中海は、「我らの海」（マーレ・ノストルウム）と呼ぶにふさわしい、安全な航行が約束される物流・交流の大動脈であり、彼らの生活を支える不可欠の場となったのである。

オスティア

ローマ帝国内に張り巡らされた海路と陸路による商業ネットワークの結節点の一つが、港町オスティアであった。オスティアはティレニア海とローマを結ぶテヴェレ川の河口に位置し、ローマから約三〇キロメートルの距離にある。テヴェレ川を通じてローマと結ばれたオスティアは、その地の利を生かして地中海各地から運ばれた商品をローマに搬送する一大拠点となった。

アウグストゥス以降、代々の皇帝は港湾の整備などオスティアの発展に多額の資金を投じる。穀物を扱う船主や商人の組合に対しては、穀物の運搬という国家への奉仕と引き換えに、出身都市での税負担免除などの保護が与えられた。エジプトなど地中海沿岸地域からオスティアに運ばれた小麦は、オスティアに建設された湿気を防ぐ特別な大型倉庫で長期間保管された後、適切な時期を見計らってローマへ送られた。収穫期にすべてローマに輸送することを避けた目的は、ローマにおける穀物価格の安定である。穀物以外にも、オリーヴ油、ブドウ酒、ガラス製品、闘技場で戦わせる猛獣などがオスティアに持ち込まれた。取引は帝国全土で流通可能な、皇帝の肖像を刻んだローマ貨幣で決済された。

当時商品を積んで地中海を往来した船舶は、どのようなものであったのだろうか。一九七二年、古代ローマ時代の巨大な運搬船の一部が、南フランス沖の海底二〇メートルで発見された。再現模型を作製したプロヴァンス

図５－２　オスティアでの穀物積替え
出典：David Abulafia 編, *The Mediterranean in History*, Thames and Hudson, London, 2003, p. 137.

大学によると、船体は全長四〇メートルで、船蔵には、胴回り八〇センチメートル、高さ一一六センチメートルで液体が二五リットル入るアンフォラ（左右に把手の付いた縦長の壺）を六〇〇〇本、つまり約一五万リットル積むことが可能であったという。

一隻でおよそ四〇〇トンの荷物を積むことが可能な大型船が、オスティアをはじめ地中海各地の港に出入りしていたことは、古代ローマ時代の地中海における海上貿易の規模の大きさを物語っている。テヴェレ川はさほど大きな川ではないことから、オスティアで荷揚げされた商品は、川船に積み替えられてローマへ運ばれた（図５－２）。

商業活動の発展にともない、オスティアでは、地中海各地から訪れる商人に加えて、町で働く労働者や役人の数がしだいに増加していった。やがて、小麦をこねてパンを焼きそれを売るパン屋、酒や料理を提供する居酒屋、四・五階建ての「インスラ」と呼ばれる高層の賃貸住宅など、新しい商売や住まいも誕生する。建物の密集するオスティアでは、インスラの壁は耐火性の高い煉瓦とコンクリートで作られ、木造の屋根に瓦が葺かれていた。

オスティアにおける取引の中心は、東西に走るメインストリートの西側に位置する「同職組合広場」（ピアッツァーレ・デッレ・コルポラツィオーニ）であった。幅七八メートル、奥行き一〇七メートルの広場は周囲を柱廊で囲まれている。柱廊は多くの区画に区切られ、入り口の床はモザイクで装飾されている。モザイク床には、その事務所で扱う商品や、そこに集う商人や船主の出身地に関連する絵が文字とともに描かれ、さしずめ現代の看板のような役割を果たしていた。

たとえば図５－３は、アフリカから来た人びとの事務所で、象はおそらく象牙の交易を示している。図５－４ではヤシの木と壺、そして魚が見られるが、これはおそらく属州モーリタニアを示し、壺の絵はオリーヴ油運搬用とも考えられる。同職組合広場には約六〇の事務所があり、地中海周辺の他、オスティア近隣の船主、オステ

図５－３　同職組合広場のモザイク（１）

出典：坂口明「ローマ時代の商業と商人のネットワーク」歴史学研究会編『ネットワークの中の地中海』（地中海世界史３）青木書店，1999 年，50 頁。

図５－４　同職組合広場のモザイク（２）

出典：本村凌二ほか『海と陸のシルクロード』（NHK スペシャル「文明の道」③），日本放送出版協会，2003 年，217 頁。

ィアの大工、穀物計量人などの組合事務所も置かれていた。この広場は、まさにローマ帝国時代の地中海における、船主や商人ネットワークの結節点だったのである。

ローマ帝国と海のシルクロード

古代史上最大級の国家を築いたローマ帝国では、しだいに上層部の富裕な人びとの間に贅沢な生活が浸透していった。絹や琥珀、香辛料、香料、顔料、象牙や宝石などの奢侈品が、彼らの需要に応えるべく、中国やインド、東南アジア、バルト海やアフリカ奥地などから輸入されていた。これらの商品と引き換えに、ローマ帝国は莫大な量の貨幣や金属製品を輸出した。

胡椒に代表される香辛料は、主にインドや東南アジアで生産される。胡椒を求めるローマの人びとの熱意は、やがて地中海を超えてインド洋に至る海の道を開くに至った。当時、いわゆる「シルクロード」と呼ばれるユーラシアの長距離交易路のうち、内陸アジアを通る道の西部分は、イラン系の遊牧騎馬民族パルティアの支配下にあった。ローマ帝国とパルティアは国境を接していたことから紛争が絶えず、東から荷物を積んでローマに向かう隊商の通行をパルティアが阻止することもあった。そのため、ローマの人びとは胡椒などアジアの産品を求めて海の道を探ったのである。

紀元前三一年にエジプトがローマの領土に併合された後、属州エジプトの港町アレクサンドリアの商人が、紅海を渡り南アラビア経由でインドへ出向くようになった。ローマの地理学者ストラボンによれば、毎年一二〇隻の船がインドに向けて出航したという。インド洋ではローマ商人の進出以前から交易が盛んであったが、これに関する最古の記録は、ローマ帝国時代の一世紀にエジプト在住のギリシア人がギリシア語で作成した、『エリトゥラー海案内記』である。同書によれば、紅海沿岸のエジプトの港から出航した地中海商人の船は、南進して東アフリカのソマリアや南アラビアの港に寄港し、そこを訪れるインドの商船と取引する。とくに南アラビアの港町エウダイモーン・アラビア——現在のイエメンのアデン付近と考えられる——は、地中海世界とインド洋世界の結節点として機能していた。

南アラビアへ進出したローマ商人は、大半がエジプト在住のギリシア系船乗りや商人であったと考えられるが、彼らは「ヒッパロスの風」と呼ばれる季節風（モンスーン）を利用してインド洋を横断航海する方法を利用し、インド西岸のマラバール海岸へ到達する。

インドに出向くようになったローマ商人はさらに東方、絹の国である中国を目指した。『後漢書』によれば、一六六年に大秦王安敦（ローマ帝国皇帝マルクス・アウレリウス・アントニヌス）の使節が、安南（ヴェトナム中部）を経由して中国（後漢）を訪問した。この使節はローマ帝国の属州シリアの商人と考えられ、公式の使節であったかどうかも疑問視されているが、富を求める地中海のローマ商人は、ついに中国に到達したのである。

2　中世の地中海商業とイタリア商人

イタリアの港町と十字軍運動

ローマ帝国は二世紀初めのトラヤヌス帝の時代に最盛期を迎えるが、同帝の死によって、領土拡大の時代は終焉を迎える。四世紀になると、帝国を支えてきたイベリア半島の金鉱山が枯渇し、これは直ちに軍隊の給料支払いや流通に大きな打撃を与えた。帝国の軍事力は急速に求心性を失い、軍団は内部分裂や蜂起を繰り返すようになったのである。

四七六年に、帝国の西半分を継承した西ローマ帝国が滅亡する。帝国の東半分を継承し、コンスタンティノープルに首都を構える東ローマ帝国は、一四五三年まで命脈を保つものの、七世紀以降その領土は絶えず新興のイスラーム勢力やスラブ勢力に削り取られて縮小の一途をたどる。地中海は、ローマの人びとにとって「我らの海」の地位から滑り落ちてしまったのである。

ローマ帝国末期から八世紀頃まで、西ヨーロッパは気候変動（寒冷化）に見舞われ、ゲルマン諸部族の侵入などによる社会的混乱とも相まって、大幅な人口減少に陥った。八世紀を過ぎると再び気候が温暖になり、農業技術の進歩をてこに西ヨーロッパの人口は増加に転じる。しかし増えつづける人口に対して、やがて耕地が不足するようになり、相続にあぶれた貴族子弟や農地を持てない農民が続出するようになった。

こうした人びとに対し、当時聖職任命権をめぐって神聖ローマ皇帝と対立していたローマ教皇が、自身の権威づけのために、いわば失業対策の一環として提供したイベントが、一二世紀末から約二〇〇年にわたって行われた十字軍運動であった。ムスリムに占領された聖都エルサレムを奪回しようという十字軍運動の背景には、純粋な宗教的情熱に加えて、さまざまな思惑が複雑に絡み合っていたのである。

実際には、イスラーム世界では、さまざまな人びとが行きかい混住した地中海帝国ローマの社会や文化の遺産が多く引き継がれており、当時もっとも高度な文明文化を誇る一方で、ムスリムとキリスト教徒、ユダヤ教徒は一般に平和裏に共存していたのである。西ヨーロッパに領土奪回の援軍を求めた東ローマ帝国皇帝でさえも、ムスリムと常に対峙していたわけではなく、現実的な妥協路線や融和政策を使い分けていた。しかし十字軍に参加した騎士や兵士の大半はアルプス山脈以北の出身であり、地中海地域やイスラーム世界の事情についてまったく無知であり、ひたすらムスリムに対する憎悪に燃えていたのであった。

これに対し、イタリア半島の人びとは、十字軍と同じ西ヨーロッパのカトリック教徒でありながら、ローマ帝国滅亡後も地中海を通じて東地中海地域との結びつきを維持していた。ローマ帝国のお膝元であったイタリア半島では、帝国崩壊後も、都市機能や海路を通じた地中海地域とのネットワークといったローマ的伝統が、比較的残存していたのである。

なかでも、東ローマ帝国領に残された南イタリアでは、バーリやアマルフィなどの港町が、事実上の独立を維持しつつ、当時の先進国である東ローマ帝国やイスラーム地域との地中海を通じた海上商業を成長させていった。その過程で、イタリア半島にさまざまな先進技術が伝えられた。たとえば一一世紀頃に羅針盤がアマルフィにもたらされたが、これは宋代の中国で実用化された後、海上交易ルートに乗ってインド洋からイスラーム世界に伝わり、地中海沿岸のムスリムと交易を行っていたアマルフィで知られるようになった。それまで陸地を目印に沿岸航海をしていた地中海の船舶は、羅針盤とそれを元に作成した海図を用いることで沖合航行が可能となり、輸送日数がかなり短縮されたのである。また中国伝来の紙もイスラーム地域を通じてイタリア半島に伝えられ、イタリア商人の商取引記録作成に大いに貢献した。

南イタリアにつづいて地中海商業の担い手となったのは、ピサ、ジェノヴァ、ヴェネツィアなど北イタリアの港町であった。イタリア半島北西部に位置するピサは、地中海（ティレニア海）に注ぐアルノ川の河口から五キロメートルほど遡った川沿いの都市で、紀元前四世紀頃にはすでにエトルリア人によって都市の中核が築かれたと考えられている。川は防御壁にもなり、また海と河川を組み合わせることで、ピサは地中海沿岸の諸港と内陸都市を結ぶ水上交易の中心地としての役割を担ったのである。

一一世紀末、ローマ教皇の呼びかけで十字軍遠征が開始されると、それまでもっぱら西地中海で活動していたピサ商人は、十字軍への協力、つまり軍隊や物資を西ヨーロッパから東地中海地域に海上輸送することによって自国の利益を引き出すことに成功した。ピサは第一回十字軍で、一二〇隻のガレー船艦隊を率いて十字軍によるアンティオキア公国建設を援助し、それと引き換えに征服地での商業特権を得た。

有名な「ピサの斜塔」は、実際には大聖堂に付属する鐘楼であり、洗礼堂や墓地とともに市内の「奇跡の広場」（カンポ・デイ・ミラコリ）と呼ばれる一帯に位置する。これら一群の大建築物は、一二世紀後半、まさにピサが十字軍への協力で莫大な富を得た時期に着工されたのであった。

ピサと同様、イタリア半島北西部に位置する港町ジェノヴァも、十字軍遠征には第一回から積極的に関与し、エルサレムの征服に協力する一方で、コンスタンティノープルとエルサレムの中間にあるアンティオキアにいち早く居留地を確保している。ジェノヴァは海に直接面した典型的な地中海の港町であり、背後に険しい斜面が迫り、坂道が多いという点でアマルフィと共通する部分が多い。土地資源が限られていて農業に立脚した経済に限界があることは、埋立地であるヴェネツィアも同様である。立地条件の厳しさは、これらの港町の人びとが、商人としての成功を求めて地中海に漕ぎ出した要因の一つであろう。

ヴェネツィアは、五世紀にゲルマン人の侵入から逃れたアドリア海奥部沿岸の人びとが、ラグーナのなかに建てた人工の埋立地である。その地理的環境から農業の発展は望めず、当初から漁業や製塩を糧とし、ポー川を利用した河川交易で海産物や塩を内陸で生産される穀物などの生活必需品と交換して生計をたて、やがてアドリア海、地中海の交易に進出した。

ヴェネツィアは、十字軍開始当時、すでに東地中海のムスリムと精力的に交易活動をしていたため、当初十字軍を、ムスリムの間にキリスト教徒への無用の憎悪を掻きたててヴェネツィアの権益を阻害するものと見なし、協力を差し控えていた。ピサやジェノヴァが十字軍への協力によって飛躍的な発展を遂げるのを注意深く観察した後、兵士や物資の輸送を開始したヴェネツィアは、一三世紀初頭から始まる第四回十字軍に対する援助によって大きな飛躍の機会を得た。第四回十字軍が当初の行先を変更してビザンツ帝国の首都コンスタンティノープルを占領し、ラテン帝国を樹立すると、ヴェネツィアは協力の代償としてキクラデス諸島やクレタ島など帝国領土

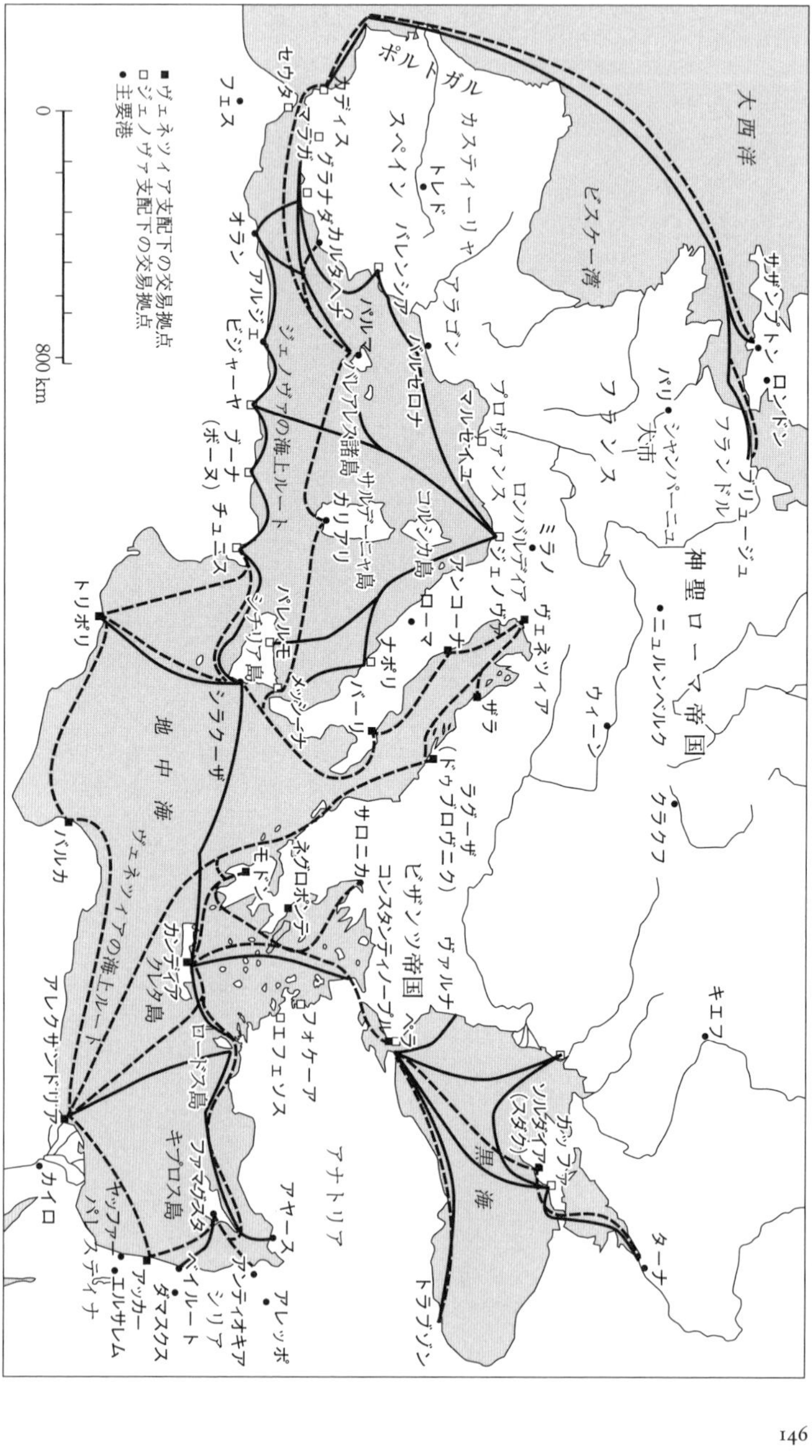

図５－５　中世におけるジェノヴァとヴェネツィアの航路

出典：ジャネット・アブー・ルゴド著，佐藤次高ほか訳『ヨーロッパ覇権以前』（上）岩波書店，2001年，157頁より筆者作成。

の八分の三を獲得し、これらのギリシアの島や半島部に、次々と商業拠点を建設していった。

ともに十字軍運動に乗じる形で地中海における海上交易の覇権を伸ばしてきたヴェネツィアとジェノヴァであったが、一三世紀後半から東地中海交易の権益をめぐって一世紀にわたる抗争を展開した結果、一四世紀後半以降は主にヴェネツィアが東地中海、ジェノヴァが西地中海に住み分ける形で決着がつく。一五世紀末、ジェノヴァ出身といわれるクリストフォロ・コロンボ（コロンブス）がイベリア半島のカトリック両王の支援を受けて、黄金と香辛料を求めて大西洋に船出したことはよく知られている。しかし、実際に彼の冒険事業に資金を提供した者の多くは、イベリア半島のセビーリャにいたジェノヴァ商人であった。中世以来の地中海を通じたイタリア商人のネットワークは、世界を結びつける礎となったのである。

イタリア半島の港町が地中海商業によって経済成長するにつれて、半島内陸部のフィレンツェやボローニャ、ミラノといった都市にもその影響が拡大していった。一三四〇年にフィレンツェの商社員ペゴロッティが編纂した『商業実務』は、当時のイタリア商人が関心を持った市場や、そこで取引される商品などが詳細に記載され、一八世紀に至るまでヨーロッパ各地で作成・出版された商業百科事典のひな型となっている。同書の中核である「市場案内」には五三の市場が紹介されており、イタリア商人が関心を持つ市場が地中海沿岸から北西ヨーロッパにかけて広い地域に広がっていたことを示している（図5-6）。ペゴロッティの記述は、多少フィレンツェ商人の関心に偏り気味ではあるものの、同時代のイタリア商人が地中海世界全域と商業を通じて深く結びついていたことを伝えている。

「中世の商業革命」とルネサンス文化運動

地中海を通じてイスラーム世界や東ローマ帝国との交易に従事していたイタリア商人は、十字軍運動の影響で

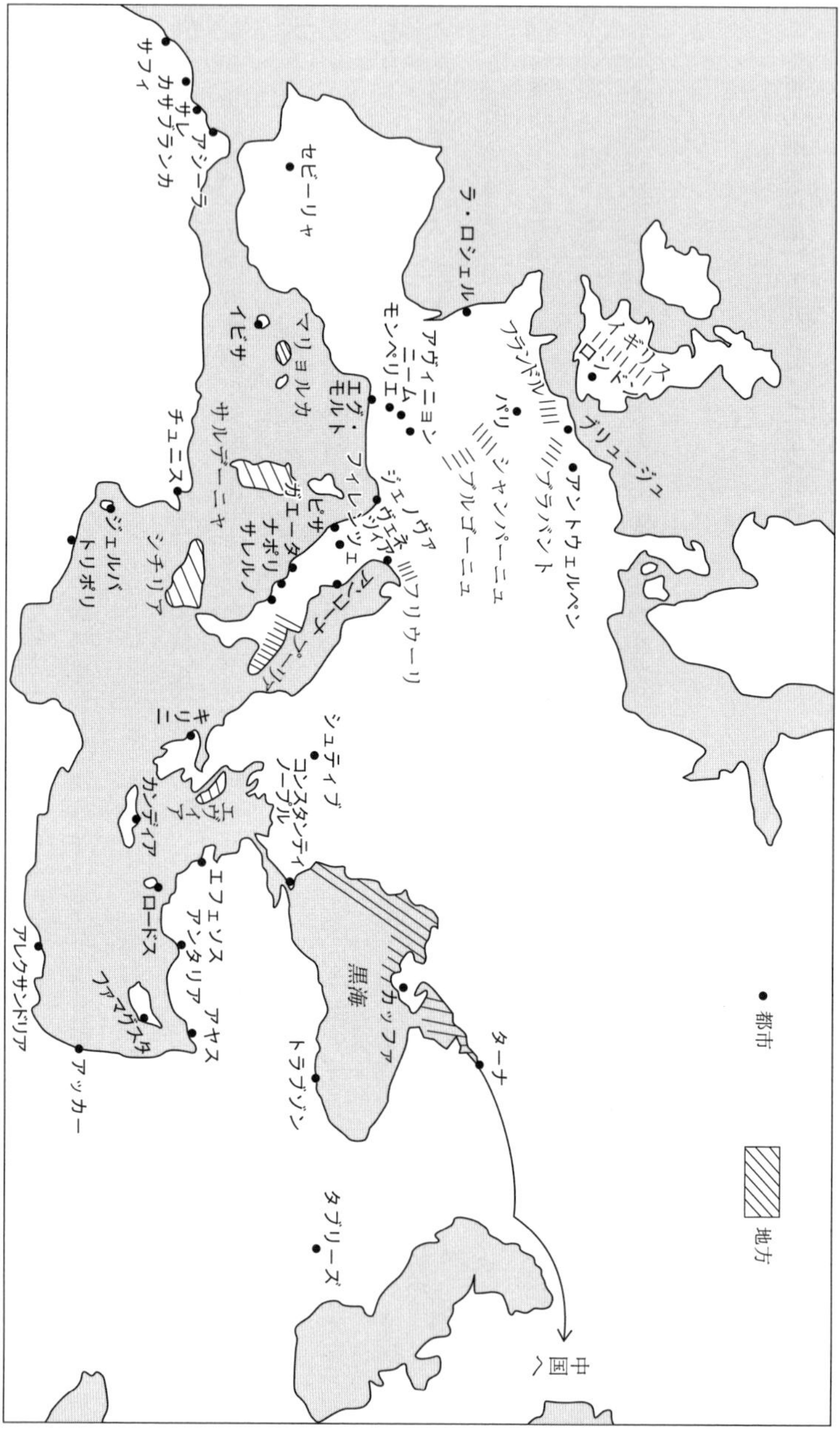

図5－6　「市場案内」における市場配置

出典：齊藤寛海『中世後期イタリアの都市と商業』知泉書院，2003年，182頁より筆者作成。

西ヨーロッパにおける需要が高まっていたアジア産の香辛料、宝石、中国陶磁器などの東方産品を、一五世紀末までほぼ独占的に供給した。さらに、船舶の大型化によって輸送費が低下したことから、それまで遠距離輸送の対象ではなかった羊毛やミョウバン（毛織物染色に不可欠な媒介剤）、安価な染料、穀物など一般に安価で重量のある商品の取引にも着手し、莫大な富を築いたのである。

イスラーム世界から地中海を通じてイタリアに流入したものは、商品に限らない。前述の羅針盤など航海術の他にも、たとえば現在私たちが日常的に使っている算用数字は、ムスリムが使うアラビア数字をイタリア商人が改良したものである。縦に桁が揃う算用数字の導入によって帳簿の記入が格段に進歩し、複雑になる一方のイタリア商人の多角経営を支え、やがて複式簿記の誕生に至る。為替手形や共同出資契約なども、地中海商業を通じてイスラーム世界からイタリアに伝えられたと考えられている。イタリア商人による商業技術の進歩は、「中世の商業革命」と呼ばれる。当時の最先端技術を身につけたイタリア商人は、商品取引に加えて金融業も発展させ、ヨーロッパの商業や金融を支配する存在となった。

商業技術以外に、古代ギリシアやローマの思想や科学も、イスラーム世界からイタリアにもたらされた。これらの文化は西ヨーロッパでは西ローマ帝国滅亡以降一時断絶する一方、イスラーム世界でアラビア語に翻訳されて継承されていた。その後一二世紀にシチリア島やイベリア半島でアラビア語からラテン語に翻訳され、西ヨーロッパの思想に再び取り入れられたのである。これらの翻訳運動は、「一二世紀ルネサンス」と呼ばれている。

一四世紀から一六世紀にかけて、北イタリアの各地で、いわゆる「ルネサンス文化運動」が盛り上がりを見せ、やがてヨーロッパ全域に広がっていく。文芸や建築、絵画など多方面において古典文化を手本としたこの文化運動は、地中海を通じてもたらされた学術交流の成果と、地中海商業から莫大な富を得たイタリア商人の経済力が支えていたのである。

3　異邦人たちの足跡

国際都市ヴェネツィア

中世後期になると、商人が商品を携帯して市場を回る遍歴商業から、五年から一〇年程度外地の市場に滞在して取引を行う代理人に商取引を委託する定着商業へと、取引のスタイルが徐々に変化した。東地中海各地に商業拠点を築いて貿易の覇権を握ったヴェネツィア共和国では、ガレー商船を中心とした国営商船団（ムーダ）が毎年地中海各地に出向き、交易を行っていた。旅程、航路、寄港地、積載商品はあらかじめ国家によって規定され、違反すると厳しく罰せられた。一方で艤装や航海など実際の運営は入札で決められた商人に任されていた。ムーダのなかには、図5－5に見られるように、ジブラルタル海峡を越えて北のフランドル（現在のベルギー）やロンドンへ向かうものもあった。

外地に滞在する商人は、身体や財産の安全確保や現地政権との各種交渉の利便性などの点から、本国から派遣された領事のもとで居留団を形成することが多かった。また商人が長期滞在した土地には、現地女性との事実婚によって多くの子供たちが誕生した。彼らは成長した後は現地で領事通訳や仲買人となる者が少なくなかった。

ヴェネツィア商人が地中海各地へ出向く一方で、多数の外国人や異教徒がヴェネツィア本国を訪れるようになる。ヴェネツィアは、ラグーナのなかに東西二キロメートル、南北四キロメートルにわたって一〇〇以上の小さな埋立島が集まって出来た人工の都市である。最盛期（一五世紀から一六世紀）の人口は約一五万、その一割ほどが外国人であったという。ヴェネツィアの人口に占める外来者の割合は、同時代のヨーロッパ都市のなかでも、もっとも高いものの一つであった。

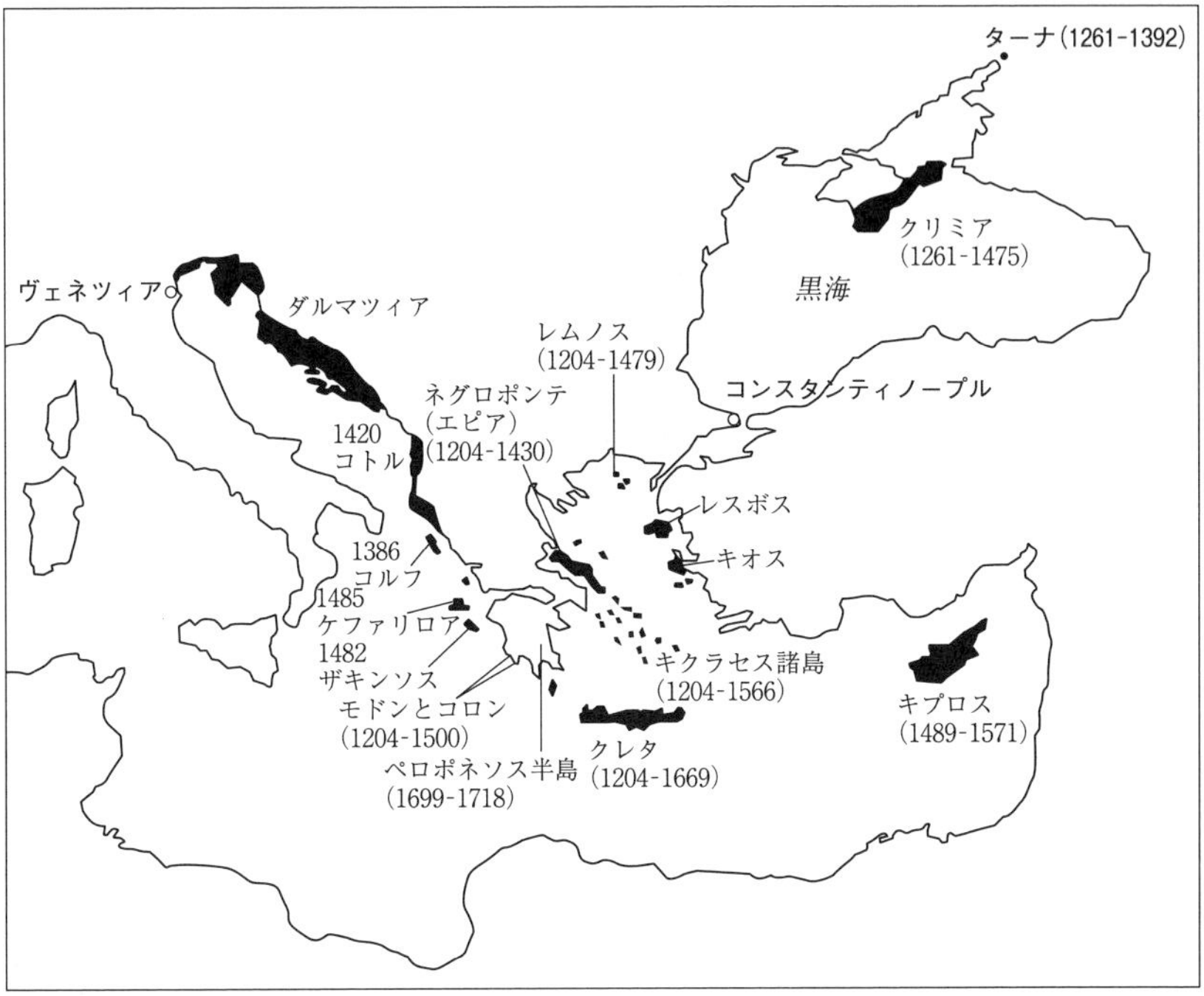

図5－7　東地中海におけるヴェネツィアの領土

注：領有期間も記した。領土失地年のないものは，共和国の崩壊（1797年）まで続いたもの。小領土は省き，商業基地は黒海沿岸のターナだけを記した。

出典：ルカ・コルフェライ著，中山悦子訳『図説　ヴェネツィア「水の都」歴史散歩』河出書房新社，1996年，23頁。

何の資源もない干潟の泥の上に建てられた埋立地から出発したヴェネツィアは、海上交易を生業とする他に生きる術はなかった。それゆえ、商人貴族によるヴェネツィアの寡頭政体は常に交易を政策の最優先項目に置いて、交易に支障がない限り中立路線を守り、異教徒や外国人を広く受け入れたのである。一四世紀になって、初めてヴェネツィアはイタリア半島部の領土拡大に目を向けるようになる。当初の目的は、半島部の国々のヴェネツィアに対する攻撃から身を守るためであったが、一五世紀以降はしだいに陸地領土を拡大し、広い領域を持つ国家となっていった。

「国際都市」ヴェネツィアには、

図5－8　かつてのフォンダコ・デイ・トゥルキ（トルコ人商館）。現在は自然史博物館

出典：*Venezia e i Turchi, Scontri e confronti di due città*, Electa, Milano, 1985, p. 48.

小アジア南東部やコーカサスから訪れるアルメニア教徒、アドリア海東岸のダルマツィア人やアルバニア人、さらにギリシア正教徒、ユダヤ教徒、ムスリムのトルコ人、あるいはドイツ人やフィレンツェ人などの集団が多数居住していた。これらの人びとは独自の教会や礼拝堂あるいは商館を持ち、同郷人兄弟団を結成していた。

異邦人が集う商館は「フォンダコ」とよばれたが、これはアラビア語で隊商宿を意味するフンドゥクが訛ったものである。この類似は、名称だけではない。図5－8を見てもわかるように、水辺に建てられたヴェネツィアの館は、商売と生活の場が一体化した造りになっており、これは異邦人の商館にも共通している。すなわち船からすぐアクセスできる水際の一階を倉庫にして、主階（二階）には商業取引や接待に使用される大広間があり、それより上の階は家族の居住スペースに使用される。これは一階にはラクダや馬を繋ぐ中庭を囲む倉庫があり、二階以上が隊商の宿泊や商取引にあてられたイスラーム地域のフンドゥクと機能的にもよく似ており、ヴェネツィアと東地中海地域の深いつながりをうかがわせる。

異邦人は商人や船乗り、職人など、多かれ少なかれヴェネツィアの地中海交易と結びついた職業に従事する者が多かった。しかしヴェネツィアが交易を通じて獲得した地中海の人的ネットワークは、やがて単なる経済的関係を超えて、学問や政治の世界に生かされるようになっていく。

レコンキスタとユダヤ教徒の拡散

一五世紀末にイベリア半島でいわゆるレコンキスタが完了し、つづいてユダヤ教禁止令が強化されると、多くのユダヤ教徒や改宗者が、ユダヤ教信仰の自由を保障されるイスラーム世界や、比較的異教徒に寛容であった北イタリア諸都市あるいはネーデルラントなどに移住した。ヴェネツィアは彼らの移住先の一つであった。ヴェネツィア政府は、豊富な資金力を持つイベリア系ユダヤ教徒（セファルディム）を誘致すべく、ユダヤ教徒を隔離しつつも市内に居住を認めるという妥協策を取る。一五一六年に、かつて大砲が鋳造されていたことから「鋳造所《ゲットー》」とよばれていた区域がユダヤ教徒の居住区に指定された。そうしたユダヤ教徒移民のなかから、商業の枠を超えてヴェネツィアと地中海地域をつなぐ者があらわれたのである。

図５－９　ヴェネツィアのサン・マルコ教会
出典：筆者撮影。

ヴェネツィア領生まれと称するユダヤ教徒のソロモン・アシュケナージ（一五二〇年頃～一六〇二年）は、ヴェネツィア領内のパドヴァ大学で医学を学んだ後、ポーランド王の侍医を経て一五六〇年代にオスマン帝国の首都イスタンブルに移り、外交面でも活躍した。アシュケナージは、ヴェネツィア領事の侍医および大宰相ソコルル・メフメト・パシャ（在位一五六五～七八年）の侍医を務めたことから、二国間の交渉に関与するようになった。彼は一五七二年から七三年にかけて、オスマン帝国によるキプロス征服後にヴェネツィアとの間で結ばれた条約締結においても尽力している。

ギリシア正教徒

ヴェネツィア市内に居住した異邦人のなかで、もっとも大きな集団を形成していたのはギリシア正教徒であった。ヴェネツィアは「コンスタンティノープルの長女であり、後継者である」といわれ、事実上は独立国であるが、名目上は東ローマ帝国の支配に属していた。共和国の宗教的中心地であるサン・マルコ教会（図5－9）をはじめ、ヴェネツィア市内にはビザンツ（東ローマ帝国）様式の建築物が残されている。

一五世紀末、ヴェネツィア市内には約四〇〇〇人のギリシア正教徒が居住していた。当初はヴェネツィア領のギリシア島嶼部から移住した者が多く、船乗りや職人、兵士を生業としていたが、オスマン帝国がアナトリアおよびバルカン半島支配を拡大するにつれて、ギリシア正教の聖職者や知識人も多く移り住むようになった。そのなかの一人でギリシア正教からカトリックに改宗し枢機卿となったベッサリオンは、古典写本の収集に努め、蔵書は彼の死後ヴェネツィアのマルチアーナ図書館に寄贈された。一五七三年には市内にサン・ジョルジョ・デイ・グレーチ教会が完成し、ギリシア語で典礼が行われた。ヴェネツィアに居住するうちに、結婚などによってカトリックに改宗する者がいる一方で、ギリシア正教の信仰を維持する者も多かったのである。

一六世紀になると、ヴェネツィアではギリシア語やラテン語古典作品の印刷・出版業が盛んになり、ヨーロッパにおける学術出版の中心地となる。イルカと碇の商標を付けた廉価版学術本の出版で知られ、学術出版の祖といわれるアルド・マヌーツィオ（一四五二?～一五一五年）はその代表的人物であった。こうした出版業興隆の背景には、ベッサリオンの蔵書や、出版にあたってテキストの校訂に協力したヴェネツィア在住のギリシア系知識人の存在がきわめて大きかったのである。ヴェネツィアでは、学術出版物のほかに庶民向けのギリシア語読本も多数印刷され、東地中海のギリシア語地域に広く流通させていた。

パドヴァ大学と留学生

ヴェネツィアの知的分野におけるギリシア的要素は、領内のパドヴァ大学においても顕著であった。一四六三年に初めてギリシア語教授が任命されて以来、一五・一六世紀を通じてそのポストはもっぱらギリシア出身の学者によって占められていた。同大学では、一五世紀末からアリストテレスのギリシア語テキストに基づく講義が導入され、人体解剖が行われている。フランドル出身の外科・解剖学教授アンドレアス・ウェサリウス（一五一四〜六四年）は、パドヴァでの人体解剖に基づいて正確な図解の付いた人体解剖論を出版し、これによってヨーロッパにおける解剖学上の知識を一変させた。パドヴァ大学の医学研究は、ボローニャとならび、ヨーロッパ医学が従来のスコラ哲学的な世界観から近代科学へ離陸する礎となった。

パドヴァ大学の名声は、全ヨーロッパから学生をひきつけた。一六世紀後半に対抗宗教改革が進むなかで、ローマ教皇の方針に反して、パドヴァ大学では学生は宗教の自由を約束され、カトリックのみならず、プロテスタント、ユダヤ教徒、さらにヴェネツィア領やオスマン帝国領のギリシア地域から留学してくるギリシア正教徒の学生に対しても学位が授与された。前述のユダヤ教徒ソロモン・アシュケナージもその一人である。

ローマ教皇の批判を受け同じ苦境に立たされていたヴェネツィアとギリシア正教世

図５－10　イスタンブルの「通訳官」（18世紀）G. Grevembroch, *Costumi de'Venetiani* より

出典：*Venezia e i Turchi, Scontri e confronti di due città*, Electa, Milano, 1985, p. 61.

界は、一六世紀後半から一七世紀にかけて、これまで以上に固く結びついた。オスマン帝国領では、コンスタンティノープル（イスタンブル）に加えてクレタ島からも多くのギリシア正教徒学生がパドヴァに送り出された。クレタ島は一二一一年から一六六九年までヴェネツィアの支配下におかれ、その後オスマン帝国領となった。彼らはパドヴァ大学において古代ギリシア医学をもとにさらに進化した医学教育を受け、帰国後はヴェネツィアとオスマン帝国の橋渡し役となっていった。

一六五〇年頃にパドヴァで医学の学位を取得したギリシア正教徒パナギオティス・ニコシアスは、帰国後イスタンブルで開業し、その名声によって大宰相メフメト・キョプリュリュ（在位一六五六～六一年）の侍医を務めた。その傍ら、パドヴァ時代の経験をもとに西欧諸国に関する情報を大宰相に伝え、政治顧問的な役割も果たしている。ニコシアスは、ヴェネツィアとオスマン帝国間のクレタ島戦争における事後処理にさいして後者の交渉役を務め、その功績により「宮廷大通訳官」の称号を贈られた。

一六七三年にニコシアスが死去すると、その後任には、やはりパドヴァとボローニャで医学を学んだギリシア正教徒アレクサンドロス・マヴロコルダト（一六四二～一七〇九年）が任命された。マヴロコルダトは、一六九九年にハンガリーその他の領有をめぐってオスマン帝国、オーストリア、ヴェネツィア、ポーランドの間で結ばれたカルロヴィッツ条約締結のさいにも通辞を務めている。

4　イタリアと地中海

海に囲まれたイタリア半島では、外部の世界へと通じる窓口の多くは港町であった。本章で紹介した港町は、ほんの数例に過ぎない。ローマ帝国が崩壊した後、イタリア半島はシチリア、サルデーニャを含めて一九世紀まで一つの国家に統一されることがなかった。そのため、本書で言及した港町の他にもギリシアの数学者・物理学者アルキメデスを生んだシチリア島のシラクーザ、ギリシア・ラテン・ノルマン・イスラームの文化融合を実現したパレルモ、ギリシア人が建設し古代から現代に至るまで南イタリアの中心地であるナポリ、一六・一七世紀に外国人や異教徒を積極的に誘致し、ヴェネツィアに代わって近世の東地中海貿易の拠点となったアンコーナやリヴォルノなど、枚挙にいとまがない。イタリアの人びとは、地中海で育まれた人やモノのネットワークを糧に、新たな可能性への道を開いたのであった。

一五四一年、当時ヴェネツィア領であったクレタ島に生まれ、ヴェネツィアとローマで修業したのち、イベリア半島のトレドに永住して数々の宗教画を残した画家、ドメニコス・テオトコプロス、通称「エル・グレコ《ギリシア人》」。彼もまた、イタリアの港町が築いた海のネットワークをたどって、地中海の東から西へと駆けぬけた一人であったといえよう。

（飯田巳貴）

参考文献

『海と陸のシルクロード』（ＮＨＫスペシャル「文明の道」三）日本放送出版協会、二〇〇三年。

ルカ・コルフェライ著、中山悦子訳『図説　ヴェネツィア「水の都」歴史散歩』河出書房新社、一九九六年。

齊藤寛海『中世後期イタリアの都市と商業』知泉書院、二〇〇二年。

フェルナン・ブローデル著、浜名優美訳『地中海』（全五巻）藤原書店、一九九一年。

ウィリアム・Ｈ・マクニール著、清水廣一郎訳『ヴェネツィア――東西ヨーロッパのかなめ、一〇八一―一七九七』岩波書店、一九七九年（講談社、二〇一三年）。

本村凌二『地中海世界とローマ帝国』（興亡の世界史四）講談社、二〇〇七年。

ジャン・モリス著、椋田直子訳『ヴェネツィア帝国への旅』東京書籍、二〇〇一年（講談社、二〇一一年）。

歴史学研究会編『地中海世界史』（全五巻）青木書店、一九九九～二〇〇三年。

雪嶋宏一「学術出版の祖アルド・マヌーツィオ」『早稲田大学図書館紀要』（五二）、二〇〇五年、一～三三頁。

歴史の扉 5

海外で活躍したイタリア人たち

中世後期、イタリアを中心に商業のスタイルが変化し、商人が自ら商品を携帯して移動する「遍歴商業」から、各地に比較的長期間滞在する代理人に取引を委託する「定着商業」に移行した。商品は輸送業者が運び、書簡の往復によって取引の指示や報告が送られ、商人たちは手元にある帳簿で取引を管理した。当時の郵便は相当な時間がかかり、たとえばヴェネツィアとフランドル間、あるいは東地中海との間では片道通常約一カ月を要した。毎回書簡による指示や返答を待っていては到底間に合わないため、代理人には広範囲の裁量権が与えられた。代理人は自らの判断で委託者の取引を行うので、現地の取引事情に通じていることに加え、取引能力や不正をしないなどの信用も非常に重要視された。

代理人は一般に同国人や親戚などが選ばれたが、信用が重視されるため、他国人や異教徒とも代理人契約を結ぶ事例も見られた。たとえば一四世紀のヴェネツィアにピニョール・ズッケッロという商人がいる。彼はトスカーナのピサ出身で、ヴェネツィア領クレタ島を経てヴェネツィアに移住し、市民権を獲得した。クレタ島との取引で彼の代理人を務めたのは、トスカーナのシエナ出身のフランチェスコ・バルトロメイであった。バルトロメイからズッケッロに宛てた書簡には、互いの商取引の連絡だけではなく、アレクサンドリアやカタルーニャ、黒海に至る地中海周辺の政治・経済・社会のさまざまな情報が書き記されている。情報は商取引に不可欠であったことから、代理人はいち早く正確な情報を集め伝えることも求められていたのである。

商人と代理人の関係は一方的ではなく、多くは互いに代理人業務を務めた。たとえば一五世紀の前半にコンスタンティノープルに滞在したヴェネツィア商人ジャコモ・バドエルの帳簿では、ヴェネツィアにいる兄弟ジェロニモとの共同出資、あるいは互いに相手の居住地での業務を委託する代理人契約が非常に多い。一方で帳簿に見られるコンスタンティノープルにおけるジャコモの取引相手は、ギリシア正教徒、ユダヤ教徒、ムスリム、イタリア半島から来た商人など多岐にわたる。またヨーロッパから輸入した商品を周辺のムスリム支配下都市のイタリア商人に転売したり、自身の代理人を派遣してアナトリアで羊毛の買い付けなども行っていた。

一般に代理人は業務を委託する商人とは資本を別にする独立した存在であったが、フィレンツェでは毛織物製造・販売や金融業が興隆し、比較的長期間にわたり大規模な資金を必要とするため、会社組織の萌芽が見られた。フィレンツェの大商社は各地に支店を開設して社員・従業員を派遣したが、一四世紀に支店の赤字が本店の連鎖倒産を招く危機に見舞われた。その後は、形式上は資本を異とする独立した代理人を各地に置く傾向が見られた。一五世紀のフィレンツェでは、毛織物・絹織物製造と販売が大きく発展し、ヴェネツィアと同様、主たる製品の販売市場および原料となる生糸の調達市場は、東地中海のオスマン帝国であった。兄とともに毛織物会社を経営していたフィレンツェ人バルトロメーオ・グアンティは、一四八四年から八八年までブルサを中心とするオスマン都市に滞在し、自社製毛織物を販売しペルシア生糸などの東方物産を調達した。基本的には毛織物販売で得た現金で現地の生糸商から生糸を購入したが、現金が不足し、ユダヤ教徒から一五パーセントを超える利子付きの融資を受けることもあった。

一六世紀初頭にイスタンブルでメディチ会社などの代理人を務めたジョヴァンニ・マリンギの書簡からは、彼がブルサやイスタンブルの絹織物製造業が消費するペルシア生糸の量を推計し、生糸価格の変動を日々チェックしながら購入のタイミングを決めていたことがわかる。マリンギは生糸の目利きで、現地で得た情報や自分の判断を即座にフィレンツェの会社に書き送り、それらを会社と共有し、会社の判断を仰いでいた。彼らのように仕事をぬかりなくこなす有能な駐在員・代理人がいてはじめて、商人は利益を得ることができたのである。

イタリア商人が国外でもうけた子供たちもまた、地中海商業の重要な担い手であった。彼らは東地中海ではレヴァント人とも呼ばれ、大部分が事実婚による婚外子であるが、イスラーム世界は婚外子に対して比較的寛容であった。アルヴィーゼ・グリッティは、後にヴェネツィア総督となるアンドレア・グリッティの庶子として一四八〇年頃オスマン帝国の首都イスタンブルに生まれた。ヴェネツィアで学んだ後イスタンブルに戻り、父親のつてもあって、大宰相をはじめとするオスマン帝国の高官たちの商売のパートナーおよび情報源となって活躍し、最終的にはスルタンからハンガリー大公の称号を受けている。イスタンブルのペラ地区にある彼の屋敷やヴェネツィア領事の公館では、しばしばオスマン宮廷の高官を招待して大宴会が催された。一五二四年付けのイスタンブルからの書簡では、ヴェネツィア商人やフィレンツェ商人が、機会あるたびに自国製のヴェルヴェットやダマスク織の豪華な衣装やタイツで装い、ペラ地区で豪勢な祝宴を開催した様子が語られている。こうした宴会は、自国製の絹織物をイスタンブルの富裕層に売り込む絶好の機会であった。一七世紀に貴族層は商業に消極的になるなか、レヴァント人や市民層が、地中海におけるイタリア商人の栄光の末尾を担ったのであった。

（飯田巳貴）

第6章

ローマ教皇とカトリック教会

1 ローマ帝国とキリスト教

イタリアとキリスト教

イタリアは世界有数のカトリック国である。教会堂を持たない町はなく、町のサイズにかかわらず、立派な教会がそびえているところも珍しくはない。たとえば首都ローマを見てみよう。サンタ・マリア・マッジョーレ、サン・ジョヴァンニ・イン・ラテラーノ、サン・パオロ・フオーリ・レ・ムーラなどの大教会をはじめとして、市内の至るところに無数の教会が佇立《ちょりつ》している。ローマの教会めぐりをするのは大変楽しいものだ。どの教会も個性的で、ときにはその片隅に著名な聖職者や教皇の墓を見出すこともある。モザイクやフレスコ画、回廊などに迎えられ、丹念に見て回るうちにすっかり時間が経ってしまうことも少なくない。あちこち歩きまわる余裕のない場合でも、サン・ピエトロ大聖堂——正確にはそこはローマ市でもイタリアでもなく、ヴァティカン市国であるのだが——を訪れる時間を確保しようとする人は多いだろう。

図６－１　サン・ピエトロ大聖堂と広場

このように、教会のある風景はイタリアでは非常にありふれたものだ。そして教会のほとんどがカトリック信仰を自認し、カトリック教会全体の指導者であるローマ教皇がヴァティカンに居住していることも、ごく常識的で自明なことのように見える。しかし、その風景も常識も、古代から中世を経て現代に至る長い歴史が生みだしてきたものである。教会はイタリア社会に根づいていく過程でさまざまな規範と価値とを創造し、文化的な影響力を広く行使してきたが、そのことはいまなお町にひしめく教会堂を一瞥すれば、直観的に理解できるだろう。そして同様に、教会は政治的にもきわめて重要な役割を果たしてきた。とりわけ中世において、教皇とそれを補佐する教皇庁組織、そしてその下で厳然たるヒエラルキーを形成した教会は、強大な政治力で多くの歴史的局面を動かしてきたのである。

その始点を紀元一世紀に遡るキリスト教の展開はイタリア史を貫く一つの大きな流れであり、この歴史的背景はさまざまな形で現代イタリアのあり方に投影されている。本章はこのことを念頭に、ローマ教皇とカトリック教会がイタリア史にどのように関わってきたのか、そしてどのような歴史的意義を有するのかを考えてみる。

キリスト教の成立とローマへの伝播

イタリア半島からはるか東方、パレスティナ地方のユダヤ教徒の間でナザレのイエスが神の国の到来の近いことを説き、ローマ総督ピラトゥス（ピラト）のもとで刑死したのは紀元三〇年頃と推定されている。「使徒」と総称されるイエスの直弟子たちは、イエスの死後すぐに伝道者としての活動を開始し、原始的な教団を形成しながら、イエスをメシア（キリスト）すなわち救世主と見なす新たな宗教の成立に深く関与した。彼らは自発的にあるいは政治的な理由を背景に、パレスティナを起点として東地中海、小アジア、北アフリカ、そしてイタリアへと活動範囲を広げて信者をふやし、徐々にではあるが帝政期のローマ社会で存在感を増していった。

ローマにおける伝道の最初の担い手はパウロ、そして伝承によればペトロ（ペテロ）であった。パウロは精力的にローマでの伝道に従事したが、後世この都市にとってより重要な意味を持つことになるのは使徒ペトロであった。ペトロは、『新約聖書』の「マタイによる福音書」一六章に述べられているように、イエスから「わたしはこの岩（ペトラ）の上に教会を建て」、「天の国の鍵を授ける」と語りかけられた筆頭弟子であり、またその晩年にはローマに赴いて伝道活動を行い、紀元六〇年代に殉教したと伝えられている。

図6－2　ペトロ像
（サン・ピエトロ大聖堂）

この伝承は、キリスト教史のみならずヨーロッパ史においても大きな意味を持っている。なぜなら、使徒ペトロを「イエスから直接その権威を伝えられた初代ローマ司教すなわち初代ローマ教皇」と見なす慣例がこの伝承によって成立したからであり、以後その継承者たち、つまりのちの教皇が、キリスト教世界における自らの重要性と正統性を主張しようとしたさい、この伝承を最大の根拠として提示してきたからである。

しかし、ペトロがイタリアに到来し、ローマで伝道を行ったことが、即座に強大な教皇権の誕生を意味したわけではない。それどころかこの時期、イタリア・ローマ社会における教会の社会的地位は、非常に低かった。まず、キリスト教徒たちは当時の一般的な価値観からはかけ離れた死生観や宗教観を持つ少数派であり、ローマ社会のなかで積極的な役割を演じていたわけではない。また内部に目を転じると、教義や典礼は発達途上で、リーダーシップは複数の指導者によって分担されていた。そのためこうした未熟な共同体には、常に分裂の可能性が伏在していた。事実、ローマ教会における使徒ペトロとの連続性やローマ教会の正統性が強調された二世紀には、内部での分派活動が目立っていたことが明らかになっている。

ローマ教会の発展とキリスト教の公認

ローマにおいてただ一人の司教が指導力を発揮し始めるのは、三世紀に入ってからである。この頃のローマ教会は帝国の首都教会として一定の信頼を集め、新たに信者となった富裕層が教会財政を支えるようになっていた。さらにローマは、使徒ペトロとパウロの墓所を擁する都市として、またしばしば発生した迫害による殉教者が多数葬られている場所として神聖視され、存在感を増していた。他方、この時期、ローマが他の教会、たとえばアレクサンドリアやアンティオキアなどの東方教会に対して示そうとした自らの優越性に、必ずしも実効性があったわけではない。ローマ司教は帝国各地に複数存在する司教の一人に過ぎず、この時点ではまだ「教皇（パパ）」という呼称さえ定着していない。この二〜三世紀の情勢は、ローマ司教――教皇――がその支配権を樹立しようとする過程を検討するうえで示唆的である。すなわち教皇権は何の制約もなく自然に、また計画的に成長したわけではないのである。むしろ教皇が他の司教などに対して優越性や首位権を申し立てるとき、そこには必ず教皇が自らの権威を保持するために解決すべき相克や軋轢があり、歴代の教皇たちはそれらの事態を収拾することで手一杯であった。これは三一三年にローマ皇帝コンスタンティヌスがいわゆる「ミラノ勅令」を発し、キリスト教が公認された後も同様であった。

しかしいずれにせよ、コンスタンティヌスの政策は、キリスト教をとりまいていた状況を劇的に変化させた。彼はローマ司教にラテラーノ宮殿を与え、初代のサン・ピエトロ大聖堂をはじめとする大バシリカをいくつも建造させて史上最初の聖堂建設ラッシュをもたらした。ローマ以外のイタリア各地でもそれまで公共建築として用いられていた建物が次々と改装されていき、バシリカ様式と呼ばれる広々とした教会堂となった。こうして皇帝は教会と信仰との庇護者として振る舞う一方、キリスト教を帝国統治のための道具と見なし、その圧倒的な権力を行使して教会に干渉する脅威ともなった。たとえば、コンスタンティヌスは統一的な教義の確立こそが帝国の安定につながるとして、三二五年、自らニカイア公会議を主催し、そこでは「三位一体」の教義の基礎となる、父なる神と子なるキリストの同質性が正統とされ、アリウス派が異端として追放されたが、この会議上、ローマ司教はなんら特筆すべき指導力を発揮することはできなかった。

図6－3　ラテラーノ大聖堂の回廊

このようにコンスタンティヌス以降、キリスト教が帝国、つまり世俗的な政治権力との深い関わりを持ったことは、その後の教皇権の問題を考えるうえで重要な意味を持つ。というのもこの時点から、ローマをはじめとする各地の教会は、皇帝に代表される世俗権力といかに折り合いをつけるかを考えなければならなくなったからである。世俗権力は教会の苦境を救済できる権威と実行力を備えている可能性があったが、反面、その力を行使して教会の動向に制約を加えるということもありえた。すなわち、教皇そして教会は、「国家と宗教」の問題をどう捉え、自らに有利に解決していくのかという課題に否応なく巻き込まれていくのである。

帝政後期のローマ教会の地位

三三〇年、コンスタンティヌス帝によりビザンティウム（コンスタンティノープル）への遷都が決行されると、これまでローマが伝統的に享受してきた首都教会としての利点がそのまま新首都に移転した。以後コンスタンティノープルは有力な教会として成長をつづけたが、これは後に首位権をめぐる東西教会の対立の火種の一つとなった。三九二年にテオドシウス帝がキリスト教を帝国における唯一の公式宗教と定めた後もなお、キリスト教世界におけるローマ司教の指導力は低下しつづけたと言わざるをえない。三九五年にローマ帝国が東西に分裂し、西ローマ帝国の首都が北方のミラノ、次いでラヴェンナに定められると、その傾向には拍車がかかった。こうした困難な状況下にあったにもかかわらず、あるいはそうであったからこそ、ローマ教会は全教会に対する優位性とペトロに端を発する普遍的権威を初めて明確に主張し、少なくとも五世紀までには「教皇」という呼称を独占するに至った。しかし他の教会がこれらの主張に即座に賛同または妥協したわけではなかったし、その傑出した政治的手腕によって称えられる「大教皇」レオ一世（在位四四〇〜四六一年）が勝ちえたものは、「西方世界における」という制限のついた首位権であった。

このようななか、四世紀後半以降、ゴート、フランク、ブルグンド、ヴァンダルなどゲルマン諸族のローマ領内への移動は激化していた。この波は各部族による独自国家建設とそれによる帝国領の蚕食、あるいは帝国による属州の放棄といった事態をともないながらついにイタリアに接近し、五世紀初頭には西ゴートのアラリックがローマを劫掠《ごうりゃく》するという由々しい局面をもたらした。ローマ教会はもはや皇帝の庇護を期待できなくなったばかりか、総じてアリウス派を奉じていた異民族がローマ教会の管轄下にある西方司教区に迫害を加え、教会統治に多大な損害を与えたために、その影響力を大幅に低下させた。このような困難きわまる情勢のなか、教皇の最大にして喫緊の責務は、都市ローマを防衛することであった。レオ一世はその任務をきわめて忠実に遂行し、二度にわたって異民族のローマ侵攻を阻止することに成功した。これは彼の大きな功績の一つであるが、言い換えれば、教皇の権威を実際に及ぼすことのできる範囲が、この時期きわめて局所的になっていたということをも示唆している。さらに四七六年、ゲルマン系の軍人オドアケルによってついに最後の西ローマ皇帝が廃位されると、事態はまた新たな局面を迎えることとなる。

2　中世社会におけるローマ教会の伸長

西ローマ帝国滅亡後の混乱

オドアケルのイタリア支配は長くはつづかず、イタリア半島には四九三年に東ゴート族が侵入した。首都をラヴェンナとし、イタリア半島全域およびシチリア島、パンノニアを含む領域に成立した東ゴート王国では、指導者テオドリックが西ローマの法と制度を踏襲した比較的安定的な統治を行った。王自身はアリウス派を信奉していたもののカトリックに対しては寛容であったため、教皇との関係も良好であった。しかし東ゴートの統治も短期間に終わり、五三三年以降イタリアを支配したのは、ユスティニアヌス帝統治下の東ローマ帝国であった。

この東ローマ帝国による再征服が教皇に与えたものは、一言でいえば屈辱であった。ユスティニアヌスは西方世界におけるローマ教会の権威は認めていたものの、コンスタンティノープルを「すべての教会のかしら」と呼び、その教会も自らに普遍的権威があると主張して憚らなかった。そのうえ、ローマ教会は異端的な単性説を容認したユスティニアヌスを譴責するどころか譲歩し、他の西方教会から公然と非難を浴びる始末であった。またユスティニアヌスは教皇の決定にさいして東ローマ皇帝の承認を要するという見解をとり、ローマ教会を皇帝権に従属するものとして扱った。

だが情勢はまたしてもめまぐるしく変化する。五六八年、ユスティニアヌスの死後、不安定となっていた東ローマ帝国領イタリアに、パンノニア方面からランゴバルド族が侵入してきたのである。しかし、統治人口の貧弱さや統治層の内訌《ないこう》ゆえにランゴバルドはイタリア全土に支配を及ぼすことができなかった。その結果、六世紀後半から七世紀にかけて、北部にはパヴィアを中心とするランゴバルド王国が、中部および南部には同王国に従属しつつも独立性の強いスポレート公領およびベネヴェント公領が成立し、それ以外――ラヴェンナからローマに至るごく限られた土地――は東ローマ帝国領として残された。実に四世紀から六世紀に至る戦乱状態はここでいったんの終息を見たが、イタリアはモザイクのように分断された。この状況下で教皇はどのような対応をなすこととなったのだろうか。その一つの解答となりうるのが、教皇グレゴリウス一世（在位五九〇～六〇四年）であった。

大教皇グレゴリウス一世と聖ベネディクト

この時期、ローマを中心とする地域は、上述した三つのランゴバルド領に隣接しており、常にその脅威を意識していなければならなかった。またイタリア半島北中部に残存する東ローマ領の最南に位置していることから、帝国からは放置されがちであった。このようななか、二人目にして最後の「大教皇」と称されるグレゴリウス一世は、この孤立した不安定な状態を打開するため、ローマの行政官として振る舞った。彼は数代前から行われていたローマ近辺の所領整理を進めて教会収入を確保し、それを財政的な基盤としてさまざまな政策を行った。たとえばシチリアから小麦を輸入することでローマ市民の生活水準を改善し、貧民を救済した。また疎遠になりつつあった東ローマ帝国の許可を得ずにローマを包囲したランゴバルドと交渉し、教会収入金を払って退去させた。こうして教皇が実質的なローマとその周辺の領域支配を確立しつつあるなかで、やがて西方教会全体に大きな影響を及ぼす出来事が、現ラツィオ州南部のモンテ・カッシーノにおいて生起していた。六世紀半ば、その地に修道院を築いた聖ベネディクトゥスが定めたとされる『戒律』は、これまで東方で展開された厳格な修道制を踏襲しながらも、共同性に礎をおき、中庸を重視した禁欲的精神に基づく西方修道制の確立と拡大に大きく寄与し、イタリアでも使徒的生活ができるということを実証して見せた。またそれだけでなく、古代において奴隷のなすものと捉えられていた労働を重視し、規則的に行われる祈禱によって一日を人為的に分割するという新たな時間感覚を提示して、後の西欧社会に多大な影響を与えた。のちにベネディクトゥスの伝記を著述したのはほかならぬグレゴリウス一世であったが、それは『戒律』においてローマ教会の典礼と普遍的《カトリック》教義に従うことが繰り返し強調されていることと無縁ではないだろう。

フランク王国と教皇

一方、東ローマ帝国は多難な時期を迎えていた。とりわけ七世紀以降、イスラーム勢力をはじめとする異民族との抗争が相次ぎ、ローマ教皇との教義上の対立も先鋭化して、西方カトリック世界にとっての宗主国としての地位は明らかに揺らいでいた。とりわけ七二〇年代、ビザンツ（東ローマ）皇帝レオン三世によって始められた聖画像破壊運動《イコノクラスム》は、東西教会が分離する流れを決定的なものとした。さらにイタリア国内ではランゴバルドがその支配権を再び強化するため、東ローマ帝国という後ろ盾を失くした教皇に致命的な一撃を与えようとしていた。

この差し迫った状況下で、教皇が救援を求めたのはフランク王国であった。まず教皇は七五一年、カロリング家のピピンによる王位簒奪を承認することでフランクとの紐帯を強め、ピピンは二度にわたるランゴバルド討伐戦で得た占領地、すなわちラヴェンナからローマへ至る重要な地域を、七五六年、元の所有者である東ローマ皇帝ではなくローマ教皇に贈与した。史上「ピピンの寄進」として知られるこの出来事は、従来ローマ教会のものとされていた「聖ペトロの世襲領」にラヴェンナを含むアドリア海側の土地を付け加え、教皇領の範囲をほぼ決定づけたという点で、はなはだ重要な事件であった。教皇はこの寄進によって、広範な地域における世俗的な権限を行使することが可能となった。それは教皇自らが他の世俗的な王や領主同様に、領域国家を統治する君主としての顔を持つようになったことを意味する。そしてこの重要性は、同時代においてすでに意識されていた。それはピピンの寄進からほどない八世紀または九世紀に「コンスタンティヌスの寄進状（コンスタンティヌスの定め）」として知られる偽文書が作成され、その文書内において、都市ローマそしてイタリアにおける教皇の統治権が、まさにコンスタンティヌス帝と同時期の教皇シルヴェステル一世（在位三一四～三三五年）に遡って正当化されたことからも容易に読み取ることができる。

他方、この寄進は教皇に多くの困難をももたらした。たとえば、教皇領内部の統治機構は未成熟で住民の騒乱や飢餓が頻発し、これに都市内の特権階級を構成する大地主の権力闘争が加わって、教皇はその領地から得られるはずの経済的な恩恵に与る機会を逃した。また領域支配者ともなった教皇はそのときどきの国際情勢に否応なく巻き込まれ、他の世俗権力との抗争に直面せざるをえなくなった。しかもローマから北へ遠く離れたエミーリャ地方の司教たちは、領内に含まれるとはいえ、教皇に従順であるどころか対立的ですらあった。ようやく領内の理念的、実効的支配がある程度確立するのは、実にピピンの寄進から四世紀以上が経過した教皇インノケンティウス三世（在位一一九八～一二一六年）の統治期間以降のことである。そしてこのような方向性は、一九二九年、ラテラーノ条約によって教皇領が消滅するまでの長期間にわたり、教皇がいかなる事態に直面しようと不変に保持されつづけてきた。すなわち教皇領の存在は教皇史を展開させた基盤の一部をなすものであり、やがて一一世紀後半から明確な姿をともなって現れる「教皇政府」ともいうべき独自の統治体制の成立へと直結していくのである。

そして八世紀に目を戻せば、教皇の地位そのものの不安定さに直結していたイタリアの不安定さは、カール大帝（シャルルマーニュ）という圧倒的な統治者を迎えるに至って、また新たな庇護と安定の段階へと踏み出していく。八〇〇年のクリスマス、ローマのサン・ピエトロ大聖堂で教皇レオ三世（在位七九五〜八一六年）がフランク王カールに授けた「ローマ人の皇帝」の冠は、西ローマ帝国の再興を象徴するものであった。この「再興」は、ヨーロッパの西半分の政治的統合がかりそめにも果たされたということにとどまらず、フランク王が教皇を指導者とする西方カトリック世界の守護者としての役割を期待されるようになったということを意味している。したがって、四世紀以降展開されてきた「キリスト教世界全体の統治者は東ローマ皇帝である」という図式は、カールの戴冠によって崩壊したことになる。また、これによりフランク王はイタリアへの侵攻を企図する異教徒や異民族から西ヨーロッパを守護する責務を負うこととなったが、当然それは教皇の利害とも一致していた。ヨーロッパ史の観点から見れば、カールの戴冠は「ローマ・ゲルマン・カトリック」の三要素が重合し、現在にも継承される西ヨーロッパの原型が確立した出来事と位置づけられるが、そこには大きくローマ教皇の存在と意思が投影されているのである。

フランク王国の解体と改革の機運

カールの帝国は長期間存続するための機構と法制度を欠いており、カールとその息子ルートヴィヒ一世敬虔帝が亡くなった九世紀前半には、西ヨーロッパは分断と混乱の危機に陥った。そのなかでイタリアは北部にカロリング家に由来するイタリア王国が、中部には教皇領とスポレート公をはじめとするランゴバルド系諸国が、そして南部は東ローマ帝国領（半島部）とイスラーム領（シチリア）に分裂し、かつて地中海世界の中心として威光を示した面影は失われていた。したがって教皇がその支援をあてにできる強力な政治勢力はイタリア内部には存在せず、さらに八八七年、カール三世肥満王の死とともにカロリング朝の秩序が崩壊し始めると、教皇は孤立無援の立場に追い込まれた。この九世紀後半からの一世紀間、すなわち「教皇の暗黒時代」とも称される期間、ランゴバルド系諸勢力やローマ貴族による教皇への介入は熾烈さをきわめ、教皇の恣意的な廃立はむろんのこと、投獄、拷問、暗殺などによる不自然な死が相次いだ。また聖職者の間では、こうした教皇権の覚束なさを反映するかのように聖職売買《シモニア》や聖職者妻帯《ニコライズム》という、後に悪弊として糾弾される慣行が常態化することになる。

このような状況下、脆弱になった教皇権力は次なる庇護者として東フランク王国へ照準を合わせた。なぜなら当時の西ヨーロッパの大半は政治的に混乱しているかあるいは空白で、その無政府状態のなか、有力な成長を示していた政治勢力は東フランク以外に存在しなかったからである。その意味で、東フランク王、すなわちのちのドイツ王、または「神聖ローマ皇帝」と呼称される勢力と、教皇そしてイタリアとが関わりを持つことになったのは歴史的な偶然であった。九六二年、教皇ヨハネス一二世（在位九五五～九六四年）が東フランク王オットー一世に帝冠を授け、またもや「帝国」を再現して以来、たしかに状況は改善されたが、「教皇の自立」という視点から見ればそれは、別の問題を引き起こす可能性をはらんでいた。オットー一世以来、一一世紀半ばまでに即位した皇帝は、積極的にイタリア諸侯と連携しながら貴族の横暴を鎮め、ミラノをはじめとする司教の任免権を掌握して反ドイツ勢力を排除し、おおむね蜜月状態にあった教皇との協調のもと、聖職売買や聖職者妻帯を一掃するための改革運動に邁進した。

しかしながらレオ九世（在位一〇四九～五四年）が登位すると、有能なトスカーナ出身の聖職者ヒルデブランドゥス、すなわちのちの教皇グレゴリウス七世を側近にしつつ教会改革の主導権を握るようになり、徐々にではあるが形勢に変化が生じていく。

3　中世の教会改革

叙任権闘争

その後数代の教皇をはさみ、ヒルデブランドゥスがグレゴリウス七世（在位一〇七三〜八五年）として教皇の座に就くと、彼は皇帝による聖職者叙任を全面的に否定する立場に立った。グレゴリウスは教皇が皇帝の罷免権を有すると強硬に主張して神聖ローマ皇帝ハインリヒ四世と正面から衝突し、両者の関係は互いに廃位を宣言するという事態へと発展した。さらに一〇七七年、ハインリヒはトスカーナ女伯の城カノッサに滞在していたグレゴリウスのもとを訪れ赦免を乞うた「カノッサの屈辱」を経て、ハインリヒによるローマ包囲とグレゴリウスの亡命、死去という一連の出来事を引き起こす。この時点で、教皇の目論見は失敗したかのように見えた。しかしこの間に浮上した「教会の自由」という命題に基づく教皇権の自立志向は、以後の教皇に継承され、とりわけフランス人教皇ウルバヌス二世（在位一〇八八〜九九年）の改革への熱意と手腕によって、より具体的な方策が示され、実行に移された。

ウルバヌスはまずシチリアを拠点としていたノルマン人との同盟を保持し、クリュニーの修道士たちがローマ・カトリック式の典礼を広めたスペインと協調して南ヨーロッパの安定をはかるとともに、一〇六六年に成立したイングランドのノルマン朝や故国カペー朝フランスの王とも友好関係を築いて、ヨーロッパでの教会改革を横断的に徹底させつつドイツ王を包囲した。またシチリアのノルマン人はイタリアにおける教皇の行動を支援し、ハインリヒ四世の擁立した対立教皇を追放して、教皇のローマ帰還を実現させた。一〇九五年のクレルモン教会会議では世俗権力による聖職者叙任の禁止と十字軍の派遣が宣言され、西ヨーロッパにおける教皇の威信は高揚した。

「教皇庁」の成立

さらにウルバヌスの頃から、元老院ないし法廷を意味する「クリア」と名づけられた組織、すなわち教皇の職務遂行を補完する行政機構である「教皇庁」が明確な姿を現し、教皇を選出し補佐する枢機卿団がその存在感を示し始めた。これ以降、教皇は領地（教皇領）だけでなくそれにふさわしい行政組織を備え、財政機構や文書行政に改革をもたらし、教会法とそれに基づく司法制度、教皇使節に代表される外交手段を整え、宮中職によって教皇宮廷の日常生活を支えられつつ、他の封建諸国家君主に比肩する存在になろうとしていた。そしてこの変貌が以後数世紀間の教皇のあり方を変え、その歴史に大きな影響を与えたことはいうまでもない。叙任権闘争の最終的な決着はそれからさらに二〇数年を経た一一二二年のヴォルムス協約においてであるが、長い苦闘の末ここで妥協的に示された原則は、教皇権の自立という問題や中世における国家と教会の関係について、一つの回答を示している。実際、神聖ローマ皇帝による叙任権はドイツ国内においては実質的に維持されたが、ドイツ以外に帝国を構成するブルグンドとイタリアではその限りではなくなった。教皇領内におけるドイツの影響力も縮小し、教皇の独立性は担保された。改革の時代はこうして一二世紀に終息に向かい、以後近世初頭に至るまで、教皇の歴史は教皇庁による教会統治と世俗権力との政治的な協力または競合のもとに推移していくことになる。

権力の充溢

グレゴリウス七世を最後に、自発的に退位した「天使教皇」ケレスティヌス五世（在位一二九四年）を迎えるまでのおよそ二〇〇年間に登極した多くの教皇のなかで、列聖された者はただの一人も存在しない。しかしそれはなんら不思議なことではなく、むしろこの頃の時代背景をよく反映しているともいえる。教皇は叙任権闘争という苦境を切り抜けたことによって皇帝権から自由になり、ついに教会ヒエラルキーの頂点に立つ「ペトロの代理人であり全教会のかしら」として広く認知されつつあった。またそのことは、一二世紀の著名な教会法学者グラティアヌスの『教令集』によって法学的根拠を与えられた。そして教皇たちは以後、聖なる宗教人としてだけではなく、法学的素養を身につけた実務家として振る舞う傾向を強めた。というのも、教皇庁を最終的な解決の場として持ち込まれるようになった教会行政上、教義上の案件が日増しに膨れ上がっていたからである。たとえば、アレクサンデル三世（在位一一五九～八一年）はすべての平日を、それらの案件を解決するための枢機卿との会議に費やさなければならなかったほどである。

図6－4　インノケンティウス3世
（スビアーコのサクロ・スペーコ）

その統治期間が中世における教皇権の絶頂期にあたるとしばしば見なされるインノケンティウス三世もまた、こうした法学者教皇の系譜に連なる代表的人物である。彼は第四回十字軍（一二〇二～〇四年）を提唱し、第四ラテラーノ公会議（一二一五年）を主催しただけでなく、アッシジのフランチェスコに代表される托鉢修道会の認可と活躍の道ぞなえをし、著しく都市化しつつあったイタリアそしてヨーロッパに適応する新たな信仰の可能性を提示した。またヘンリ二世やジョン王、フリードリヒ二世など錚々たる世俗の王たちを相手に自在とも見える破門や廃立を行い、紛争を調停した。さらには教皇領の統制権を完成させるためにその領域の確定に専念し、専門の統治官による中央集権的な支配体制を確立しようとした。インノケンティウスはこれらの事業を成し遂げるさい、宗教家ではなく政治家としてのバランス感覚に則り、教皇としての強大な権限を躊躇なく行使した。彼の統治期間を語るうえできわめて重要な概念は「キリストの代理人」あるいは「権力の充溢」という表現である。つまりインノケンティウスは教皇の権力が「ペトロの代理人」と称されるよりはるかに大きく、しかもそれはすべての教会とその所有物に対していっさい他の団体や法に制限されることはないと主張したのである。教皇の権力行使のためには官僚制に基づいた中央政府とそのための多大な財源を必要としたが、それがある程度現実となったこの時点において、グレゴリウス七世が追求したような、教皇による神権政治の理念が一つの頂点に到達したということは可能であろう。ただしその基幹となる地理的根拠は、やはりイタリア中部の教皇領にしかありえなかった。

教皇の試練――アヴィニョン移転とシスマ

しかし極度に世俗化した教皇庁の行政改革は遅々として進まず、とりわけその根幹を支えるはずの官僚に対しては、俸給制度が未だ確立していないというありさまであった。その骨太かつ激越な個性で知られるボニファティウス八世（在位一二九四～一三〇三年）が教皇座に就いたときも、こうした側面はまったく解消されていなかった。自らを「カエサルなり、皇帝なり」と公言したともいわれるボニファティウスは、一三〇〇年にはローマにおいて初めての聖年を盛大に開催し、多額の喜捨を集めて教皇庁財政を潤したものの、フランス国内の聖職者への課税をめぐって対峙した同国王フィリップ四世の勢力により一三〇三年、アナーニで捕縛され憤死する。さらにクレメンス五世（在位一三〇五～一四年）に始まりウルバヌス五世（在位一三六二～七〇年）に至る期間には、フランス王の干渉から逃れるため、教皇はイタリアを離れることを余儀なくされ、アヴィニョンへ教皇庁ごと移転した。しかしながら、これらの事柄を教皇権のはなはだしい凋落であると位置づけるのは早計である。それ以前にも教皇は、ローマを不在にして他の地域や都市に自発的にまた強制的に赴くことは多々あったし、アヴィニョン期の教皇庁内では新たな財政制度や裁判制度が整えられ、より円滑な教会行政が可能となったからである。またシエナのカテリーナの例を持ち出すまでもなく、イタリアにおいても国際社会においても教皇の動向は注視されており、ローマ帰還のタイミングがいつであるかということは重大な関心事でありつづけていたのである。

したがって、教皇が本格的な試練に直面したのは、ローマ帰還直後に発生した西方教会の大分裂《シスマ》とそれを収拾するために開催された公会議においてであった。一三七八年、アヴィニョンとローマに教皇が並立したことを契機とするこの分裂は、百年戦争下の英仏対立をはじめとする各国の利害が絡んで長期化し、一四〇九年のピサ公会議以降は三人の教皇が鼎立するという異常事態にまで発展した。一四一四年、コンスタンツ公会議においてマルティヌス五世（在位一四一七～三一年）が選出されて事態は収束するが、この公会議で宣言された「かしらと四肢の改革」、またこの時期に現れてきた教皇に対する公会議の優越を主張する公会議主義の動きは当時の教皇がいかなる状況に置かれていたかを端的に示している。ここにおいて初めて、真の改革には「かしら」つまり教皇自身が自らの変革を試みることが必要であるという見解が示され、もはや教皇が「権力の充溢」、すなわち際限ない権力を持つという主張は否定された。その後バーゼル公会議（一四三一年）で公会議主義そのものは敗北していくが、この一連の流れは中世的な教皇権の終焉と新時代の開幕とを象徴しているというべきであろう。

4　近現代における教皇とカトリック教会

ルネサンスと教皇庁

一一世紀以降イタリア各地で自治的都市が成長し、一二～一三世紀には商業的富の蓄積とそれにともなう都市の整備や教育の拡充が進み、イタリアの都市文化は成熟し始めていた。同時期、シュタウフェン朝ドイツのイタリア政策をめぐって、都市間あるいは都市内で、ギベッリーニ（皇帝派）とグェルフィ（教皇派）の抗争が生じることもあったが、フィレンツェなどの都市を起点として、市民による新たな文化的動向が創造されるに至った。「ルネサンス」と呼ばれるこの文化運動はそれまでのスコラ学的中世的価値観に挑戦しながらも、究極の部分ではキリスト教教義と古代地中海文化との融合を目指していたために、ローマ教皇との間に軋轢を生じさせることはなかった。むしろ彼らはこの新たな文芸活動を推進した人文主義者たちを惜しみなく支援するパトロンであり、ときにはピウス二世（在位一四五八～六四年）がそうであったように、自らが人文主義者ですらあった。イタリア各地ではルネサンス様式に改装される教会がいくつも出現し、神学的思索を具現化した内省的なロマネスクの教会堂や天を仰ぐゴシックの大伽藍とは異なる、明快な直線と曲線が織りなす新たな美を提示した。

他方、ニコラウス五世（在位一四四七～五五年）を嚆矢とする彼らルネサンス教皇の多くはスキャンダラスかつ俗悪と見ることもでき、かつての法学者教皇たちとはまた違った意味において徳性以外で目立つことの多い教皇たちであったといえよう。彼らは「かしら」として教会統治の先頭に立つことよりも、たとえばアレクサンデル六世（在位一四九二～一五〇三年）が生家であるボルジア家を盛り立てようとしたように、出身一族の現世的な功利を得ることに心血を注いだ。しかも大分裂の時期を経て権威を低下させた教皇とその統治体制は、肝心な改革をなおざりにしたまま教皇領の保持、経営に腐心する一領域的国家に成り果てており、この時期の教皇たちが繰り返しオスマン帝国への十字軍を提唱しても、諸国家からは完全に無視されるというありさまであった。このようにヨーロッパにおける教皇の影響力低下は明白であったが、個々の修道院レベル、あるいは民衆レベルでの宗教心が衰微したわけではない。しかしそうした運動は教皇による支持をもはや期待せず、教会改革に繋がることもなかった。むしろそのような運動を引き受け、果敢に改革へと立ち向かっていったのが、一六世紀初頭ドイツのマルティン・ルターであった。

宗教改革とカトリックの改革

ルターによって一五一七年に引き起こされた運動、すなわち宗教改革は、結果として西方キリスト教会の分断をもたらした。カトリックとプロテスタントは二手に分かれたまま、現在もなお合一する見通しは立っていない。他方、一五四五年、教皇の呼びかけによって開催されたトレント（トリエント）公会議は近代以降のカトリックにおける教義上の統一と普及に多大な貢献を果たし、この近代カトリシズムの精神は同時期にイタリアで発祥したバロック文化の無限に奥行きある壮大さに反映された。またイタリア社会においては地域による濃淡はあるものの、カトリック内の再編と改革が進行した。聖職者の質の向上のために学校が創立され、宗教改革開始後に設立されたカプチン会やイエズス会などの新たな修道会が人材を輩出した。イエズス会はラテン・アメリカのカトリック化に中心的役割を果たしたが、このことは二〇一三年三月に初の南米出身者として選出された教皇フランシスコをも当然想起させるだろう。

図６－５　教皇フランシスコ
（サン・ピエトロ広場，2013年復活祭）

近代国家との対峙

しかし一八世紀に入り絶対主義と啓蒙主義の時代を迎えると、前者は強烈な中央集権志向によって教会に介入し、後者は教会の権威をなお低下させた。そしてイギリスやフランスをはじめとする列強が積極的な植民地政策を展開し、さらには市民革命の激動に突入していくなか、イタリアはその思想的影響を受けながらもいまだ多くの領域的国家が分裂した状態のまま取り残され、教皇領を基盤とした教会国家もそのなかの一つとして存在しつづけていた。めまぐるしい動きを見せる国際思潮に対して教皇たちがとった態度は、啓蒙思想に関連した書籍を禁書としたことに代表されるように、総じて守旧的なものであった。他方、市民革命は教会に対し、「政教分離」や「信仰の自由」といったかつてない難題を突きつけた。とりわけ先鋭化しつづけるフランス革命において、聖職者はすべての特権を喪失し、教会は「旧体制《アンシャン・レジーム》」の象徴と見なされて多くの聖堂や聖遺物が破壊された。一七九六年にナポレオン・ボナパルトがフランスからイタリアに侵入すると、教皇と近代国家との直接対立はもはや避けがたいものとなり、その結果は教皇にとって無残なものであった。ナポレオンは教皇領を占領して教皇ピウス六世（在位一七七五～九九年）に退位をせまり、その後任であるピウス七世（在位一八〇〇～二三年）を皇帝戴冠式に利用したのちに幽閉した。

この状況下で、あらゆる世俗化と近代化を脅威と見なし、教皇首位権のもとで再度カトリックの結束を目指そうとするウルトラモンタニズムが見出された。フランスのガリカニスムに典型的な国民教会主義とは正反対の志向を持つこの運動は、近代国家からの教会の独立を強く求めていた。ナポレオン失脚後、解放されたピウス七世はこうした動きを背景に、ウィーン体制下において復古的、保守的体制がヨーロッパの安定につながると主張し、各国と政教和約《コンコルダート》を締結して、教会の影響力を温存しようと努め、さらには教皇領の返還を求めてかつての政治力を復活させようとした。しかし、こうした試みは、一九世紀においてイタリア国内のナショナリズムが高揚し、統一の気運が醸成されていくにしたがって挫折と摩擦を生じさせていく。そして、このナショナリズムこそ、他ならぬナポレオンの遺産であった。

リソルジメントへの対応

一九世紀初頭、教皇をめぐる情勢は決して穏やかなものではなかった。一六世紀以降、イタリアをめぐる覇権争いを展開してきたオーストリアとフランス、それに加えてプロイセンとイギリスが教皇選挙や教会権益に干渉し、イタリア国内においてはフランス革命期に形成されたリソルジメントとして知られるイタリア統一運動が進行し始めていた。

このようななか、ピウス七世はカトリック国であり最大の支援国であったオーストリアの庇護を受け、穏健派のコンサルヴィ国務長官に率いられた枢機卿団に補佐されて、ナポレオンの残した行政組織を再利用しながら教皇領内の統治を立て直し、その治世後半を比較的安定的なものにして世を去った。その後のレオ一二世（在位一八二三〜二九年）、ピウス八世（在位一八二九〜三〇年）、グレゴリウス一六世（在位一八三一〜四六年）はいずれも反近代化、反リベラリズムを標榜する保守主義者たちだった。たとえばレオはフリーメイソンやカルボネリーアに対決姿勢を示し、ピウスはフリーメイソンなどの秘密結社を断罪し、グレゴリウスは近代科学への不信感から教皇領内への鉄道敷設を頑なに拒否した。こうしたなか、ボローニャを中心として発生した中部イタリア革命（一八三一年）は、教皇による世俗的な支配の廃止と憲法制定を求めて臨時政府を樹立したが、オーストリア軍の介入によって失敗に帰した。

ここで登場したのがジュゼッペ・マッツィーニである。彼は、これまでイタリア内の諸国家諸勢力がそれぞれ独自に追求していた改革や革命はもはや無意味であり、そうした地域的なイタリアを超えた統一的なイタリアを模索するべきだという結論に至って「青年イタリア」を結成した。マッツィーニの主張は急進的なナショナリズムに基づいていたが、こうした提言はイタリア社会において統一に向けたさまざまな議論を引き起こし、その諸地域、諸国家に共通する多様な問題について、多くの専門家や一般市民による活発な討論が重ねられた。しかしいずれにせよ、「イタリア」というきわめてナショナルな存在と「教皇」というすぐれて超国家的な存在をいかに統合し、伝統的にカトリックの影響下にある民衆をいかに導いていくのかということは、きわめて大きな課題であった。それに一つの答えを与えたのがヴィンチェンツォ・ジョベルティである。すなわち彼は、ネオ・グェルフィズモ（新教皇派主義）に基づき、「緩やかな国家連合を形成し、その首長に教皇が就任する」という方策を提言した。この案は、当時の民衆を熱狂させた。

ピウス九世とローマ問題

こうして統一運動が進展を見せ始めるなか、史上もっとも長く在任したといわれるピウス九世（在位一八四六〜七八年）が新教皇に選出され、すぐさま政治犯への恩赦や検閲の緩和、鉄道敷設が行われた。この段階でピウスは、統一運動を支持するリベラリストと目されており、イタリア内ではもちろん、他の欧米諸国のメディアからも好感をもって迎えられた。こうしたなか、一八四八年、シチリアにおける暴動を契機にイタリア諸国で憲法制定が行われ、カトリックを国教としつつも信仰の自由を認める条文が付け加えられた。さらに時を同じくしてフランスで二月革命が勃発すると、それに呼応して各地で臨時政府が成立し、北イタリア王国樹立を企図するサルデーニャ王国はそうした革命運動と連動しつつオーストリアに宣戦布告した。しかしピウス九世はカトリック諸国の和を乱すまいとこの戦いへの不参加を宣言し、ネオ・グェルフィズモを終焉させて民衆を失望させた。教皇は統一運動とは完全に距離をおいてローマからガエータ（現在のラツィオ州ラティーナ県）へと亡命し、再びローマに帰還した一八五〇年にはすっかり反動的になっていた。

すなわちピウスは一八六四年、まず「誤謬表（シラブス・エロールム）」を発して近代合理精神や宗教的寛容、社会主義や自由主義はすべて誤りであると糾弾し、一八六九年に公会議としてはトレント（トリエント）のそれ以来約三〇〇年ぶりとなる第一ヴァティカン公会議を開いて、「教皇不可謬性」を主張した。それはかつて大分裂期の公会議主義によって否定され、近代教皇たちがその復権を目指してきた教皇の主導権を規定し直すものであった。しかし、教皇がこうした教理上の問題にかかりきりの間も、統一運動は着々と進展していた。サルデーニャ王国主導による統一への歩みは、首相カヴールが巧みにフランスやオーストリアといった大国の干渉を斥けることによって勢いを増し、一八七〇年までにはローマを除く教皇領はすべてイタリア王国に併合された。そこに普仏戦争が開戦すると、ヴァティカンの教皇を守護していたフランス進駐軍はすべて祖国に引き戻され、この隙をついたガリバルディによってついにローマは占領されてしまう。翌年には投票によりローマはイタリア王国に帰属し、その首都となることが決定された。統一運動に敗北したピウス九世は、「ヴァティカンの囚人」を自称し、終生そこから一歩も出ることなく王国政府と対立した（ローマ問題）。そして国内のカトリック信者へ教令「ノン・エクスペディト」を発して王国議会の選挙をボイコットするように訴え、のちにイタリア王ウンベルト一世となる皇太子の結婚式には、それが非カトリック化されているという理由で欠席した。

イタリア社会と世界に向き合う——ヴァティカン市国の成立へ

次のレオ一三世（在位一八七八～一九〇三年）は、ピウス九世の負の遺産ともいうべき孤立状況からの脱却を目指し、反教権的な首相クリスピと対立しながらも、他の西欧諸国との外交的努力を通じながら妥協の道を探ってきた。しかしその非妥協主義が目に見えて緩和されたのは、ピウス一〇世（在位一九〇三～一四年）の時代である。ピウス一〇世は一九〇四年、イタリア史上最初のゼネストを目の当たりにして衝撃を受け、回勅「イル・フェルモ・プロポジト」を発してこれまで禁じていたカトリック信徒の社会運動への参加を認め、社会主義政党への投票に対する許可を与えて方針の大転換を行った。さらに教皇の認可を受けて結成された「カトリック選挙同盟」

は当時首相であったジョリッティとの協定に応じ、一九一三年の総選挙を勝利に導いて、政界において無視できない影響力を行使した。しかしピウスは第一次世界大戦の開始を阻止できなかったことに深く失望しつつ没した。後任のベネディクトゥス一五世（在位一九一四〜二二年）はその遺志を継承するかのように国際平和の樹立と平和原則の提唱に尽力し、初めて平和外交を推進した教皇となった。

こうして教皇はイタリア政治に関わり、国際的な問題に一定の発言権を有するようになったが、しかし依然として教皇はイタリアとの対立を完全に解消しておらず、その主権の回復は重要な問題であった。ピウス一一世（在位一九二二〜三九年）の時代、キリスト教を支配のための一種の道具と見なしたムッソリーニは、教会に対するファシストの暴力を放置する一方で、一八七〇年以来、種々の権限を剥奪され制限されていた教皇に接近した。一九二六年、その見直しを図るための交渉が始まった。およそ二年の期間をかけて成立した一九二九年のラテラーノ条約では、カトリックが唯一の国教と認められ、教皇が統治者としてその主権を及ぼすことのできるヴァティカン市国が成立した。このことはすなわち、教皇はいかなる勢力からも独立し、世界のあらゆる国々と対等な外交関係を持ちうるということを意味している。そのほかにも、初・中等教育における宗教教育の義務化、教会による結婚の法制度化などが決定され、教皇とカトリック教会がイタリア社会への宗教的、文化的影響力を行使しうる存在であることが保障された。

現代イタリアの教皇とカトリック

その後、第二次世界大戦を経て現在に至るまで、教皇はカトリック世界の代表者であり、国際政治の場においても大きな影響力を有する存在でありつづけている。一般に高齢で就任することの多い教皇たちは、その天寿が尽きれば新たにコンクラーヴェ（教皇選挙）が行われて、世界の注目のなかで次代へとその責務を受け継いでいく。別の観点から見れば、教皇は古くから有する宗教に根差した普遍的性格を、現在遺憾なく発揮しているという状態にあるといえるだろう。これはヨハネス・パウルス二世など二〇世紀以降の何名もの教皇たちが列福、そして列聖されつつあることにも示されているように思われる。またイタリア社会に目を転じれば、若者の信仰離れが進んでいるとはいえ、いまもなおカトリックに人生の指針を見出し、生活の慰めとし、信頼に足る機関として捉えている人は多い。イタリアを旅する途次、ふと教会に立ち寄れば、静かに跪き祈りを捧げる市民に遭遇することもあるだろう。イタリア史のなかで教皇とカトリック教会が果たした役割は大きく、その証左はいまなお現代イタリアのなかに見出すことができるのである。

（藤崎　衛）

参考文献

R・クラウトハイマー著、中山典夫訳『ローマ――ある都市の肖像三一二～一三〇八年』中央公論美術出版、二〇一三年。

F・シオヴァロ、G・ベシエール著、鈴木宣明監修『ローマ教皇――キリストの代理者・二千年の系譜』創元社、一九九七年。

上智大学中世思想研究所訳・監修『キリスト教史』全一一巻、平凡社、一九九六～九七年。

高柳俊一・松本宣郎編『宗教改革以降』（キリスト教の歴史〈二〉）山川出版社、二〇〇九年。

N・タナー著、野谷啓二訳『新カトリック教会小史』教文館、二〇一三年。

G・バラクロウ著、藤崎衛訳『中世教皇史』八坂書房、二〇一二年。

半田元夫・今野國雄『宗教改革以前』（キリスト教史〈一〉）山川出版社、一九七七年。

半田元夫・今野國雄『宗教改革以後』（キリスト教史〈二〉）山川出版社、一九七七年。

藤崎衛『中世教皇庁の成立と展開』八坂書房、二〇一三年。

松本佐保『バチカン近現代史――ローマ教皇たちの「近代」との格闘』中央公論新社、二〇一三年。

松本宣郎編『初期キリスト教～宗教改革』（キリスト教の歴史〈一〉）山川出版社、二〇〇九年。

歴史の扉 6

聖年の誕生

サン・ピエトロ大聖堂には五つの扉があるが、そのうちの一つ、正面に向かって最も右端にある小さな扉は「聖年の扉」とされる特別なものである。この扉は二五年に一度と定められた聖なる年に、教皇自らの手によってローマ巡礼に訪れた多数の人びとへ贖宥――罪の償いの免除――を与えるために開かれる。しかしそれ以外の時期はかたく閉ざされたままである。現在の扉は一九四九年、教皇ピウス一二世（在位一九三九～五八年）によって設置された。彼が聖座にあった時代、世界は第二次世界大戦を経験し、厳しい冷戦の時代を迎えていた。ヴァティカンもまたその激動と無縁でなく、聖書の逸話に基づいた立派なブロンズの右下に聖年を祝うピウス一二世の姿が浮き彫られていることは、現代社会における教皇のグローバルな役割と聖なる使命との両側面を示唆しているようにも感じられる。

それでは、この「聖年」が史上最初に祝われたのはいつのことであったのか。

紀元一〇〇〇年だろうか。キリスト生誕から数えて大きな節目にあたるこのとき、年代記作者ラウル・グラベールがのちにロマネスクと呼ばれる新時代の到来を目撃したように、確かにヨーロッパは転換期を迎えていた。またこの時期にはローマ、サンティアゴ・デ・コンポステーラ、エルサレムへの巡礼路が整えられ、人びとの宗教熱も高揚していた。しかし「聖年」に言及した史料は存在していない。初めて「聖年」が制定されたのは、それから実に三世紀を経た一三〇〇年、教皇ボニファティウス八世（在位一二九四～一三〇三年）の時代である。

その年の元日にはまだ、教皇から積極的に聖年が語られることはなく、ペトロの墓への訪問が贖宥になるという噂によって集まった群衆が、サン・ピエトロ大聖堂の祭壇に大挙して押し寄せるのみだった。この奇怪な現象について明確な説明ができる者がいないままローマを訪れる信者は増大し、この聖堂が蔵する「ヴェロニカ」の名で知られたキリストの聖顔布が顕示されるに至って、熱狂はますます激しくなった。一二世紀以降の教皇がしばしばそうであったように、法学者としての顔を持っていたボニファティウスは枢機卿団と慎重に協議し、また、民衆の間で流布している噂や今回のローマ巡礼をめぐる雰囲気を考慮したうえで、二月二二日、聖ペトロの使徒座の祝日に大勅書を発布して以下のように述べた。

「古の人びとの信頼に足る記録によれば、ローマにある使徒たちのかしらの誉れ高き大聖堂に参詣する者には、罪に対する大いなる赦免と免償が与えられる。したがって私は……使徒的権威によって、このような赦免と免償がことごとく正当で好ましいものであると確認し、認可する。……恭しくこれらの大聖堂に参拝し、真に悔悛し、告解するすべての者に……今年および以後百年ごとに……その者のあらゆる罪の完全な赦しを認める。」（大勅書『アンティクオールム・ハベト・フィダ・レラティオ』）

この布告はその後、ボニファティウスの政敵であったコロンナ家やアラゴン、シチリアの反教皇勢力など、赦免から除外される対象を付記した回勅となり、ヨーロッパ全土に普及した。俗語版も流布したようである。直後、ローマへの巡礼者が殺到する事態となったのは当然のなりゆきで、その人数、規模、賑わいについては多くの年代記が触れているとおりである。

たとえば『新年代記』の作者として知られるフィレンツェの商人ジョヴァンニ・ヴィッラーニによれば、「遠くのさまざまな国の男も女も、また遠くの者も近くの者も、当時来ていた大部分のキリスト教徒は、かの巡礼を行った」と記し、彼ら巡礼者の「寄進によって、多くの宝物が教会において増大した」と述べている。さらに「私は聖なる都市ローマの巡礼のなかにいて、ローマの偉大で旧き事物を見た」と、礼拝だけでなく観光を通じ、都市ローマの歴史を感じる機会を得た。ここには、現在の我々とも相通ずる思いがあるだろう。こうしてローマ市内は足の踏み場もないほど老若男女の群れで充満した。その実数を測ることは不可能だが、イタリア北辺のアオスタからローマを目指した荷駄の数は、通常の一〇倍にのぼったという試算もあり、来訪者の数は当時数万程度であったローマの居住人口をはるかに上回っていたことは間違いない。

巡礼から得られる収入をボニファティウスが期待した、という見方は当然ある。聖職者が率先して賽銭をかき集めていたという記録もあるが、他方、人びとの受け入れに追われたローマが都市整備や饗応に資産を費やさなければならなかったことを考えると、それだけが聖年実行の目的ではなかったと考えられる。むしろ、使徒ペトロにつながるローマを基盤とし、民衆の思いを取り込みながら、教皇自らの強大な権力を誇示し、主張しようとした試みだったといえるだろう。聖年は、教皇庁がローヌ川沿いのアヴィニヨンへ長期の移転を余儀なくされた時代、クレメンス六世（在位一三四二～五二年）によって二五年に一度と再規定されたが、ここにも低下した教皇権威を回復しようという意図が読み取れるのではないだろうか。

（藤崎　衛）

第7章

イタリアの都市社会

1　都市のイタリア

都市に生きるということ

都市で暮らし、都市の一員として行動することは、今日のイタリア人のアイデンティティの一部をなしている。それを感じたのは、あるイタリアの友人と市バスについて話していたときのことだ。フィレンツェに来て間もない私は、降車時に運賃を支払うのではなく、あらかじめ切符を購入し、乗車時にそれを刻印機に差し込むことで運賃を支払う方式に驚いていた。それでは無賃乗車が横行するではないか。この疑問を友人に投げかけると、彼はいつも切符を買っていると言い、その理由の一つとして、フィレンツェという自分の住む街への貢献や参加を挙げた。これは私には考えもよらないことであった。私は日本にいるときにも、自分の住む街に対してそうした意識を恥ずかしながら持ち合わせていなかった。そういえばこの友人は、近所の小さな商店でよく買い物をする。行きつけの店がいくつかあり、価格が少し高くてもそこへ向かう。イタリアには地元に根差した小さな商店が多くあるが、それは彼のような客の存在によるものなのであろう。

街の一員としてそこで生き、そこに参加しているという感覚、これはイタリアの人びとの多くが持っているものではないか。それゆえイタリアの人びとを深く理解するためには、彼ら彼女らと都市との関係性について、とくにその歴史的な成り立ちについて目を向ける必要がありそうである。本章では、イタリアの人びとと都市との結びつきを決定的にした中世の時代を取り上げる。中世は、皇帝でも、王でも、領主でもなく、都市に住む人びとが自らの手で自らの街を治めた時代であった。

都市の国イタリア

中世イタリア都市の多くは、古代ローマの都市（キヴィタス）に起源を持つ。古代ローマにおいて都市は、領域内での行政、経済、社会の中心地として繁栄した。ローマ帝国の崩壊は、そうした都市の中心性を一時的に危うくしたが、中世初期にも司教座が置かれていたことから、都市は信仰や地域行政の拠点として一定の存在感を放ちつづけていた。一一、一二世紀、人口増加と経済活動の拡大は、都市のその後の運命を大きく方向づけた。そう在地経済の活性化や東方との遠隔地交易の隆盛により、イタリア都市は多くの人、モノ、富を引きつけた。そうしたなか、ローマ起源の都市だけでなく、地域の拠点や新たに建設された集落も活気づき、大小さまざまな都市が雨後の筍のごとく現れていった。中世のヨーロッパには人口八万人以上の巨大都市は六つあったが、そのうちロンドンとパリを除くミラノ、フィレンツェ、ヴェネツィア、ジェノヴァがイタリアにあった。そして人口四万人から八万人の比較的大きな都市、人口二万人から四万人の中都市、人口一万人から二万人の小都市、そして人口一万人未満の都市的集落が、イタリア半島に無数にひしめき合っていた。イタリアは、まさに都市の国であった。

経済が発展し人が集まりともに暮らすようになると、人びとの共同生活を秩序づける存在が必要になる。イタリアでは、ドイツやフランスのように皇帝や王といった外部の上位権力ではなく、都市住民がつくった自治組織が都市とその周辺農村を事実上支配した。以前は司教や辺境伯が都市領主として都市を統治していたが、商工業が発展する一一、一二世紀になると、都市住民の組織がそれに取って代わった。誓約に基づいて相互に結びついた都市住民は、コムーネと呼ばれるその自治組織を通して自ら都市を統治し始めたのである。一三世紀半ば頃には、これまでの貴族だけでなく、商工業に携わる住民も市政に参加する機会を得た。こうした住民の自治は、一四世紀以降、一人の指導者が権力を握るシニョリーア体制が各地で現れ、その下で複数の都市を包含する領域国家が形成されていく過程で徐々に弱まっていく。とはいえ中世の自治都市の下で積み重ねられた、市民による都市共同体への参加の経験は、忘れがたい記憶となってイタリア社会に深く刻み込まれていく。

中世都市を見る目

イタリア中世都市はこれまでどのような視点から研究されてきたのであろうか。伝統的にヨーロッパの中世都市は、近代市民社会や資本主義の萌芽として捉えられてきた。商人を中心とする市民が「自由と自治」を享受していた中世都市は、封建的世界に浮かぶ「自由」の島と見なされてきた。そこではアルプス以北の都市がその典型例とされ、支配層に農村に所領を持つ封建貴族が加わっていたイタリア都市は、不完全な類型としてのみ位置づけられる。

こうした「近代化」の萌芽を探る問題意識から解放された近年の研究では、都市のさまざまな側面に光が当てられるようになっている。一部の傑出した人物やエリートの歴史ではなく、名もなき民衆が紡ぎ出す歴史に目を向ける社会史の潮流のなかで、都市に生きる人びとの日常生活や心性が次々と明らかにされていった。とくに都市住民が多くの記録を残したイタリアでは、都市の市民生活や家族の形態、社会集団の活動など、都市社会内部に分け入った研究がなされるようになった。以下ではこうした都市社会史研究の成果を受け、都市に暮らす人びとの目線で都市社会を検討する。そうするなかで、中世に築かれ今日のイタリア社会の基礎にある、都市とそこで暮らす人びととの関係性の成り立ちについて考察していきたい。

2　都市で暮らす

飢饉から見る都市と農村

中世の都市での生活を想像してみよう。まず生きていくために必要なものは食べ物である。ヨーロッパ中世の食生活の中心はパンであった。上層市民は肉を、中下層の市民は野菜や豆をおかずとしてよく食べたが、やはり主食はパンであった。パンといっても、小麦に対する大麦やキビ、アワなどの雑穀の混入比率に応じて、白色から茶褐色まで色とりどりであった。商工業で潤っていた当時のフィレンツェ人は小麦のみで作る高価な白いパンを好んだ。通常の年なら、一介のレンガ工でも、ほぼ毎日、白いパンで胃を膨らますことができた。しかし常にそうであったとは限らない。一四世紀のフィレンツェの穀物商人が書き残した小麦価格を見ていくと、いくつかの年で価格が急激に上昇していることがわかる。たとえば一三三九年一一月にスタイオ当たり二〇ソルディであった小麦が、その半年後にはスタイオ当たり五〇ソルディと、二・五倍に跳ね上がっている。小麦以外の大麦やキビなどの雑穀、ソラマメや栗なども同様の推移を示している。飢饉である（図7-1）。

一四世紀は飢饉の世紀であった。一三世紀までのイタリアでは、農地が拡大し、穀物の作付面積が広がるなかで、人びとの食生活は質と量の双方において改善していた。しかし一三世紀末以降、さまざまな要因が絡まり合

図7－1　『穀物商人の書』の挿絵に描かれた飢饉のフィレンツェ市場（フィレンツェ，ラウレンツィアーナ図書館蔵）

って、各地で食糧が不足するようになる。年代記では、一三世紀末からの一〇〇年間に一八回も、悪天候、凶作、食糧不足、穀物価格の高騰、飢え、疾病、多くの死者といった飢饉の現象が言及されている。年代記作者ジョヴァンニ・ヴィッラーニは一三四七年の飢饉について、「一三四六年の四月から六月まで長雨が続き、多くの被害が出た……そしてこの時、食糧はほとんど見られず……小麦は一スタイオ三〇ソルディにまで跳ね上がり、さらに一三四七年の収穫前には一フィオリーニ（約六三ソルディ）にまで上昇した」とし、「価格高騰と飢えに続いて、フィレンツェやその農村部で疾病が見られ、多くの死者が貧者に、とくに女性と子供に出て……一三四七年までに死者は四〇〇〇人に上った」と記している。一四世紀前半の度重なる飢饉は人びとを疲弊させ、慢性的な栄養不足をもたらした。こうしたなかで黒海沿岸から海路でもたらされたペストは、一三四八年にフィレンツェやイタリア中に瞬く間に広がり、人口の四分の一から三分の一を奪っていった。

　ただしすべての人が同様に飢えに苦しんでいたわけではない。フィレンツェの隣町のプラートに当時の食糧備蓄調査の記録が残されている。これを分析すると、わずか八パーセントの裕福な家族がプラート領域内の約半数の穀物を保有していた一方で、七割の家族がほとんど備蓄を持っていなかったことがわかる。こうした状況下での穀物価格の高騰は、富裕層に穀物を高値で売却するチャンスを与え、下層の人びとを危機に陥れるものであった。

ただ都市で何らかの職を得ている者は、飢饉を生き延びることは計算上は不可能ではなかった。フィレンツェの食糧価格と賃金との関係を調査した研究によれば、独身の四割の賃金労働者は飢饉のときでも通常通りの食生活を送ることができ、他の者も雑穀を混ぜた茶色のパンを主食とすれば飢饉を乗り切ることができた。また家族がある場合（大人二人と子供二人）でも、約一割のもっとも低賃金の労働者を除けば、茶色のパンを主食としたり、食費以外の予算を切り詰めたりすることでなんとかやりくりできた。

真の貧困と飢饉は都市ではなく農村にあった。前述のプラートの備蓄調査によると、都市に領域内の穀物の七割が集まっていた一方で、農村部には三割の穀物しかなく、そこに住む六割以上の家族が、次の収穫までに食糧が底を突く状況であった。都市と農村とのこうした格差の背景には、一二、一三世紀に都市へ移住した封建領主や農村の富裕層が、商工業で得た富を農村の土地に投資し、土地を買い占めていった事情がある。このなかで多くの農民は土地を失い小作人または農業労働者へと転落していった。食糧備蓄のない農民たちは、都市の労働者のように安定した賃金を得ることができなかったため、きわめて危険な状況に置かれていたのである。ヴィッラーニは「農村の家族の多くは農場を放り出し、飢えのために盗みを行い、多くの者がフィレンツェに乞食として現れた」と伝えている。

彼らが都市へやって来るのはそこにパンがあったからである。備蓄調査を行い、周辺農村だけでなく遠く海の向こうからも穀物を輸入していた都市当局たるコムーネは、飢饉時には公定価格を設定したり、穀物を安い価格で市場に投入したりして、都市での穀物価格を安定させる政策をとっていた。またコムーネは、施療院や兄弟会などの団体とともに、パンの配給（または安価での販売）も行っていた。ヴィッラーニは「それ（パン）は朝の鐘の合図とともに配られ、教会や穀物倉庫の前で、そして農村住民に向けては門の外で配られた……一人あたり四デナーリのパンが二つまで……一三四七年の四月半ばには一日で九万四千人に配られた」と伝えている。市民を養うだけの土地を内部に持たない都市は、長年、市民の生命を維持するために食糧問題に取り組んできた。一四世紀における都市の相対的な食糧供給力の高さはその成果であった。ただその豊かな都市生活は、農村を抜きにしては、そしてその犠牲なしには成り立たないものでもあった。

繋がりのなかを生きる――帰属意識と紐帯

中世の都市に生きる人びとは、繋がりのなかを生きていた。彼らは、家族に、親族に、地区に、職業団体に、宗教団体に、そして都市全体に帰属し、参加することでよく生きようとしていた。

中世の家族といえば、数世代の家族が同居する大家族（拡大世帯）を想像しがちであるが、実際には、夫婦とその未婚の子供からなる核家族（単純世帯）が都市では主流であった。一四二七年の課税調査によれば、フィレンツェでは一世帯の平均人数は三・八人であり、約六割の世帯は核家族であった。各世帯においては、最長老の男性が家父長として子供への絶対的な権限を握っていた。子供は財産への権利が制限され、家父長の同意なしに契約や遺言を行うことは許されなかった。女性も同様で、原則的には生家や嫁ぎ先の相続権から除外されるなど、法的に不利な立場に置かれていた。とはいえ、妻が夫の許可なく財産を譲渡する事例や、夫の遺言により財産の一部を引き継ぐ事例、寡婦となった女性が亡き夫の家族を相手取って、結婚時に持ち込んだ財産（嫁資）の返還を求めて裁判で争う事例があるなど、女性が都市社会において一定の存在感を発揮していたこともまた事実である。

個別の世帯を超える親族の繋がりは、とくに上層市民にとって重要であった。一一、一二世紀に都市の貴族は、血縁で結びついた親族集団とその庇護者からなるコンソルテリア（またはドムス、カサート）と呼ばれる集団を形成していた。彼らは一族の象徴たる塔と開廊を中心に集まって住み、同じ祖先から発しているという意識や共通の政治的利害により強く結束していた。都市の秩序模様は多数のコンソルテリアのためにモザイク状となっていた。ルッカの条例では、コンソルテリア内のメンバー同士の争いは都市の裁判ではなく仲裁によって解決されるべしとあり、コンソルテリアが独自の秩序空間を形成していたことがわかる。しかし一三世紀半ば以降、貴族の社会的、政治的基盤として機能していたコンソルテリアはしだいに解体されていく。その背景には、商工業で経済的に力をつけてきた非貴族層が政治的にも台頭し、貴族の集団的な行動様式を禁止する政策をとっていったことがあった。

コンソルテリアによる繋がりが失われても、近隣に住む人びとの間での隣人関係は、重要な結びつきでありつづけた。一四世紀のフィレンツェでは、都市は四つの地区（クアルティエーレ）に分けられ、各地区は四つの旗区（ゴンファローネ）から構成され、さらに各旗区の下には複数の教区が置かれていた。都市全体で六二を数えるミクロな空間であった教区は、井戸の利用などを通して濃密な人間関係が築かれる場であり、さまざまな相互扶助が期待される地縁的な共同体であった。また地域内部の安全は、地域メンバーで構成される自警団によって担われていた。こうした地区が一つの団結の単位となっていたことは、今もシエナの街を活気づけるパリオ（競馬）の祭りに見ることができよう。中世には多くの都市で行われていたパリオでは、各地区（コントラーダ）を代表する馬が、地区の名誉を賭けて広場を駆けぬけ、住民はそれに熱狂していた。こうしたなかで都市の人びとは地区の一員としての意識を高めていったことであろう。

職業を通じた繋がりも住民にとって欠かせないものであった。都市経済が発展し職業が分化していくにつれて、遠隔地商人から毛織物業者、大工、パン屋など大小さまざまな業種が、同職組合（アルテ）を結成し、同じ職業に従事する者たちを結びつけていた。アルテは生産と販売を規制し、メンバーの利害を守ることを主な役割としていたが、それとともに仲間の葬儀や困窮したメンバーの救済などの相互扶助も行い、経済的に不安定な状況にあった中下層の人びとに必要な保証を提供していた。また、平民層の政治的発言力が強まっていた一三世紀には、アルテは地区とともに政治生活の基礎単位として機能することにもなった。

キリスト教が人びとの間に広く浸透していた中世では、信仰を通じた繋がりも、都市における社会的結合の一つであった。なかでも一二世紀末以降、特定の守護聖人への帰依を目的として次々と結成された兄弟会は、祭礼や祈禱などの宗教活動だけでなく、メンバーの葬儀や遺族への援助などの霊的、物的な相互扶助、さらには外部の貧者や孤児、病者への慈善活動も行っていた。兄弟会は、主に地縁的な繋がりを基に組織されていたため、そこには女性も含むさまざまな階層の都市住民が対等の立場で参加していた。それゆえ兄弟会は、血縁や身分、職業を超えた市民間での繋がりを都市のあちこちでつくり上げていた。

中世の都市社会において人びとは繋がりを求め、さまざまな社会集団に帰属していた。家や地区、アルテ、兄弟会への彼らの重層的な帰属は、最後の一つ、すなわち都市全体への帰属によって完結する。この帰属意識は、都市間の戦争という外的な要因によっても高揚したが、都市をあげた祝祭という内部からの動きによっても高まりを見せた。各都市で守護聖人の日に行われる祝祭では、そのクライマックスに、プロセッション（宗教行列）が行われた。家や商店など街全体が飾り立てられるなか、市民たちは街を練り歩いた。宗教行列では、聖職者やコムーネの指導層につづいて、同職組合や兄弟会、地区ごとに、列が作られた。これは都市全体への帰属と各社会集団への帰属とが互いに矛盾するものではなく、相互に連関しあいながら強化されるものであったことを示している。人びとは非日常的な祝祭に参加するなかで、個々の社会集団の一員であるとともに、都市共同体の一員であることを再確認したことであろう。

暴力と平和

中世都市は、暴力に満ち溢れていた。若者同士の小さな喧嘩から、家族間での抗争、民衆による大規模な蜂起まで、大小さまざまな暴力がそこにはあった。人びとは、そこから逃れるだけではなく、時にはそこに巻き込まれ、参加しながら都市社会を生き抜いていた。

一三七八年にフィレンツェの下層毛織物労働者が起こしたチョンピの乱に代表されるように中世末期のヨーロッパでは各都市で民衆による反乱が相次いだ。民衆蜂起は、都市における階層間の格差や上層民による下層民への抑圧、特権階層に対して連帯して行動を起こせるまでになった下層民の姿など多くのことを指し示している。しかし中世都市における暴力は、階層間でのみ行われていたわけではない。家族間での争いから、それを少し広げた親族集団間での争い、親族集団に庇護者などを加えたコンソルテリア同士の争い、さらにそれらが同盟を結び、時には教皇派（グェルフィ）と皇帝派（ギベッリーニ）など特定の理念の下に集う党派同士の争いに至るまで、さまざまなレベルの集団間の暴力が、都市社会の日常を彩っていた。

シェイクスピアの『ロミオとジュリエット』は、後代に書かれたフィクションとはいえ、その舞台である中世後期のヴェローナにおける、「家」同士の争いをよく映し出している。物語の主題は男女の恋愛であるが、その状況設定としての、モンタギュー家とキャプレット家との一族郎党を巻き込んだ敵対関係、血気盛んな男同士の衝突、やられたらやり返す復讐の慣行、復讐を禁じようとする統治者、婚姻を通した和解の模索、聖職者による仲立ちなどは、当時の紛争においてよく見られる光景である。こうした暴力は、後に一部の平民層に広がっていったが、基本的には貴族の行動様式と深く結びついたものであった。騎士階層である彼ら貴族にとって、名誉や社会的な威信はもっとも重要な部分であり、それは武装し戦うことができる能力と密接に関係していた。彼らは一族内の結束によって強く結びついており、仲間への攻撃を集団の名誉への攻撃と見なし、それを放置することによる社会的失墜を恐れた。復讐は、傷つけられた名誉を回復し、都市社会における集団の社会的生存を保証するために必要で合理的な行為であった。そしてこの日常的に繰り返される抗争は、集団内での結束、集団への帰属意識をさらに高めるものでもあった。

中世の抗争はどちらか一方が壊滅するまで果てしなくつづけられるものではなく、いずれ訪れる和解のときを念頭に進められていた。紛争と平和は表裏一体の関係にあり、暴力的な争いの背後では常に和解に向けた交渉や駆け引きが行われていた。そしていったん和解が結ばれると、これまでいがみ合っていた集団同士は同盟関係を結び、結束して新たな敵に立ち向かった。紛争とその解決は、既存の集団内での結束を高めるだけでなく、他の集団との新たな社会関係を構築する契機でもあり、集団を基礎単位として活動する社会に必要不可欠なものであった。

紛争当事者にはさまざまな和解の方法が用意されていた。その一つとして説教師などの宗教者が、敵対する家族や党派の間に入り、和解を促す活動があった。当時イタリアではフランチェスコ会やドミニコ会の托鉢修道士が各都市を遍歴し、市民に説教を行っていた。説教のテーマは、商業倫理や夫婦生活、贅沢と倹約など多岐にわたったが、その一つに平和があった。一五世紀のシエナでは、ベルナルディーノ・ダ・シエナが、カンポ広場で多くの聴衆を前に党派争いの醜さを説き、復讐の連鎖を断ち切って和解するよう促している。他方、ペルージャでは一二六〇年に終末論が広まるなか、自らを鞭で打ちながら行進し、魂の救済を求める鞭打ち苦行団の宗教運動が起こったが、それが行われた数日間には、多くの敵対する家々が贖罪の心から和解を結んでいった。説教や宗教行列が作り出す独特の宗教的雰囲気は、和解の糸口を探りながら争う者たちに、平和への絶好の機会を提供するものであった。

宗教的な平和運動の背後で、都市当局たるコムーネもそれを後押ししていた。ベルナルディーノを招き入れたのはシエナのコムーネであったし、鞭打ち苦行団に宗教行列の許可を与えたのもペルージャのコムーネであった。ペルージャでは、コムーネは修道士の前で執り行われた和解の強化を試みている。通常は正式な文書を通した和解のみが法的保護の対象であったが、このときに限っては、修道士の前で交わされた無数の口頭の和解がコムーネによって保護の対象とされた。そして和解を拒否した者、後に和解を破棄した者に対しては、多額の罰金や財産の没収、追放という厳しい刑罰が科せられた。

コムーネは次に見るように、一三世紀後半以降、都市の平和の守護者として確立し、平和を乱す行いに対して、死刑も含めた厳しい態度をとるようになった。こうしたコムーネの下での平和とは、見方を変えれば、コムーネに逆らう者への刑罰という点で、都市社会に新たなタイプの暴力が加わったことを意味しているとも言える。一族や党派同士の抗争という暴力に、コムーネによる公的な「暴力」が新たに加わったのである。

3　都市に参加する

都市社会とコムーネ

中世の都市社会における日常を見ていくと、あらゆる場面でコムーネと呼ばれる都市当局が顔を出していることに気づく。コムーネは橋や道路を整備し、そこを通って運び入れられる穀物を備蓄し、市場での穀物価格を安定させ、貧者にパンを配給していた。また、宗教的な祝祭を催し、宗教行列には代表者を参列させていた。さらに宗教的な雰囲気のなかで交わされる平和を保護し、都市の治安維持に取り組んでいた。

この時期のコムーネは、都市景観の整備にも積極的に関わり、今日に残る中世都市の街並みを作り上げてもいた。公的行事や宗教的催しが開かれる中央広場や、広場に面してそびえ立つ市庁舎、市庁舎と大聖堂など主要な

図7－2　シエナの市庁舎，カンポ広場，ドゥオーモ
出典：Google earth.

場を結ぶ大通りは、それぞれコムーネが公共空間として整備したものであった（図7－2）。また、個人の家屋に関しても、コムーネは美しさや通行の便という観点から、壁をレンガや石で作るよう、また道路にせり出さないよう指示していた。

こうした公共的な政策を進めるコムーネとはいったい何者なのか。「コムーネ」という用語は本来、「皆の」「共通の」という形容詞であったが、一二世紀初頭に名詞として使われるようになった。同時代人や我々が「コムーネ」という用語を使うとき、文脈に応じて三つの意味が想定されていると思われる。一つは、都市自治政府や都市当局と言い換えられるものであり、上記の公共政策を主導するコムーネは、まさにこの権力機構としてのコムーネを意味している。二つ目は、都市や都市共同体といった用語で置き換え可能なもので、全市民を包含するある意味想像上の「共同体」としてのコムーネがある。コムーネの繁栄、コムーネ間の戦争と言う場合、この都市共同体全体を意味するコムーネが想定されている。三つ目は、市民の集団統治体制、共和体制という特徴に力点を置いた使用法であり、シニョリーア体制と対置される形でコムーネ体制と言うとき、この意味が想定されている。

都市共同体としてのコムーネが、市民の集団によって統治されるという点から見れば、コムーネは一一世紀末から一二世紀にはすでに完成していたと言える。一二世紀半ばに皇帝フリードリヒ一世のイタリア遠征に随行したフライジングの司教オットーは、イタリアが都市により区分されており、都市は皇帝や君主などの上位の支配者によってではなく、市民の代表者たるコンソリによって統治されていたと語っている。しかし、以下で検討していくように都市社会を秩序づける権力機構としてのコムーネに関して言えば、その確立はもう少し後になってからのことである。もちろん都市を統治する権力は、司教や辺境伯の統治下でも、成立期コムーネのコンソリの統治下でも存在したが、それは一三世紀以降のものと大きく異なる。一三世紀以降のコムーネは、制度的現実の面でも理念的表象の面でも、都市共同体を名実ともに代表する公的な権力としての性格を強めていったのである。そこには全住民によって構成される想像上の「共同体」を、現実空間において代表し、それゆえにこそ構成員たる全住民に拘束力ある命令を正当に下すという、公権力の原理を備えたコムーネがある。コムーネはいかにしてこうした存在へと変わっていったのであろうか。

公権力としてのコムーネの生成

コムーネが都市社会を統治する公権力へと変わっていく一三世紀はどのような時代であったのか。まず挙げられるのは社会と経済の変化である。一二、一三世紀に急激にペースを速めた人口の増加は、貨幣経済や都市経済の発展をもたらし、社会を大きく変容させた。経済が発展し社会組織が複雑化するにつれ、それまでにはなかった多くの住民間のいざこざや、公共的な問題——食糧供給や都市環境など——が発生してくる。このなかでコムーネの活動は増加した。たとえば市民間での金銭や土地の貸し借りの急激な増加にともなって、コムーネは私人間での契約を保証する制度、すなわち契約違反者に罰則を加え、損害を受けた側へ賠償させる司法制度を整備していった。最初期の事例として、リグーリア州の小都市サヴォーナでは、一二〇四年に、民事的な事案で約一〇〇件の訴えがコムーネの法廷に寄せられている。コムーネが対処する問題の増加は、コンソリがすべてを管轄する一二世紀のシンプルな体制から、各分野で専門の役人や委員会を置く複雑で組織的な体制へと変化を促した。

一三世紀は政治的にも大きな変化のある時期であった。それは貴族層が主導するコンソリ制から、外部から統治の専門家（ポデスタ）を招き彼に権限を委託するポデスタ制へ、さらには商工業で財をなした平民層（ポポロ）が政治的実権を握るポポロ制へと移行する時期であった。各都市からポデスタとして招かれたのは、ローマ法など高度な知識を備え、優れた統治技術を有する人物で、彼らには裁判、行政、軍事などの幅広い権限が与えられた。裁判官であり最高行政官でもあるポデスタは、領域内での抗争にコムーネの名で割って入り、仲裁を行い、締結された平和を保証した。ポデスタのこうした活動とともに、コムーネは都市共同体の平和の保護者としての性格を強めていった。

一三世紀前半のポデスタ期には行政改革も進められた。それがはっきり見られるのは文書行政の分野においてである。ピエモンテ州の都市ヴェルチェッリでは、一二二〇年代にミラノ出身のポデスタの下で、評議会での議事、裁判、課税調査、都市の財政収支、追放者の情報などを記録することが定められ、役人は記録しながら職務を遂行することが義務づけられた。ポデスタを含むコムーネの役人は、任期終了後にその記録に基づいて職務監査を受けるようになった。こうした行政の記録化により、コムーネの統治活動は、自由で恣意的な運用が起こりうるものから、法に基づいて厳正になされるものへと性格を変えていった。また公的業務の記録化は、コムーネに市民の情報を集め、社会をコントロールする手段を与えた。コムーネは課税調査によって住民の名前や資産額を把握し、また命令に背いた者たちをコムーネの反乱者として記録するようになった。

このようなポデスタ期の行政改革の背後には、同時期に商工業を通して台頭した平民層の要請があった。平民層は街区やアルテを権力基盤として徐々に発言力を増し、一三世紀半ば以降には、多くの都市でポデスタに代わって政治的実権を握るようになった。彼らが進める政策は、ポデスタ期に始められたものをさらに推し進めるものであり、都市行政の公正さや厳正さを高め、公的機関としてのコムーネの性格を一層強めるものであった。

ポポロ期の政策の特徴として、平和や公（publicum）の概念の多用が挙げられる。平民層の政権は、公共の利益や公共の平和を統治理念の中心に据えていた。一三世紀末の各都市では、フィレンツェでの一二九三年の「正義の規定」のような反豪族立法が制定され、貴族の暴力的な振る舞いや威圧的な行動が、公共の平和を乱し、公を侵害するものとされ、取り締まりの対象となった。こうした反豪族立法は、政権を奪取した平民層が、貴族層の依拠する血統や武力に基づく支配の正当化原理を転換させ、公や平和の理念に基づく統治を浸透させようとするなかで制定されたものであった。それゆえこの時期の平和や公共の概念は、政治的色彩を帯びたものであった。しかしその下で行われた政策は結果として、コムーネを公の体現者として押し上げるものであった。コムーネの刑事裁判では、「悪事が罰せられないままにならないように」という標語の下、数々の悪事が公＝コムーネを侵害する犯罪として裁かれるようになっていった。

こうしてコムーネは一三世紀の過程で制度的にも理念的にも都市の公（＝都市共同体）を具現化した権力として確立し、都市社会で起こる公共の問題に対処するようになった。もちろん、コムーネの政策が実際にどれほど社会に影響を与えていたのか、コムーネを中心とする一元的秩序がどれほど貫徹していたのかという問題は別にある。コンソルテリアが解体され、旧来の貴族の影響力が弱められたとしても、親族や党派などの集団の枠組みは維持され、紛争などさまざまな社会問題に対して一定の役割を果たしていた。しかし、親族や党派とは次元の異なる、公の権力としてのコムーネがここに現れ、都市共同体を代表してさまざまな問題に公の立場から取り組むようになったことは、都市の歴史において一つの画期をなす出来事であったと言えよう。地域によって時期は前後するものの一四世紀には、一人のシニョーレが支配を築くシニョリーア制が各都市で見られるようになる。市民による自治、共和的体制という観点から見れば、ここでコムーネの時代は終わりを告げる。しかしシニョリーア制の時代においても、それ以前につくり上げられた都市社会を秩序づける公的な統治機構や公の理念は引き継がれていく。コムーネは形を変えて生きつづけていくとも言えるのである。

都市への「参加」

都市共同体を代表する公権力としてのコムーネを主導していたのは、一部の者たちであった。一一、一二世紀に市民が自治を獲得し、一三世紀には非貴族の平民層にも政治参加の機会が広がっていったとしても、そこに現代のような民主主義を見てはならない。女性や一定の居住歴のない移住者、アルテに参加できない下層の労働者、召使いらは、政治の場から排除され、政治に直接参加できたのは、都市人口のよくて二割程度であったという。また、たとえ評議会の議員になれたとしても、自由な討議がそこで保証されていたわけではなく、大商人ら平民上層が占める執政府の提案をただ承認するだけの役割しか与えられていなかったこともしばしばであった。

とはいえ政治的な発言権を持たない一般の住民たちとて、コムーネが下す命令にただ従うだけであったのでも、またコムーネの影響下から逃れ、彼らだけの空間に塞ぎ込んでいたのでもなかった。住民らは、彼ら彼女らなりのやり方で都市共同体に、そしてそれを代表するコムーネに関わりつづけていた。そしてさまざまな形での住民の「参加」が、コムーネが都市社会において存立するための不可欠の要素となっていた。次に見よう。

住民らはまず、自身の要求を嘆願という形でコムーネ政府に伝えていた。たとえば行政区画の変更や、衛生環境の改善、免税特権、有罪判決の消去（恩赦）、禁じられた取引の許可、聖母像の装飾など、さまざまな嘆願を手に執政府のメンバーのいる市庁舎に向かっていた。こうした嘆願は、その後、評議会の議決にかけられ、正式なコムーネの決定となったり、都市条例に盛り込まれたりした。シエナの市庁舎は中央広場であるカンポ広場に向かって建てられているが、それはコムーネが市民との対話に開かれた公共の権力であることを象徴的に示しているという。シエナの執政府は事実、毎週木曜日に民衆から嘆願を受けつけていた。日々押し寄せる住民からの訴えはコムーネの公共政策を動機づけていたのである。

住民はもめごとが生じたさいにも、コムーネに向かっている。暴力事案などの「悪事」に関する被害者の告訴や地区役人による告発がコムーネの法廷になされていたが、それ以上に当時のコムーネの法廷をにぎわせていたのは、負債や土地の権利など、私人間での民事的な争いであった。一四世紀に人口二万人ほどであった都市ルッカでは、年間一万件という驚くべき数の民事の訴えがコムーネの法廷に起こされていた。法廷に足を運んでいたのは、貴族から商人、靴屋、居酒屋主人、農民、日雇い労働者、寡婦、「貧者」を名乗る者まで多岐にわたった。彼ら彼女らは些細な額の事案でも、自分たちで解決するのではなく、公的な法廷に訴え、そこで争い解決しようとしていた。こうした市民からの頻繁な利用のなかで、コムーネは法整備を充実させ、またそれがより多くの住民を引きつけるようになっていたことが考えられる。

住民らは、外部からコムーネに働きかけるだけでなく、その内部に入り込みコムーネの手となり足となってその公的業務を支えていた。一三世紀半ばのシエナでは、徴税役人や計量役人、穀物や塩の販売の取締官、居酒屋の取締官、街路と建物の管理人、看守や刑執行人などありとあらゆるコムーネの仕事が市民によって担われていた。その総数は、当時の成年男性が約五〇〇〇人であったシエナで、八六〇にも上った。コムーネの仕事を任された者は、別の本職を持ちパートタイムで働くいわばアマチュアの役人であった。一四世紀になると徐々に財務管理などの重要な部門で専門の官僚役人が置かれるようになるが、そうした時期でも、コムーネの膨大な公的業務を末端で担っていたのは本職と掛け持ちで働く一般の住民であり、彼らの参加なくしては、都市は公共空間として保たれることはなかったであろう。

住民の参加は財政面でも重要であった。各都市は戦争や公共事業の増大にともない、収支のバランスに苦しんでいた。そのなかで市民が購入する公債は、直接税や間接税を超える大きな収入源となっていた。一五世紀前半のフィレンツェでは、都市の歳入の七割以上が公債によるものであった。公債には多様なものがあり、強制公債のように資産額に応じて割り当てられた額を強制的に購入させるものもあったが、他方、今日の公債のように市民がその利子を期待して自発的に購入するものもあった。ジェノヴァでは公債を嫁資として結婚時に夫の家に持ち込み、夫の死後、寡婦となる女性が生活費用をその配当で賄うことがしばしば行われた。市民が私的な利益を目論み公債を購入すればするほど、結果的に都市財政は安定する仕組みがつくりだされ、住民はそれに乗っかって都市に参加していた。

都市の人びとはこのように、都市共同体を代表するコムーネの活動に深く関わりそれを支えていた。コムーネは住民の生活に密着した身近な公権力であったといえよう。住民たちが都市共同体に貢献するという意識で行動していたかは不明である。自分たちの各々の利害を追求するなかで、自らの意向に沿った政策を促し、自らの権利を死守し、俸給や利子を得ることを目指して、公的生活に参加していたと考えるのが自然かもしれない。

コムーネの指導層らには、住民らの私利私欲を刺激しながら、彼ら彼女らを公的生活に引き込んでコムーネを下支えさせるような政策を打つことが求められていたのではないか。そしてもしそうした政策が行えず、反対に重税や住民の意向に反する抑圧的な政策を行えば、人びとは去っていくこともありうる。「悪政」は、都市共同体の資源たる住民たちを、近隣の他都市へ、親族や同郷人、職人仲間のいる他都市へ流出させてしまう。この恐れは、一四世紀半ばの黒死病以降の人口減少期には、とりわけ大きかったであろう。

《善政》と《悪政》

最後に、コムーネ内部の意思決定を牛耳る指導層に目を向けよう。シエナでは一般住民からの嘆願は、市庁舎の「平和の間」に集う執政府の九人のメンバーの下に届けられていた。主に有力商人から構成される都市の指導

図7－3　アンブロージョ・ロレンツェッティ《善政の寓意とその効果》の一部より作成（シエナ，市庁舎蔵）

者たちは、そこでどのような理念を持って、個々の政策を立案しコムーネを率いていたのか。これを考える上で興味深い史資料が、まさにその「平和の間」に残されている。アンブロージョ・ロレンツェッティが当時の執政府に依頼されて壁面に描いたフレスコ画《善政の寓意とその効果》、《悪政の寓意とその効果》（一三三八～三九年）である。この絵には、理想の統治のあり方とそれがもたらす効果、そしてその反対の悪しき統治とその結果が描かれている。コムーネを率いていた執政府のメンバーは当時、この部屋でこの絵を前にしてさまざまな議論を行い判断を下していた。

　中世都市の統治理念が描かれているとされる《善政の寓意》を見よう。中央やや右側にはある男性が大きく描かれている（図7－3）。彼は、その背後に記されたC・S・C・V（Commune Senarum Civitas Virginis 聖母マリアの都市シエナのコムーネ）の文字から、シエナのコムーネの擬人像であることがわかる。彼がシエナの紋章と同様の白と黒の衣装を着ているのもそのためである。このコムーネ像は紐を握っており、それは下方に居並ぶ二四人の市民へ、そして彼らの手を伝ってその左の「調和」の擬人像へ、そしてその上方に鎮座する「正義」の擬人像の天秤へと繋がっている。この場面について欄外の説明書きには、「この聖なる徳（正義）が支配する場所では、多くの（市民の）魂が一つに導かれ、そして集められた魂は、彼らの主として公共善をつくり上げる」と刻まれている。

ここからわかるのは、このコムーネ像は、市民の魂から構成される都市共同体としてのコムーネであり、それは同時に、何よりも正義に繋がれることで、理想の姿としての公共善と化しているということである。この都市共同体＝公共善の状態においてこそ、絵の中央に他の徳の擬人像とは異なる姿勢で描かれた「平和」が達成される。そしてこうした《善政》の下で、《善政の効果》に描かれた麗しき都市と農村の生活がもたらされるのである。この絵で掲げられている正義、調和、公共善、平和の理念は、コムーネ像（＝都市共同体）の現実世界における代理たる執政府のメンバーらが、実際に政治的な意思決定をするさいに少なからず影響を与えていたことであろう。

ロレンツェッティのフレスコ画は、当時の統治理念を我々に伝えるだけでなく、その実現が実際には難しく、この作品自体、危機意識のなかで生み出された産物であったことも示している。《善政の寓意》と対をなす《悪政の寓意》では、《善政の寓意》において都市共同体＝公共善の擬人像のいた場所に、頭に角の生えた悪魔のような僭主（tyrannides）が鎮座している（図7-4）。その周りには悪徳の擬人像が描かれ、足元には正義の擬人像が縛られて横たわっている。そして一列に紐を引いていた市民は、紐を持たずバラバラに立ち振る舞う悪党に取って代わっている。この場面について壁画の欄外には「（市民が）自らの善（bene proprio）を好んだがために、この地において、正義は僭主に屈服している」「正義が縛られている場所では、だれも公共善につなぎ合わされることはなく、まっすぐに紐を引くことはない。この状況は……恐ろしい悪徳を帯びた僭主をもたらす」と記されている。

図７－４　アンブロージョ・ロレンツェッティ《悪政の寓意とその効果》の一部より作成（シエナ，市庁舎蔵）

イタリア北部では一三世紀前半という早期から、イタリア中部でもいくつかの都市で一三世紀末から一四世紀前半にかけて、一人のシニョーレが実権を握るシニョリーア制が現れていた。ある見方では、共和政の維持を目指すシエナ政府とロレンツェッティはこの動きを警戒し、僭主とシニョーレを重ね合わせ、シニョリーア制に陥ることを警告するためにこの絵を描いたとされる。しかし別の見方もある。それはこの絵がどんな体制でも陥りうる僭主的な統治への警告と、公共善への理想を純粋に掲げた作品であるというものである。我々の眼から見れば、共和政とシニョリーア制とは対極に位置する政治体制であるが、同時代人の眼から見れば、両者の違いはそれほど大きくなく、それらは時と場合によって相互に置き換わりうるものであった。当時の人びとにとってより問題であったのは、統治の形態ではなく質であり、最大の関心事は正義や公共善に基づく統治がなされているかどうか、統治者の自己の善に基づく僭主的な統治になっていないかであった。言い換えればアリストテレスが示した三つの統治形態である、一人による支配でも、少数による支配でも、多数による支配でも、いずれも正義をなし公共善を達成することも、また反対に僭主的になることもありえたのである。

中世イタリア都市の現実政治は、指導層内部での党派争いが熾烈を極めていたことがしばしば指摘される。有力者らは自らの集団の善を常に気にかけ、公共善はついには実現しなかったと。または公共善として掲げられるものは、政権の座に就いた者たちが、その名のもとで敵対する集団を排除するために用いたイデオロギーであったと。こうした見方は、確かにこの時期のコムーネの一側面を照らしている。しかし、現実の執政府が日々対峙する問題の多くは、政治性の強い問題よりも、一般住民を相手にした公共的な問題――たとえば飢饉対策、都市環境の整備、私権の保護など――であった。そこでは、ある意味で都市共同体の一時的な代理人に過ぎない執政府のメンバーが、都市社会の抱える問題に住民からの訴えを受けつつ取り組み、いかなる対応が正義に適い、公共善をもたらすことになるのかに頭を悩ませている様子が垣間見られる。コムーネとは、ロレンツェッティのフレスコ画の統治理念に一定程度拘束された指導者たちに率いられた公権力であったのではないか。そうだからこそ一般の住民はそこに盛んに訴えを起こしていたのではないか。コムーネとは、指導層と一般の住民とが、正義に適う決定とは何かをともに考え、公共善へと近づこうとする、そうした一面も持った身近で開かれた権力体であったのではないか。

本章の冒頭で紹介したように、今日のイタリアの人びとはときに、自身が住む都市への強い帰属意識を垣間見せる。ここでは、イタリア人と都市とのそうした深い繋がりについて、それが形成された中世の時代に遡って検討した。その独特の関係は、ロレンツェッティのフレスコ画において、人びとの魂が一つに撚り合わさって公共善＝都市共同体をつくり出している情景に象徴的に表れている。そしてこの理念は現実世界においても、一般の住民らが、都市共同体を代表する権力機構たるコムーネへ、さまざまな形で訴え、働きかけ、参加している様子に見ることができる。飢饉やペスト、戦争、治安や秩序の乱れなど、都市社会に生きる人びとを待ち構えるさまざまな困難を、都市と一緒になって乗り越えていった人びとの経験、そうした経験は時代を超えて今にも息づいているように思われる。

中世の街並みが残るイタリアの都市。夕暮れどきになると、どこからともなく人が通りにあふれ出てくる。彼らは、家族や友人とおしゃべりをしながら、街の通りを行ったり来たり。視線を上げれば、そこには中世に建てられた市庁舎や大聖堂（ドゥオーモ）があり、少し歩けば大小の広場や狭い路地に行きあたる。イタリアの人びとは今も中世の都市に住み、そこで生活を送っている。そんな人びとと言葉を交わすとき、彼らの背負っている長い都市との付き合いの歴史を垣間見ることができるかもしれない。

（中谷　惣）

参考文献

池上俊一『公共善の彼方に――後期中世シエナの社会』名古屋大学出版会、二〇一四年。

D・ウェーリー著、森田鉄郎訳『イタリアの都市国家』平凡社、一九七一年。

亀長洋子『イタリアの中世都市』山川出版社、二〇一一年。

河原温『都市の創造力』（ヨーロッパの中世二）岩波書店、二〇〇九年。

木村容子「一五世紀イタリア都市における平和説教――ベルナルディーノ・ダ・フェルトレを中心に」『西洋史学』第二四五号、二〇一二年。

N・ゴンティエ著、藤田朋久・藤田なち子訳『中世都市と暴力』白水社、一九九九年。

清水廣一郎『イタリア中世の都市社会』岩波書店、一九九〇年。

中谷惣「中世イタリアの飢饉と農村――一四世紀トスカーナを中心に」『西洋史学』第二一六号、二〇〇四年。

David Herlihy and Christiane Klapisch-Zuber, *Tuscans and Their Families. A Study of the Florentine Catasto of 1427*, New Haven and London, 1985（原著一九七八年）.

歴史の扉 7

カルチョとイタリア都市

日曜の昼下がり、アパートの下の階からウォーッという叫び声とドンドンという壁や床を叩く音が聞こえる。地元のサッカークラブ、フィオレンティーナが得点したのである。試合が終わると下の階の親子は意気揚々と街へ繰り出していった。外には二人乗りのバイクが旗を振りながら疾走している。毎週のように見られる光景である。

スタジアムでは、独特の熱気が渦巻いている。試合前にはホームチームの応援歌を合唱し、試合中は審判や相手選手に対して大きなジェスチャーで抗議する。少し前には発煙筒の煙や耳をつんざく爆竹の音がスタジアムを彩っていた。客席を見渡すと、クルヴァ（ゴール裏）には血気盛んな若者が多く見られるが、他の席では子供連れの家族、孫を連れた老紳士の姿も見かける。とはいえ彼らもしばしば立ち上がり、監督のように審判に何やら叫んでいる。観客のボルテージはホームチームの得点シーンに最高潮に達する。皆が我を忘れて歓喜の声を上げる。対照的に失点のときには、何もなかったかのように静けさがスタジアムを覆う。ひいきのチームが勝てば皆、意気揚々と家路につく。心地よい週末の光景である。

サッカーはどこにでもあるが、カルチョはイタリアにしかないと言われる。イタリア語でファンやサポーターを意味するティフォージとは、熱狂的ひいきを意味するティーフォからきているが、まさに彼らは一つのチームにとことん愛情を傾け、心のチームを変えることは決してしない。彼らの多くが熱狂的にひいきするのは、地元のクラブである。もちろん小さな街で、ACミラン、インテル、ユヴェントスといったビッグクラブを応援する人も少なくない。しかし、彼らとて地元クラブの成績に一喜一憂しないわけではない。ローマやフィレンツェ、ナポリなどの都市では、市民の多くが地元クラブのティフォージであり、他のクラブのファンというのはきわめてまれという。

こうした地元クラブへの熱狂的な支持の背景には、イタリア人の地元愛の強さがある。国民国家への統合がほんの一五〇年ほど前であり、それ以前は都市国家が乱立し、互いに争う時代が長くつづいたというイタリアの歴史を考えれば、こうした地域主義、地元都市への帰属意識は理解できよう。地元への強い愛着が、それを代表するサッカークラブへの理屈では説明できない熱狂的ひいきをもたらしているのである。

イタリアという国を代表するサッカーイタリア代表への関心は、ワールドカップや欧州選手権の本戦など限られた場面でしか高まらない。たとえば先日フィレンツェのアルテミオ・フランキスタジアムで行われたイタリア代表とスロヴェニア代表との公式戦の観客数は約一万八〇〇〇人であったという。この数字の小ささは、同スタジアムの収容人数が四万七〇〇〇人、そのシーズンの地元フィオレンティーナがユヴェントスを迎えた試合で三万四〇〇〇人、最少観客数であったジェノア戦でも二万人であったことを考えるとはっきりする。空席の目立つスタジアムでこの日、イタリア代表は欧州選手権の本選出場を決めた。

イタリア人にとってカルチョとは、単なるスポーツではなく、地元や自らのプライドをかけた戦いである。同じ街の他の地区のチーム、あるいは隣町のチームと戦うダービーでは、スタジアムはまるで代理戦争が行われているかのような殺気に包まれる。観客はスポーツを観戦するというより、チームとともに戦うためにスタジアムにやってくる。「戦争」であるので、何より優先されるのは勝利である。正々堂々としたフェアプレーや、美しく華麗な攻撃サッカーもいいが、それで負けてしまえば元も子もない。重要なのは勝つことであり、多少退屈なプレーや汚いプレー、審判を欺くプレーも致し方ない。結果を重視するこうした環境のなかで、ときにカテナッチオ（かんぬき、鍵をかける）と称される組織的でディフェンシブなプレースタイルが育まれ、相手のスキを一瞬でつく優れた選手が生み出された。現地のサッカー評論では、スピードと技術を兼ね備えたある一流の選手に、カッティヴェーリア（たちの悪さ）を身につけたなら超一流になるだろう、という指摘をよく目にする。

ティフォージは試合に勝てば監督や選手に喝采を送るが、敗れれば打ちひしがれ、行き場のない怒りが監督や選手そして審判に向けられる。テレビ番組でリプレイを見ながら、審判の判定ミスを責め、そのせいで自分のチームが敗れたのだと言い聞かせる。審判が傷害事件や脅迫事件に巻き込まれたというニュースも聞く。しかしそれでもティフォージのショックは消えず、立ち直るためには次の週末を待たなければならない。イタリア人の口から、「カルチョはたかがスポーツだ」という言葉を聞くたびに、実際にはカルチョがスポーツの枠を超えた、人びとや街のプライドをかけた戦いなのだということに気づかされる。

ヨーロッパのサッカークラブは、有名選手の高額な売り買いに見られるように、グローバルなカネの論理によって支配されている。イタリアのクラブもその例外ではない。しかし、各クラブは地元からの支持、一人ひとりの熱い市民の支えによって成り立っている。ティフォージはスタジアムで、またクラブハウスの前で、街中で、声を上げる。クラブ側は、選手や監督の評価においてそうした声に耳を傾けざるをえない。カルチョは、都市に帰属する市民たちの文化なのである。

（中谷　惣）

第8章

イタリア・ルネサンス美術
──都市国家の芸術家たち

一五世紀フィレンツェを中心に開花したルネサンス美術は輝かしい功績を残した。ボッティチェッリやレオナルド・ダ・ヴィンチ、そしてミケランジェロなど数多くの偉大な芸術家が登場し、西洋美術の歴史に革新と栄光をもたらしたのである。しかし、それは芸術家たちの才能のみに帰されるものではない。

イタリア中部から北部にかけて群雄割拠していた自治都市国家体制とそれを作り上げた商人たちなくしては、ルネサンス美術は生まれなかったといえるだろう。都市国家内における過激な党派争いは、美術パトロンとしての競争もうながした。また、日々、現実の冷徹な分析と状況判断に迫られる立場にある商人たちは、美術においても因習的な価値観にとらわれることなく、自分自身の目で芸術家を評価した。市民全員が批評家になりえたのである。端から端まで簡単に歩くことのできる程度の都市の広さも関係していただろう。市民たちは皆、どこでどのような美術作品が制作されているのか知ることができたのであり、それに対して容赦のない批評をくわえることが日常的に行われていたのである。

こうしたまったく新しい環境のなかで、芸術家の出自にも変化が現れる。従来、画家や彫刻家、建築家は職人と見なされていた。しかし、一五世紀フィレンツェにおいてはじめて、公証人や貴族など高い社会層からも有名な芸術家が現れるのである。同時に、芸術家自身にも純然たる職業とは異なる、特別な創造的な営みに従事しているとの意識が出てくる。そもそも今日的な意味での「芸術家／アーティスト」という観念自体もルネサンス時代に登場したものである。以下、いくつかの著名な例を見ながら、このイタリア・ルネサンス美術の軌跡をたどっていきたい。

1　ジョット──ルネサンス黎明期の芸術家

ジョットとドゥッチョの板絵

フィレンツェのウフィツィ美術館の最初の部屋に足を踏み入れると、二つの大きな聖母子像板絵がまず目にとびこんでくる。一つはドゥッチョが一三世紀末に制作した「ルチェッライの聖母」で、もう一つはジョットによる一四世紀初頭作「オニッサンティの聖母」（図８‐１、８‐２、８‐３）である。ほぼ同時期の作品で、いずれも金地を背景に、幼児キリストを抱く聖母子が玉座にすわり、それを両脇の天使たちが見つめている。しかし、表現という点では大きく異なる。ドゥッチョの作品では左右それぞれ三人の天使が重力の法則とは関係なく上下に並んでいるのに対し、ジョットの天使たちはみな同じ地平にたち並んでいる。これは、ジョットの聖母子像では二次元の平面状に三次元の空間を再現することが意図され、その空間を、描かれている人物像すべてが共有していることによる。さらにそれは、観る者の空間、すなわち現実の空間の延長であるかのようでもある。ジョットの聖母は上体を直立させ正面を向き、その視線は観る者に対してまっすぐ注がれているのである。それに対し、ドゥッチョの聖母はやや斜めにおかれた玉座にすわって首をわずかにかしげ、こちらをそっと見つめている。

また、ジョットの人物像では、肉体と衣が重力を持つものとして表現され、その表情からは生きた人間の息吹

図8－2　ジョット〈オニッサンティの聖母〉(部分)

図8－1　ジョット〈オニッサンティの聖母〉(フィレンツェ，ウフィツィ美術館，1300年頃)

図8－3　ドゥッチョ〈ルチェッライの聖母〉(フィレンツェ，ウフィツィ美術館，1285年)

が感じられるが、ドゥッチョの作品では荘厳な表現によって人物の聖性が強調されている。さらにドゥッチョの絵では玉座の装飾、聖母の衣の金縁、あるいは天使の衣の微妙な色彩などどれをとっても豪奢で洗練されている。聖母の衣の震えるような曲線など洗練の極致である。これもジョットの人物像における明快さと力強さとは対照的である。こうした違いはどこからくるのだろうか。

一三世紀後半から一四世紀にかけてのフィレンツェとシエナはイタリア美術の二大中心地であり、ジョットはフィレンツェ派を、ドゥッチョはシエナ派を代表する画家であった。神聖ローマ皇帝の権威が低下していた一三世紀後半、教皇派のフィレンツェは、新興商人都市として急成長をとげた。これに対し皇帝派都市シエナは長い伝統を誇る都市で、強大な銀行を営む商人たちは周囲の広大な農村地帯を領地に持ち、貴族的な文化を享受していたのである。

フィレンツェとジョット

フィレンツェ新興商人にとって、現実的な価値観と合理的なメンタリティは不可欠であった。そうしたフィレンツェ社会を背景に、ジョットという才能豊かな画家は、明晰な合理主義、理知的で節度のある構図、そして真に迫る表現を実現したのである。激しい競争社会を生き抜くリアリストであったフィレンツェ人は、美術においても明快さと真実性を求めた。ジョットと同時代にフィレンツェで活躍したかのボッカッチョもジョットの絵を「本物そっくり」、「実物のよう」と称賛している。興味深いことに、まさにこの時代のフィレンツェで、ダンテやボッカッチョらによって口語文学が確立する。美術において現実的な表現が用いられたように、文学においても実際に人びとが口にする言葉が使われたのである。そして、こうしたジョットの芸術の革新性は西洋美術の歴史にとって大きな転換点となった。

もちろんジョット自身の類まれな才能を忘れてはならない。一二七〇年頃フィレンツェ郊外で生まれて、一三三七年に没するまでの約七〇年という長い生涯のなかで、ジョットは数々の重要な仕事を依頼されている。ヴァティカンのサン・ピエトロ大聖堂、アッシジのサン・フランチェスコ聖堂、フィレンツェの大聖堂やサンタ・クローチェ聖堂、あるいは大ブルジョワたちのために多くの仕事を手がけた。

興味深いことに、現実感覚に優れた商人気質が幅をきかせていたフィレンツェの市民らしく、ジョットは美術ばかりでなく現実生活でも才能を発揮している。土地や家屋の賃貸や売買、織機の貸与等によって莫大な財を築きあげたのである。さらに、大規模な工房に数多くの徒弟を抱えて多数の注文に応えているところを見ると、なかなかのやり手だったと思われる。もっとも、当時、画家は純然たる職業の一つであった。今日のような、何か特別な存在としての芸術家のイメージは一五世紀末のミケランジェロやレオナルド・ダ・ヴィンチ以降に作りあ

図8－4　ジョット〈最後の審判〉（部分，礼拝堂を献じるエンリコ・スクロヴェーニ）（パドヴァ，スクロヴェーニ礼拝堂，1303～05年）

図8－5　ジョット〈ユダの接吻〉（パドヴァ，スクロヴェーニ礼拝堂，1303～05年）

げられたものである。

北イタリアの都市パドヴァにあるスクロヴェーニ礼拝堂内のジョットによる壁画は、その絵の見事さに加え、注文主エンリコ・スクロヴェーニについても特筆すべきである。パドヴァの大銀行家エンリコ・スクロヴェーニの父レジナルドは高利貸しによって莫大な財をなした人物であり、従来、この礼拝堂は、この高利貸しの罪に対する償いとして建てられたと考えられていた。しかし、近年の研究により、実際にはエンリコが自身の富と栄光を誇るためであったことがわかってきている。築き上げた財産によって、当代随一の画家ジョットをわざわざフィレンツェから呼び寄せ、家族礼拝堂内部全体の壁画制作を依頼したことこそが重要なのである。

実際、入口壁面の〈最後の審判〉では、中央の十字架の左下に、この礼拝堂を献堂するエンリコ・スクロヴェーニの凛々しい姿が実に写実的かつ堂々と描かれている（図8－4）。エンリコは礼拝堂のモデルを聖母と二人の聖人に献じているが、その左手は聖母の右手に触れんばかりである。

一方、新約聖書の各場面と〈最後の審判〉が繰り広げられているスクロヴェーニ礼拝堂壁画のなかでも、〈ユダの接吻〉は、荘厳な緊張感のあふれる、もっとも優れたジョットの作品の一つである（図8－5）。イエスが逮捕されるべき人であることを教えるためにユダがイエスに接吻をするこの場面は、ユダの裏切りを示すものである。中央で見つめ合うイエスとユダからは、人間存在の崇高ささえも感じとることができる。まさにルネサンスの幕開けを告げる作品である。

2　ブルネレスキ――ルネサンス的空間の創造

一四〇一年のコンクール

イタリア中世都市国家の洗礼堂は市民にとって重要な存在だった。洗礼を授けられると同時に正式に都市国家の成員となる儀式の場だったのである。そもそも、中世後期になると成人洗礼ではなく幼児洗礼が一般的となり、西欧世界の他の地域では独立した洗礼堂が建造されることはなかった。それに対し、イタリア中世都市国家では都市権威の象徴として建てられたのである。

なかでも一一世紀以降に建造のフィレンツェ洗礼堂は、市民にとって特別な意味を持っていた。フィレンツェの守護聖人が洗礼者ヨハネというだけではない。古代ローマ時代には軍神マルスの神殿だったものが、後に洗礼堂として使用されるようになったと信じられていた。当時のフィレンツェ人にとっては、自らの都市が古代起源であることを証明する重要なモニュメントでもあったのである。それゆえ、フィレンツェが財力を持ち始める一三世紀後半以降、洗礼堂内壁、外壁ともに壮麗な装飾が施されていく。その一環として一四〇一年、北側のブロンズ扉彫刻制作者を決定するコンクールが催された。これは、正確な記録の残る最初の美術コンクール、すなわちコンペである。このコンクールを主催したのはカリマーラ組合であった。フィレンツェでもっとも由緒のある同職組合《アルテ》で、洗礼堂に関する事業管理を委託されていた。当時のフィレンツェは、近隣都市のピサやシエナと違って彫刻やブロンズ鋳造技術の伝統がなかった。そうした背景からカリマーラ組合はコンクールで洗礼堂北扉を制作する彫刻家を選ぶことにしたのである。まさに画期的な方法であった。

このコンクールの最終選考に残ったのは、フィリッポ・ブルネレスキ（一三七七～一四四六年）とロレンツォ・

図8－6　ブルネレスキ〈イサクの犠牲〉（フィレンツェ，大聖堂美術館，1401年）

図8－7　ギベルティ〈イサクの犠牲〉（フィレンツェ，大聖堂美術館，1401年）

ギベルティ（一三八一～一四五五年）であった。その後、二人は初期フィレンツェ・ルネサンスを代表する芸術家となるが、この時点では二人とも二〇代前半の若さであったことは注目に値する。最終選考で二人に課されたのは、四葉形の枠のなかに旧約伝の「イサクの犠牲」を表すことであった。アブラハムが神の命にしたがって息子イサクを祭壇で殺そうとしたとき、神の御使いがアブラハムを止め、羊が代わりの犠牲として出現する場面である。課題では登場する人物や事物についても事細かに規定されていた。

二人の課題作品はあらゆる意味で対照的であった（図8-6、8-7）。ブルネレスキの作品は劇的である。三角形構図の頂点に事件の緊張感が集約されている。すなわち、構図の頂点において、アブラハムがまさに剣を突き立てようとしているその手を、天使が摑んで静止しているのである。三角形構図の下部では対照的にいまだ何も気づいていない従者たちがくつろいでいる。

これに対し、ギベルティの作品では岩が斜めに場面を二つに区切り、左下に事件に気づかない従者たちが控え、右上ではアブラハムは腰をひねってイサクに剣を突き立てようとしている。そして、右手上方から天使がこちらに向かって飛んできている。これから事件が起ころうとしている情況が叙述的に表現されていると言えよう。衣の襞や岩の形状は流麗で、全体に調和のとれた洗練された作品となっている。また、細部も精巧に仕上げられている。

コンクールに勝ったのはギベルティであった。みなぎる緊張感よりも優雅で精巧な彫刻技術が評価されたのである。これが当時のフィレンツェ市民の嗜好にも合っていた。また、ギベルティの作品の方が使用するブロンズの量が圧倒的に少ないことも費用面から重要であった。

興味深いことにギベルティとブルネレスキは経歴においても対照的であった。ギベルティが金細工師の息子として幼い頃から金工の修行を積んだのに対し、ブルネレスキはフィレンツェのエリート家系に連なる有力な公証人の子であった。ブルネレスキは幼少からラテン語や算術などを学んでいたにもかかわらず、家業を継がずに芸術家として身を立てたのである。

たしかにブルネレスキの「イサクの犠牲」にはギベルティが長い年月をかけて習得した繊細な技を認めることができない。しかしその一方で、荒削りな力強さからは、ブルネレスキがその後、イタリア美術に画期的な革新をもたらしたことを推察することができる。

フィレンツェ大聖堂クーポラ

現在のフィレンツェ大聖堂造営は一四世紀後半から進められ、聖堂全体の最終プランは一三六七年に決定された。建造は着々と進められたが、地上約四五メートルのクーポラ基部まで立ち上がった一四一七年、問題にぶつかった。直径約四二メートルという巨大なクーポラを、四五メートルの高さから建造するのは不可能と思われたのである。アーチやドームを架けるさい、通常は迫枠《せりわく》と呼ばれる木枠を用いていたが、フィレンツェ大聖堂クーポラ建造のためには巨大な迫枠を四五メートルの高さから構築しなくてはならず、実現は無理だった。さらに、フランス・ゴシック聖堂に見られるような外から支える構造体もなく、ドーム自体の安定性にも疑問があった。結局、大聖堂造営を管理していた羊毛組合は一四一八年、大聖堂クーポラ建造のためのコンクールを布告する。このコンクールで選ばれたのは、今度はブルネレスキであった。そして彼は、天才的な方法であらゆる問題を解決して大聖堂クーポラを建造し、フィレンツェに新たなルネサンス都市の景観を付与するのである（図8－8）。

先の一四〇一年の洗礼堂北扉彫刻コンクールで敗れた後、ブルネレスキはローマに赴いて、古代遺跡を研究した。彼はローマにおいてとくに建築に関心を持ち、古代の建築をつぶさに観察すると同時に測量を行い、綿密に記録をとったのである。これが、一五世紀フィレンツェにおける古代風建築、すなわちルネサンス建築の誕生に繋がる。

もっとも、フィレンツェ大聖堂クーポラ建造においてブルネレスキは主に古代の建築様式ではなく技法を復活させようとしている。たとえば、迫枠を設けることなく巨大なクーポラを立ち上げるために、古代の煉瓦積み技法である矢筈《やはず》積を採用している。矢筈模様のように互い違いに煉瓦が斜めにしっかりと組み合うことによって、迫枠がなくてもクーポラの壁体を構築することが可能となったのである。一四三六年にはクーポラ壁体が完成し、その後、ブルネレスキが設計した頂部のランタンも設置された。このランタンの周囲をめぐる建築モチーフは古代建築のオーダーを再現したものである。

図8－8　ブルネレスキ「フィレンツェ大聖堂クーポラ」（1420年頃～36年）

興味深いのは、ブルネレスキが建築現場のためにさまざまな策を講じたことである。例をあげると、作業効率をあげるため、四五メートル以上の高さにある現場から地上に降りる回数を一日一回に制限している。その一方で、現場には売店が置かれて食料品や飲み物が売られ、いちいち地上に降りることなく食事ができた。実際、ブルネレスキは、クーポラの設計のみならず、建築全体にわたる総監督という役割を担っていた。一四二六年にはブルネレスキは一〇〇フィオーリの年俸を保障されている。当時の銀行支配人給与にならぶ額である。彼は単なる職人ではなく、特別な創造的な営みに従事していると広く認知されていたことがわかる。ブルネレスキは西洋史上最初の今日的な意味での建築家であったといえよう。

ところで、先にも記したように大聖堂全体設計案は一三六七年の時点で決定されていた。したがってクーポラのデザインも完全にブルネレスキ独自のものとはいえない。けれども、巨大であるのに重さを感じさせない、浮き上がったような印象さえ与えるクーポラの形状は、ブルネレスキの天才に帰されるべきである。今でも、遠方からフィレンツェを訪れる人がまず目にするのは、軽やかで洗練されたブルネレスキの大聖堂クーポラである。このクーポラが都市フィレンツェ景観全体を決定づけていると言っても過言ではない。一五〇年近く後、ヴァティカンのサン・ピエトロ大聖堂設計を任されたかのミケランジェロも、フィレンツェ大聖堂のクーポラよりも美しいクーポラを造るのは不可能と語っている。

パッツィ家礼拝堂とサント・スピリト聖堂

ブルネレスキの偉大な功績の一つは線遠近法、すなわち透視図法の〝発見〟である。同時代の伝記作者たちはブルネレスキが発明したと書き記しているが、実際にブルネレスキ以前に誰も発見していなかったかどうかは不明である。とまれ、彼が透視図法（パースペクティブ）を確立し、一五世紀フィレンツェ美術のみならず、その後の世界の美術の流れ全体に多大な影響を与えたことは間違いない。今日でも、西洋絵画や建築を学ぶ者にとってこの透視図法の習得は必須である。

ところで、二次元の平面に三次元の空間を再現する遠近法には、透視図法（線遠近法）の他、空気遠近法や鳥瞰図法などがある。空気遠近法は遠くに見えるものを霞んで青みがかったように描く技法で、空気の存在を表現することによって遠近感を出している。鳥瞰図法は上空から斜めに見下ろしたように描く方法で、パノラマ的な表現によって広大な空間を表している。これら二つに対し、透視図法とは視点を固定して作図するという点で大きく異なる。すなわち、一人の人間の視点が前提なのである。これは実は画期的なことであった。なぜなら、その前提として、我々人間の目に見える世界は本当の世界であり、真実は我々の目から隠されていないという認識があるからである。今から考えるとごく当たり前だが、中世世界では、原罪を犯した人類の目から神の真実が隠

図８－９　ブルネレスキ「フィレンツェ，サンタ・クローチェ聖堂，パッツィ家礼拝堂」（1429 年頃）

図８－10　ブルネレスキ「フィレンツェ，サント・スピリト聖堂，身廊と翼廊の交差部」（1444～46 年頃）

されているという考え方が一般的であったのである。こうした見方を覆したのがルネサンスのヒューマニズムであり、この新しい世界観なくしては、我々人間の視点を前提とした透視図法の〝発見〟はなかったといえる。

ブルネレスキはみずから考案したこの透視図法とローマで研究した古代の建築様式を駆使して、フィレンツェ各所に美しい建築を残している。パッツィ家礼拝堂とサント・スピリト聖堂はその代表といえる（図8－9、8－10）。

パッツィ家礼拝堂はサンタ・クローチェ修道院の聖堂参事会室であり、パッツィ家が中心となって建造を進めた。従来のゴシック建築に見られる尖頭アーチを一切排し、半円と円を基本プランとした調和のとれた空間となっている。今でも訪れる人びとに、ピエトラ・セレーナ（清澄石）と呼ばれる青灰色の砂岩と白の漆喰を基調とするこの空間が、実際よりも広いような、不思議な広々とした印象を与えている。それは、調和のとれた空間構成のみならず、透視図法を援用した建築部材の配置によるものである。たとえば図8－9の奥の壁面はごく幅の狭い半円筒ヴォールト天井に接続しているが、この壁面の中ほどには、半円筒ヴォールトの半円アーチとそれにつづく付け柱をひとまわり小さくしたものがある。これによって透視図法のような効果が生まれ、奥の壁面が二次元ではなく、あたかもさらに奥に空間がつづくような錯覚を与えるのである。一方、古代建築のオーダー（円柱と柱頭の構成形式）の忠実な再現からは、真の古代建築復興への決意が感じられる。たとえば、エンダブラチュア（水平梁）は古典主義建築の規範に則り、上から順にコーニス、フリーズ、アーキトレーブの三つの要素から成り、また、柱上部にはコンポジット式と呼ばれるオーダーの柱頭装飾が用いられている。

サント・スピリト聖堂内部のコリント式と呼ばれるオーダーに則った円柱の列はさらに古代風で、神殿の列柱を思わせる。この聖堂においてもピエトラ・セレーナによる半円アーチの繰り返しによって透視図法のような効果がうみ出され、不思議な空間の広がりが演出されている。

先に線遠近法がブルネレスキの偉大な功績の一つと記したが、古代建築のオーダーの復興も同様に重要である。ブルネレスキ以降、今日に至るまで西欧世界のみならず世界の各地で、もちろん明治以降の日本においても古代建築のオーダーが繰り返し用いられているのである。

3　ドナテッロとマザッチョ——二人の天才

オルサンミケーレとドナテッロ

フィレンツェ大聖堂からシニョリーア広場に行く途中に、外壁にならぶ壁龕（タベルナコロ）にそれぞれ彫像が立つ、箱型の一風変わった聖堂がある。これがオルサンミケーレ聖堂である。もともと穀物取引所だったが、内部の柱に描かれた聖母像が数々の奇蹟を起こして信仰をあつめていた。そして、この聖母子像自体も幾度か描き換えられるとともに、一三五九年には聖堂になった。この二〇年前の一三三九年には、壁龕にグェルフィ党と一三の主要ギルドの守護聖人の彫像を設置することが決められていた。しかしながら、それが実行に移されたのは一四〇六年以降であった。そこではギベルティをはじめとして、ナンニ・ディ・バンコなど初期フィレンツェ・ルネサンス美術を代表する彫刻家たちが制作に従事する。そのなかで一番若手であると同時に、もっとも才能にあふれた彫刻家がドナテッロ（一三八六頃〜一四六六年）である。

彼はオルサンミケーレ聖堂の仕事に従事する前、ブルネレスキのローマ遺跡調査に同行している。このローマ滞在の成果は、彼の最初のオルサンミケーレの彫像である〈聖マルコ〉に認めることができる（図8-11）。古代ギリシア世界で誕生し、その後、古代末期まで彫像表現の基本であったコントラポストとよばれる技法が、〈聖マルコ〉において古代以降最初に完全に再現されたのである。コントラポストとは、片方の足に重心をかけ

図8－12　ドナテッロ〈龍を退治する聖ゲオルギウス〉（フィレンツェ，バルジェッロ美術館，1418年頃）

図8－13　ドナテッロ〈悔悛するマグダラのマリア〉（フィレンツェ，大聖堂美術館，1453～55年）

図8－11　ドナテッロ〈聖マルコ〉（コピー，オリジナルはフィレンツェのオルサンミケーレ美術館蔵）（フィレンツェ，オルサンミケーレ聖堂，1413年）

た姿勢のことで、身体を自然で有機的に表現する古代地中海美術の基本である。さらに着目すべきことに、ドナテッロはこのように古代の彫像表現の基本を理解したばかりでなく、近代的な人物の心理描写までも実現している。

ドナテッロのもう一つのオルサンミケーレ聖堂の作品は〈聖ゲオルギウス〉であるが、ここではその台座浮彫り〈龍を退治する聖ゲオルギウス〉に注目したい（図8-12）。というのも、この浮彫りにおいて、ブルネレスキの透視図法がはじめて活用されているのである。スキアッチャート（押し潰し）と呼ばれる繊細な浅浮彫り技法と透視図法を駆使して、空間の奥行が見事に表現されている。透視図法はとくに右手の建築表現に明確に認めることができる。

ドナテッロはオルサンミケーレでの仕事以降、数々の傑作を実現しているが、彼の「近代的」な心理描写は、晩年の作品である〈悔悛するマグダラのマリア〉においてクライマックスに達するといえる（図8-13）。フィレンツェ洗礼堂のために制作され、現在は大聖堂美術館にあるこの木彫は、西洋美術が、古代とも中世とも違う新しい段階に入ったことを示している。かつて娼婦であったがイエスに出会って改心したマグダラのマリアは、イエスの処刑後、ぼろぼろの姿で悔悛の日々を送ったとされる。それを、しかし、ただ単に惨めな姿ではなく、崇高で力強い人物表現にまで高めている。実際、ドナテッロは日本ではあまり知られていないが、ミケランジェロとならぶルネサンスを代表する彫刻家である。

彼の出自は職人であり、ブルネレスキのような知識人階級ではなかった。しかし、生前すでに、今日的な意味での芸術家として、すなわち独創的で天才的な特別な人物として認められていた。彼はまた、フィレンツェの大商人であったコジモ・デ・メディチの親しい友人でもあった。自らの才覚によってフィレンツェの実質的な権力者にまでのぼりつめたコジモは、ドナテッロの才能を見抜いていたのである。ドナテッロは生活や着る物にはま

図 8 －14　マザッチョ〈アダムとエヴァの楽園追放〉（フィレンツェ，サンタ・マリア・デル・カルミネ聖堂，ブランカッチ礼拝堂，1420 年代）

ったくの無頓着で、コジモはそれを心配してさまざまな援助をしているが、それをドナテッロが格別に有難がったような形跡がないのも興味深い。ドナテッロが没したさいには、コジモは彼を自らの墓のそばに葬るよう取り図らっている。そして、現在もフィレンツェのサン・ロレンンツォ聖堂旧聖器室には、コジモとドナテッロというまったく方向性の異なる二人の天才が並んで眠っている。

マザッチョのブランカッチ礼拝堂壁画と磔刑図

初期フィレンツェ・ルネサンスを代表する建築家がブルネレスキで、彫刻家がドナテッロであるとすれば、画家はマザッチョである（一四〇一～二八年）。しかし残念なことに短命で、二六歳の若さで世を去ってしまった。したがって残された作品は多くはない。

マザッチョはアルノ川上流の町で、公証人の息子として生まれた。公証人は知識人階級で社会的地位も高かったが、マザッチョが四歳のとき父は他界した。その後、彼はフィレンツェに出てきて画家として修業を積むことになるが、公証人の息子という矜持を持ちつづけたとされる。

マザッチョのもっとも有名な作品は、フィレンツェのサンタ・マリア・デル・カルミネ聖堂内にあるブランカッチ礼拝堂の壁画である。絹織物業に従事してきたブランカッチ家はさほど有力な家系ではなかったが、フェリーチェ・ブランカッチは哲学や法学も学んで市の要職に就いていた。そして、このフェリーチェ・ブランカッチがマザッチョともう一人の画家マソリーノ（一三八三～一四四〇年頃）に礼拝堂壁画制作を依頼した。マソリーノは従来の国際ゴシック様式の画家であるのに対し、マザッチョはまったく新しい絵画様式を創出した人物である。よって、様式からマザッチョの筆になる部分は容易に判別することができる。

マザッチョの革新性は〈アダムとエヴァの楽園追放〉に如実に表れている（図8－14）。楽園追放という創世記の場面を、現実的な共感をもって描き出しているのである。従来はアダムとエヴァが当惑し後悔するさまが表現されていたが、ここでは楽園から追放されて、ただはげしく嘆き悲しんでいるのである。同時に、全裸で表現された二人のモニュメンタルな人体からは、そうした人間の運命が英雄的であることが感じられる。何のてらいもなくごく率直に表現された人間それ自体が気高いものであることを示しているようである。まさにヒューマニズムの芸術である。〈影で病人を癒すペテロ〉の場面に描かれた、病人や障害者の姿も同様である（図8－15）。肉体的ハンディとは関係のない、人間存在の力強さを認めることができる。

図8－15　マザッチョ〈影で病人を癒すペテロ〉（部分，〈年老いた病人と障害者〉，フィレンツェ，サンタ・マリア・デル・カルミネ聖堂，ブランカッチ礼拝堂，1420年代）

マザッチョは、ブルネレスキが〝発見〟した透視図法をはじめて絵画に応用した画家としても著

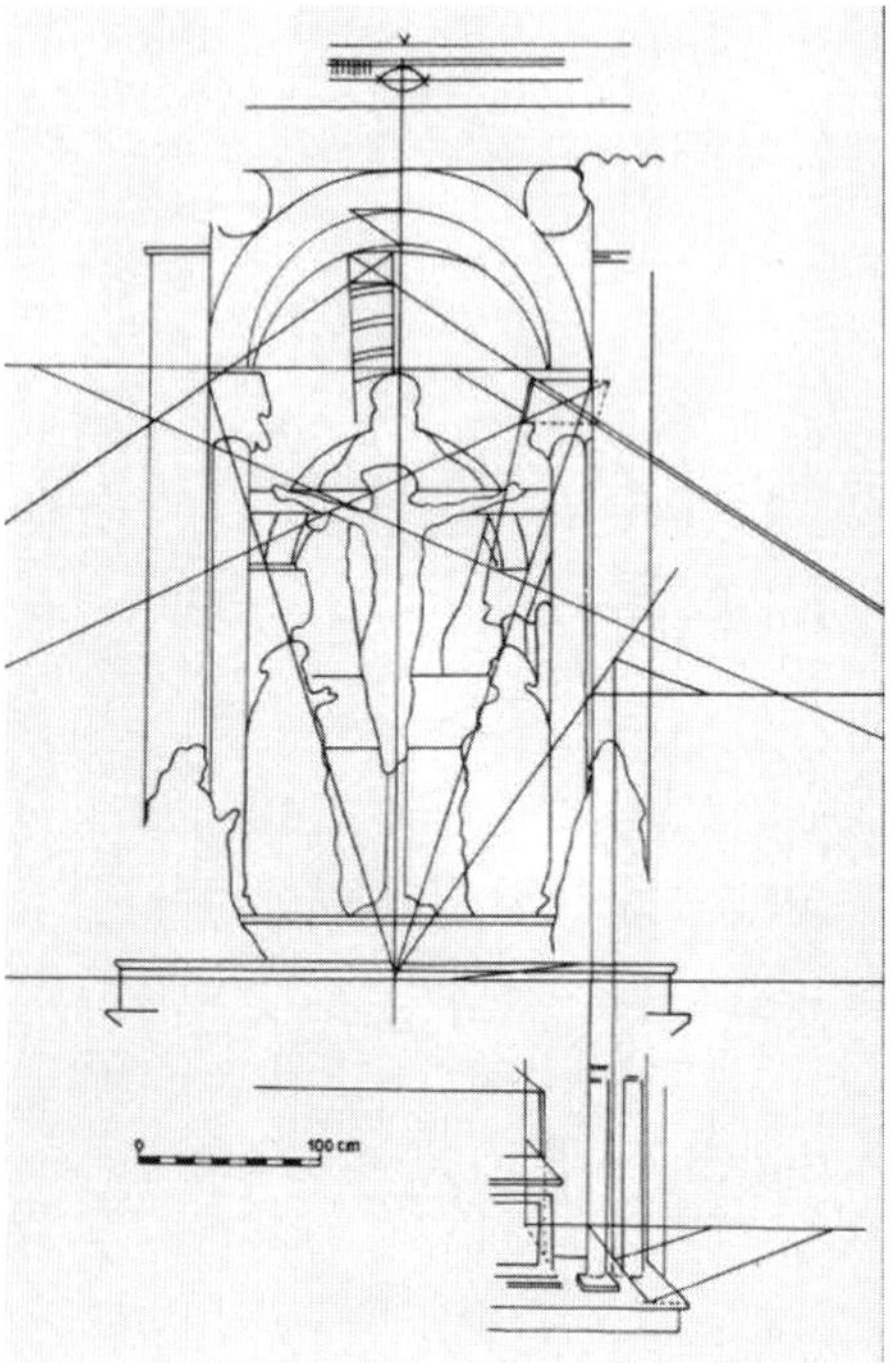

図8－17　マザッチョ〈聖三位一体〉（透視図法作図復元図）

図8－16　マザッチョ〈聖三位一体〉（フィレンツェ，サンタ・マリア・ノヴェッラ聖堂，1426～28年頃）

名である。フィレンツェのサンタ・マリア・ノヴェッラ聖堂のフレスコ画〈聖三位一体〉がその最初の作品である（図8－16）。図8－17に示されているように、透視図法が正確に用いられている。建築表現が完全に古代風であることも注目に値する。しかし、さらに重要なのは、この絵においては、手前で跪く寄進者夫妻と、十字架両脇に立つ聖母マリアと使徒ヨハネ、そして磔刑のキリストが、同じ空間に属しているとともに、同じ大きさで描かれていることである。伝統的な中世美術においては、イエスや聖人など重要な人物は大きく、寄進者などの一般人は小さく描くのが一般的だったのである。〈聖三位一体〉では普通の人間が、キリストや聖人同様に描かれているともいえる。そして、普通の人間である寄進者夫妻は聖人やキリストと同じく、尊厳にみちた姿で描き出されている。

一四二八年にマザッチョが早逝したとき、ブルネレスキは「マザッチョの死とともに失われたものはあまりに大きい」と言ったと伝記作者ヴァザーリは伝えている。

4　ロレンツォ・デ・メディチとルネサンス美術の変質

ブルネレスキ、ドナテッロ、そしてマザッチョと、コジモ・デ・メディチの時代の芸術家について述べてきたが、彼らの輝かしい功績は、コジモの孫であるロレンツォ・デ・メディチの時代に入って変質していくこととなる。一四六九年にロレンツォがメディチ家当主となった頃には、都市フィレンツェの共和政は完全に形式的なものとなり、ロレンツォは君主のように振る舞った。同時に、ボッティチェッリ（一四四五〜一五一〇年）などが優美で豪華な宮廷的ともいえる作品を手がけるようになる。

ロレンツォはまた祖父が創設したプラトン・アカデミーを積極的に後援した。プラトン・アカデミーとは、新プラトン主義研究で有名なマルシリオ・フィチーノ（一四三三〜九九年）を中心とした人文主義者たちの私的なサークルであり、プラトンの対話篇を模して知的な討論を行っていた。このサークルにおいてはぐくまれた異教的な文化のなかで、有名なボッティチェッリの〈春〉と〈ヴィーナスの誕生〉（フィレンツェ、ウフィツィ美術館）は誕生している。いずれも、古代ギリシア神話から題材をとっている。

ロレンツォは外交と政治に優れていたとされるが、彼の時代、メディチ銀行は破綻寸前の状態であり、共和国の財政も芳しくなかった。ロレンツォはそこで、外交に財力ではなくフィレンツェの芸術を用いることにする。

図8－18　ボッティチェッリ〈神秘の降誕〉（ロンドン，ナショナル・ギャラリー，1500年頃）

優れた芸術家をローマやミラノなど各地に派遣したのである。そしてこれが、フィレンツェ・ルネサンス美術が各地に広まる契機となる。

ロレンツォは一四九二年、すなわちコロンブスが新大陸を「発見」した年に没し、その後、フィレンツェはフランス軍の侵攻に遭って混乱状態に陥る。このとき登場したのが、メディチ家による政治を断罪するドミニコ会士サヴォナローラである。サヴォナローラは神権政治を敷き、贅沢品として服飾品や美術品を集めて焼却するという「虚栄の焼却」も行った。サヴォナローラに心酔していたボッティチェッリもこの頃から神秘主義的な宗教画を描くようになる。たとえば、〈神秘の降誕〉（図8－18）では、〈春〉と〈ヴィーナスの誕生〉における繊細な優美さは影をひそめ、神経を逆なでするような悲痛な雰囲気さえ漂っている。手前で抱き合って狂喜する天使たちの姿もどこか異常である。

一方で、まったく新しい力強い芸術も生まれようとしていた。レオナルド・ダ・ヴィンチ（一四五二〜一五一九年）とミケランジェロ（一四七五〜一五六四年）、そしてラファエロ（一四八三〜一五二〇年）という三人の巨匠の活躍である。しかし、フィレンツェで画業を積んだ彼らの活動の場はやがて、ローマ、ミラノそしてパリとなっていく。そこでは、都市国家政府や同職組合、大商人ではなく、教皇や君主がパトロンであった。そして、こうした強大な権力のもとで、いわゆるフィレンツェ・ルネサンス美術とはまったく異なる壮大なスケールの美術が展開していくのである。

（児嶋由枝）

参考文献

秋山聰他『西洋美術の歴史五　ルネサンスⅡ』中央公論新社、二〇一七年。

石鍋真澄『フィレンツェの世紀――ルネサンス美術とパトロンの物語』平凡社、二〇一三年。

ジョルジョ・ヴァザーリ著、平川祐弘他訳『ルネサンス画人伝』白水社、一九八二年。

ジョルジョ・ヴァザーリ著、森田義之他訳『ルネサンス彫刻家建築家列伝』白水社、一九八九年。

ジョルジョ・ヴァザーリ著、森田義之・越川倫明・甲斐教行・宮下規久朗・高梨光正監修『美術家列伝』中央公論美術出版、二〇一四年～（二〇一七年八月時点で第四巻まで刊行）。

岡田温司『もうひとつのルネサンス』人文書院、一九九四年。

小佐野重利他『西洋美術の歴史四　ルネサンスⅠ』中央公論新社、二〇一六年。

ブルース・コール著、越川倫明他訳『ルネサンスの芸術家工房』ぺりかん社、一九九四年。

ピーター・バーク著、森田義之・柴野均訳『イタリア・ルネサンスの文化と社会（新版）』岩波書店、二〇〇〇年。

エルヴィン・パノフスキー著、木田元監訳『〈象徴形式〉としての遠近法』ちくま学芸文庫、二〇〇九年。

ロベルト・ロンギ著、和田忠彦他訳『イタリア絵画史』筑摩書房、一九九七年。

『イタリア・ルネサンスの巨匠たち』全三〇巻、東京書籍、一九九四～九六年。

歴史の扉 8

トゥルッリ――南イタリアのとんがり屋根の家

写真は、トゥルッリと呼ばれる円錐形の屋根を持つ独特の家屋建築である。トゥルッリはイタリア半島南東端に位置するプーリア州の一部に伝わるもので、石灰岩を積み重ねて作られている。一つのトゥルッロ（複数形がトゥルッリ）が一つの部屋の屋根で、それがいくつか集まって一軒の家となる。写真の家は通常よりも規模が大きく、八つのトゥルッリから成る。

トゥルッリの起源は古く、紀元前一五世紀頃のトロスと呼ばれる円錐形の墓であったとされるが、現在のトゥルッリの多くは一六世紀末から一八世紀にかけて建てられている。この時期、地方領主が農民にトゥルッリに住むよう強要したためと考えられている。モルタルなどを用いず、地元の石を積み重ねただけのトゥルッリは、簡単に潰すことのできる、粗末な家とされて地方領主たちは農民の統制のためにトゥルッリに住まわせたと理解されているのである。さらに、スペイン属領であったナポリ王国の政府から家屋に課せられる税金を逃れるためでもあったといわれる。徴税のさい、領主はトゥルッリを解体させればよかったと考えられているのである。もっともどの説も史料的な裏づけに乏しく、推測に過ぎない。

写真の家は、知人が地方領主キアレッリ家出身の母から譲り受けたものである。ちなみに知人の父方は、都市マルティーナ・フランカの公証人の家系である。地方領主と都市の有力家系との婚姻は中世に頻繁に見られた。こうした婚姻形態がつい最近までつづいていたというのも興味深い。

一六世紀末にまず二つのトゥルッリが建てられ、納屋として使用されていた。その後、一八世紀に農民の住居として六つのトゥルッリが増築され、さらに一九世紀には長方形平面にドーム型の屋根がかかる部屋も加わった。戦後は崩れるままに放置されていたが、つい最近、修復され、現在の美しい姿となっている。中央のトゥルッロはひときわ大きく、二階建である。一階とは厚い壁のなかに通された階段でつながっている。

モルタル等を用いずに石を積み重ねるだけで美しい円錐形の屋根をつくるのは簡単ではない。この地方には今もトゥルッリ専門の職人がおり、この家もこうした職人によって修復された。

この家に何回か泊まったが、なかなか快適である。重たい石造りの円錐形屋根を支える壁は、強度を持たせるために二メートルもの厚さがある。そのために内部の気温は外気に左右されることなく、夏は涼しく、冬は暖かい。真夏には南イタリアならではの強烈な日差しが照りつけるが、一歩中に入るとひんやりしている。窓は小さいが、内壁全体に塗られた白い漆喰によって室内は明るい。

この地方は降水量が少なく、強固な地盤のため井戸を掘ることも難しい。こうした風土に対応して、トゥルッリでは雨水が屋根から壁体内の水路を通って地下の貯水槽にたまる仕組みになっていた。現在でもこの貯水槽は活用されている。硬い地盤のために水道が通っておらず、定期的に来る給水車から貯水槽に貯められた水が、生活水として使用されているのである。

この写真の家で生活してみて、農民たちがかつて、厳しい環境に順応して、入手しやすい材料で住みやすく工夫していたことをうかがい知ることができた。

（児嶋由枝）

図１　トゥルッリ（Vincenzo Ancona 氏所有，プーリア州マルティーナ・フランカ市郊外，左前方は地下貯水槽の屋根）

図２　円錐状屋根の内部

図３　中央のトゥルッロから周囲の部屋を見る（奥の窓の右下は，厚い壁に設けられた棚。かつては家具の代わりにこうした壁龕が用いられた）

第9章

ダンテから現代まで——イタリア文学の系譜

1 俗語文学の成立

イタリア文学の起こり

ルネサンスにおける俗語文学の隆盛をもたらしたダンテやボッカッチョなどを除いて、日本の近代文学にも多大な影響を与えたイギリスやドイツ、フランスの文学と比べると、イタリア文学はあまりなじみがないかもしれない。しかしながら、古代ローマの時代から現代に至るまで、イタリアには豊かな文学の伝統があり、ときにヨーロッパ文学の潮流をリードしてきた。本章では、そうしたイタリア文学の系譜について、もっぱら俗語（イタリア語や近縁の方言）による作品を取り上げて概観してみよう。

イタリア半島においては、いわゆる古代にはラテン語が使用されていた。やがてラテン語が変容して、イタリア語やフランス語、スペイン語といったロマンス諸語が形成され、一〇世紀にはイタリア語の文献記録が初出する（『カプアの証文』九六〇年）。ただし、その後も教会や行政、学問の世界を中心にラテン語の使用は一九世紀までつづいた。

一二世紀になると、「リトモ」と呼ばれる素朴な形態のイタリア語詩が記録されている。一三世紀には、宗教詩の分野ではアッシジの聖フランチェスコの『被造物の歌』（一二二四年頃）などがイタリア語で書かれたが、世俗的な文学においてはフランスの言語の使用が優勢だった。イタリア出身の何人もの詩人が、プロヴァンス語を使用するトゥルバドゥール（南仏の吟遊詩人）として活躍した。また、マルコ・ポーロの『東方見聞録（世界の記述）』（一四世紀初め頃）は、最初はフランス語で口述筆記された。

シチリア派から新優美体派へ

イタリア語による世俗的な文学が本格的に始まったのは、シチリア派の時代（一二二五頃～五〇年頃）である。神聖ローマ皇帝フリードリヒ二世（イタリア語ではフェデリーコ二世）は、母から南イタリアの領土を相続し、パレルモに宮廷を構えた。皇帝は、南仏プロヴァンス地方の宮廷文化をパレルモに持ち込み、宮廷の官吏たちに詩作を奨励した。当時のシチリア方言をもとに練り上げられた繊細な詩語によって、難解で抽象的な作風の恋愛詩が作られた。シチリア派の一詩人によって確立されたソネット形式（一四行詩）は、数百年にわたってヨーロッパ各国で愛用された。

フェデリーコの没後、文学の中心地は中部イタリアに移った。フィレンツェなどで活躍した当時の詩人たちの多くは、精神性を重んずる気高い愛を歌ったことから、「新優美体派（清新体派）」と呼ばれる。

ダンテ

ダンテ・アリギエーリ（一二六五～一三二一年）は、イタリア文学史上もっとも偉大な詩聖である。貴族の出自を誇るダンテは、模範的なフィレンツェ人でもあった。

ダンテは若い頃から詩人仲間と詩のやり取りを始め、すぐに頭角を現した。『新生』は、詩に散文をまじえて綴られた佳作である。この小品は、九歳のときに出会い、二〇代の若さで他界した最愛の恋人ベアトリーチェにささげられた記憶の書となっている。

ベアトリーチェ亡き後、ダンテはグェルフィ（教皇派）の一員として、さらには黒白二派に分かれて対立したグェルフィの白派の一員として、政治の世界で活躍した。教皇の容喙《ようかい》やフランス王の侵攻により混迷する政情のなか、ダンテはプリオーレなどの重要な役職を歴任したが、外交使節として教皇庁を訪れているときに、本国フィレンツェで政変が勃発。ダンテは政敵の黒派から弾劾され、祖国から永久に追放された。失意のどん底に叩き落とされた彼が、イタリア各地の小宮廷を転々としながら営々と書きつづったのが、『神曲』である。

『神曲』は、カトリックの理念に基づいた壮大な宇宙観を提示する作品であると同時に、一四世紀初頭のイタリア社会と人間群像を映し出す鏡でもある。作品の舞台は、西暦一三〇〇年春の聖週間（復活祭に先立つ一週間）。主人公である三五歳の詩人ダンテは、人生の正しい道から迷い出て、地獄、煉獄、天国の三界をめぐり、最後には神の栄光を目のあたりにする。このような稀有壮大な内容が、厳密な形式美によって構築されている。三行一組になった詩行（テルツァ・リーマ）が鎖のように連綿とつづく小さな形式美から始まって、『地獄篇』『煉獄篇』『天国篇』から成る三部構成に至るまで、「三」を基本に組み上げられた構造にはわずかな隙もない。しかも、『地獄篇』三四歌、『煉獄篇』三三歌、『天国篇』三三歌を合わせると、全体で百歌という美しい数でできあがっている。

『神曲』に描かれた人間模様の一例として教皇ボニファティウス八世の場合を見てみよう。作中のボニファティウスは、途轍もない悪役である。彼は、教皇である自分は死者の霊魂を天国にでも地獄にでも我が意のままに送り込むことができるし、そのための二つの鍵も握っている、と豪語しながら、他人に犯罪を強制するのである（『地獄篇』第二七歌）。実在の教皇ボニファティウスは一三〇〇年当時存命中だったが、『神曲』のなかでは、やがて地獄に墜ちるのが定め。貪欲が嵩じての聖職売買の罪状で、頭を下に墓穴につっこまれて焼かれる運命にある（『地獄篇』第一七歌）。

しかし、宗教家としての個人的な資質に問題があろうとも、教皇位の尊厳は絶対である。ローマ教皇が捕縛されたアナーニ事件（一三〇三年）は、ダンテにとっても大変衝撃的だった。ボニファティウス八世は、フランス王フィリップ四世端麗王と結託してフィレンツェに支配権を及ぼそうと企んだものの、両者は間もなく対立。フランス王は教皇廃位を画策し、教皇を捕えて無理やり公会議を開催させようと考えたらしいが、教皇が捕えられた場所が教皇の故郷アナーニだったため、地元の市民たちによって救出された。『神曲』においては、一三〇〇年当時はまだ発生していなかったアナーニ事件は、フランス王の祖先の霊によって予言される。曰く、フランス王は代々悪事に手を染め、阿漕《あこぎ》な仕方で領土を広げ、神学者トマス・アクィナスの毒殺をはかり（史実とは異なる）、テンプル騎士団を破滅させて資産を奪い取る。そして遂には、教皇すなわち神の代理人を捕縛するという由々しき犯罪行為に及ぶであろう、と（『煉獄篇』第二〇歌）。作者ダンテはこのような表現で、神をも恐れぬ蛮行を断固糾弾するのである。

国際政治の腐敗を前に悲憤慷慨する作者の顔とはまた別の一面も見られる。愛欲の罪のゆえに地獄の風に乗ってさすらうフランチェスカ・ダ・リミニには、優しい視線が注がれる。フランチェスカは、「愛の神は、愛を受けた者が愛を返さぬことを許さぬもの」という名言を残して、風に運び去られる。主人公ダンテはあまりの哀れさゆえに気絶してしまう（『地獄篇』第五歌）。

人間臭さが魅力の『地獄篇』や『煉獄篇』にくらべて、『天国篇』はカトリックの教義についての素養や問答無用の信仰心を抜きにして味読することは困難であるが、『天国篇』において登場人物ダンテが一段また一段と天国の階梯を昇ってゆく状況は臨場感にあふれ、難解になりがちな神学的な叙述も、印象的な比喩をまじえて生き生きと表現されている。

親しみやすい口語で綴られた『神曲』は、同時代の市井の民に歓迎され、後世の多くの文学者たちにとって尽きせぬ霊感の源泉となった。また、ダンテが使用したフィレンツェ方言は、現代に至るまで数百年にわたって標準的なイタリア語の根幹でありつづけている。

ペトラルカ

ダンテの一世代後に活躍したフランチェスコ・ペトラルカ（一三〇四～七四年）は、心の内面をえぐるような心理描写によって優れた抒情詩人として名高い。彼はまた、優雅なラテン語をあやつる最初の人文主義者として文化史的にも重要な存在である。

ペトラルカは、フィレンツェからの亡命者の息子として南フランスで少年期を過ごした。大学進学を機にイタリアで暮らすことも増えたが、父祖の祖国に帰国することはかなわなかった。こうした特殊な背景を持つ彼は、帰属する都市国家による庇護を受けることもない代わりに、所属する都市国家への絶対的な忠誠心とも無縁な、自由な精神世界を生きていた。このため、最初の近代的な精神の持ち主の一人として評価することもできる。

祖国となる都市国家を持たないペトラルカは、フィレンツェ人としてではなく、イタリア人として、古代ローマの栄光を称揚した。これは、「イタリア」という国家が存在しなかった中世においては、きわめてまれな心情である。古代への憧れが嵩じて、ローマ時代の将軍や皇帝と同じように、カンピドーリオの丘で「桂冠詩人」として戴冠式を挙行した。また、教皇がローマにいないことを憂慮して、当時教皇庁の置かれていたアヴィニョンを「過《あや》まてるバビロニア」に喩える詩文も書いた。

ペトラルカは、『神曲』と同じ詩形式（テルツァ・リーマ）を用いて長詩『凱旋』を執筆した。そのあらましは、こうである。人間は愛の神に逆らうことはできない。しかし、美徳（貞節）は愛の神を調伏する。だが、美徳を以てしても死は免れない。ところが、死を乗り越えて生きつづける名声がある。ただし、名声も時の流れのなかで朽ち果てる。そうした人間世界の有為変転とは無縁の神なる永遠性こそが真の救いとなる。この作品の見どころは、愛や名声に関わる現今の著名人たちが長蛇の列をなして練り歩くところである。『凱旋』は『神曲』よりもわかりやすい内容だったので、大いに人気を博し、この作品をもとにさまざまな凱旋行列の絵画が描かれた。また、一五世紀にはタロットカードの図案作りでも参考にされた。

ペトラルカはイタリア語による抒情詩において真価を発揮した。ソネット（一四行詩）を主体に、カンツォーネ（長編抒情詩）やバッラータ（古歌謡による抒情詩）などの形式を駆使して、ただ一人の恋人ラウラ（Laura）への慕情を歌いあげた。そよ風（l'aura）にたなびく黄金（auro）の髪、永遠を誇る月桂樹（lauro）にもなぞらえられる不変の美しさを、結晶のように純粋な洗練された言葉で綴り、三六六篇の短詩を歌集『カンツォニエーレ』としてまとめ上げた。

抒情詩の分野におけるペトラルカの影響は絶大だった。とりわけ、一六世紀にはペトラルカを模倣する抒情詩（ペトラルキズモ）がイタリア内外で大流行したのみならず、ペトラルカの詩語は文学的なイタリア語の確固たる規範として尊重された。

ボッカッチョ

ジョヴァンニ・ボッカッチョ（一三一三〜七五年）は、散文小説の分野で不動の地位を誇る。晩年にはダンテを尊敬して『神曲』を研究し、ペトラルカに憧れて古典文学研究にも携わった。

フィレンツェ商人の息子として生まれたボッカッチョは、商売の修行のため青年期をナポリ王国で過ごした。当時のナポリは、アンジュー王朝が支配する独立国だったが、フィレンツェとの経済的な繋がりが深かった。雅やかな宮廷文化に接したボッカッチョは、平易で息の長い散文を駆使して、『フィアンメッタ奥方の哀歌』を書いた。この作品では、恋人が戻って来てくれるかもしれないという期待感と、やはり戻って来てはくれなかったという失望が、交互にないまぜになり、主人公である既婚婦人フィアンメッタの心情が縷々語られる。この物語は、「近代ヨーロッパ」（つまり、古代ローマ時代が終わった後の時代の西洋）で最初の恋愛心理小説として評価されている。

ボッカッチョの名を不朽のものにしたのは、有名な一三四八年のペストの描写で始まる短編小説集『デカメロン』である。ペスト禍にあえぐフィレンツェを離れ、郊外の清浄な土地に疎開した一〇人の男女が、つれづれをまぎらわす遊びの一つとして、順々に物語を語る。毎日、主題を変えながら、一〇日にわたって語られる一〇〇の物語には、笑いあり、涙あり、異国の物語あり、御当地ネタあり、はては歴史のかなたの物語、つい最近のうわさ話など、時空を超えて多様な話が展開する。自ら選んだ愛に殉ずるサレルノ公女ギズムンダのような気高い悲劇もあれば（第四日、第一話）、親の目を盗んで逢瀬を楽しみ「サヨナキドリつかみ」に励んだリッチャルドとカテリーナの喜劇もある（第五日、第四話）。美人の詐欺師に大金をまきあげられた田舎者アンドレウッチョ・ダ・ペルージャの物語（第二日、第五話）は、ナポリの裏事情にも通じたボッカッチョならではの秀作である。雨に濡れ貧相な格好をしたジョット画伯も、頓知にかけては法曹家に負けてなどいない（第六日、第五話）。『デカメロン』は、人間らしさの謳歌、聖職者の腐敗堕落に対する皮肉、女性の読者に対する優しい態度など、いわゆるルネサンスらしい息吹に満ちている。当意即妙のやり取り、機知に富んだ応酬、滔々たる雄弁に満ち溢れたこの作品は、言葉（おしゃべり）の芸術そのものである。
『デカメロン』のフィレンツェ方言は、後世の散文作家たちが大いに参照するところとなった。また、小話の集積という形態は、サッケッティをはじめ数多くの文学者が模倣した。バンデッロの『小説集』（一六世紀前半）は、そのなかに含まれるジュリエッタとロメーオの物語（第二巻、第九話）がシェイクスピアの悲劇の源泉となったことで知られる。フランスでもマルグリット・ド・ナヴァールが『エプタメロン』（初版一五五八年）を書いた。

2　ルネサンス（文芸復興）の到来

人文主義（ウマネジモ）と古典主義

ダンテ、ペトラルカ、ボッカッチョの三大作家（三冠）が出た後、イタリア語による文学的な創作活動はやや下火になるが、これとは裏腹に、古典文学研究が徐々に深化し、イタリアや近隣諸国の修道院などをめぐって未知の写本を探索する活動が盛んになる。研究の対象はラテン文学からギリシア文学へと広がり、弱体化したビザンツ帝国からは学者たちが次々と渡来して古典ギリシア語を教授する。こうした諸々の活動は、人文主義（ウマネジモ）の名で総括される。人文主義とは、ギリシア・ローマの古典文学を丹念に研究することをつうじて教養を深め人格を陶冶することをさす。このような研究から得られた新しい知見は、文学以外の分野でも応用されるようになり、いわゆるルネサンス（文芸復興）の時代が到来する。

一五世紀の後半には、詩人ポリツィアーノが活躍する。すぐれた人文主義者でもあった彼は、メディチ家の御曹司が主催する馬上槍試合を主題に『スタンツェ』を書いた。この長詩は未完に終わったが、美と愛の女神ウェヌスの庭園の情景の描写は、ボッティチェッリの絵画を彷彿とさせる。メディチ家の当主ロレンツォも詩心があり、青春の喜びのはかなさを「確かな明日は無きものを」と詠じたカーニヴァル（謝肉祭）の歌が有名である。

哲学者フィチーノは、プラトンの全作品をラテン語に翻訳した。彼を中心にフィレンツェ新プラトン主義が興り、ヘレニズム期のエジプトで成立したヘルメス文書やユダヤ教神秘主義のカバラ思想の研究も始まった。フィチーノの訳業によって、精神的・霊的な愛は、プラトン哲学という思想的な裏づけを獲得する。フィチーノが論ずる「プラトン的愛」は、本来の意味が徐々に忘れられ、通俗的な意味（プラトニック・ラブ）を帯びるようになった。

プラトン的愛を主題として含む作品としては、愛の諸相を論ずるベンボの『アーゾロの談論』、理想の廷臣像について議論するカスティリオーネの『宮廷人』、恋人の男女が哲学的な会話をかわすレオーネ・エブレーオの『愛についての対話』が重要である。なお、ベンボは、一六世紀前半の国語論争において、ペトラルカやボッカッチョが使用した格調高い一四世紀のフィレンツェ方言を文学的なイタリア語の規範とすべきであると主張した。このような古典主義的な見解は、イタリアの広範囲にわたって、多くの文学者たちから支持された。

英雄叙事詩――アリオストとタッソ

武勲詩の花形といえば中世フランスの『ローランの歌』であるが、フランス系の武勲詩は中世の北イタリアに移入され、フランス語と地元方言が混成した語り口（フランコ＝ヴェネト語）で聴衆を魅了した。一五世紀になるとフィレンツェの文学者プルチが、オルランド（ロランのイタリア語名）の家来となった巨人が縦横無尽の活躍をする『モルガンテ』を書いた。フェッラーラではボイアルドが、絶世の美女カタイ（契丹）のアンジェリカ姫が騎士たちの恋心を翻弄する『恋するオルランド』を創作した。

『恋するオルランド』の続編として登場したルドヴィーコ・アリオスト（一四七四～一五三三年）の『狂えるオルランド』（初版一五一六年）は、ルネサンス・イタリアにおける英雄叙事詩の最高峰である。騎士たちを幻惑させる魔法の城や、生贄として美女を要求する海の怪物、翼をはばたかせて空を駆けめぐる天馬イッポグリフォなど、空想的な騎士物語ならではの見どころも満載である。オルランドは礼儀正しい騎士にふさわしく、難儀する姫君たちに援助の手を惜しまないが、彼が一途に想うのはアンジェリカ姫。しかし、アンジェリカは身分の低い一兵卒と恋仲になり、これを知ってしまったオルランドは怒り狂う。完全に正気を失い、衣服も脱ぎ捨て、木々を引き抜いて暴れまわり、人びとに乱暴狼藉を働く。ついに、馬に乗ったまま海に乗り入れて、アフリカまで流される。アフリカで再会した友人は、月面の谷間から持ち帰ったオルランドの理性を返してくれた。正気を取り戻したオルランドは戦線復帰、キリスト教徒軍は対イスラーム戦争でようやく優位に立つのだった。

トルクアート・タッソ（一五四四～九五年）の『解放されたエルサレム』（非公式の初版は一五八〇年）は、第一回十字軍におけるエルサレム攻城戦を主題とする。ゴッフレード・ディ・ブリオーネ（ゴドフロア・ド・ブイヨン）率いる十字軍が発進して六年目（この年数は史実とは異なる）。綺羅星のごとき十字軍騎士たちや、イスラーム教徒の勇猛果敢な騎士たちに混じって、隠者や妖術師、大天使や悪魔が去来する活劇の舞台は、小暗《こぐら》い霊気に包まれているかのようである。十字軍騎士たちを幻惑し魔法の島に連れ去るダマスカスのアルミーダ王女、エチオピア王の娘でありながら白い肌のゆえに孤児として育てられた女戦士クロリンダ、互いに慕情をいだくクロリンダと十字軍騎士タンクレーディとの悲劇的な一騎打ちなど、数々の名場面が展開する。多くの苦難ののち、ゴッフレードたちはエルサレムに入城、聖墳墓に到達する。『解放されたエルサレム』は、国外ではアリオストよりも高く評価された。スペインの劇作家ロペ・デ・ベガの『征服されたエルサレム』、イギリスの詩人ミルトンの『失楽園』やスペンサーの『妖精の女王』などに、タッソの影響が見られる。

政治哲学の誕生——マキャヴェッリとグイッチャルディーニ

一五世紀後半の安定した社会から、激動の一六世紀に投げ込まれた人びとは、変転きわまりない政治の濁流に翻弄されながら、厳しい現実に向き合うことを余儀なくされた。ニッコロ・マキャヴェッリ（一四六九～一五二七年）は、フィレンツェ共和国の官吏として度重なる政変を体験した末、人文主義的な道徳観や宗教的な徳目をかなぐり捨てて、怜悧な指摘に満ちた政治論『君主論』（執筆一五一三年）を発表する。彼は、大国にはさまれた群小国家がせめぎ合い、下剋上も当然の世相のなかにあって、君主として政権を維持し目的を達するための数々の方法を建策する。建前やきれいごとを捨て去って権力者の要諦をあけすけに論じた『君主論』は、賛否両論を巻き起こし、「マキャヴェリズム」なる語を生み出した。

フランチェスコ・グイッチャルディーニ（一四八三～一五四〇年）は、教皇庁ロマーニャ総督の地位にまで出世した人物であるが、打算に満ちた冷酷な処世術を記した『リコルディ』（最初のヴァージョンは一五一二～一三年）によって、マキャヴェッリを超えるマキャヴェリストとされる。彼の大部な『イタリア史』（一五三七～四〇年執筆）は、フランス軍のイタリア侵攻からローマ劫掠へと転がり落ちる破局への道程を記した同時代史である。グイッチャルディーニは、イタリアにとどまらずヨーロッパ規模で展開される歴史の舞台における人間の姿を、美化や理想化を加えることなく、ありのままに描き出した。これは、教訓を引き出し読者の徳性を高めることを目的とする人文主義的な歴史書、あるいは、自国の優秀性を対外的に誇示することを目的に建前論と美文で潤色された公的な歴史書からの、完全な脱却を示している。

3　バロックから啓蒙へ

バロックの時代

フランス王国と神聖ローマ帝国との抗争の過程で発生したローマ劫掠（一五二七年）により、永遠の都ローマは荒廃し、ルネサンスは終焉を迎えた。カトー・カンブレジ条約に基づいてスペインのイタリア支配が確立され、トレントの公会議以後は対抗宗教改革が本格化する。スペインによる威圧の下、禁書目録に基づく焚書や異端審問が行われた。

宗教的な厳格さが強要される一方、ジョルダーノ・ブルーノの『無限宇宙について』（一五八四年）やガリレオ・ガリレイの『二大宇宙論』（一六三二年）など次々と新思想が提起されたため、有限宇宙と不動の地球を当然視する安定した世界観は崩壊した。従来のアリストテレス的な自然学は、日常的に観察される事象をきわめて合理的に説明してくれた。だが、そのような世界観が否定されたあとも、整合性のある新しい宇宙観が即座に確立されたわけではない。当たり前（天が回る）が当たり前でなくなり、ありえないこと（地面が運動する）があるべきこととなり、説明不可能になった世界のなかで、文学においても合理性よりも奇想天外な比喩が好まれた。この時代の文化の傾向はバロックと名づけられている。この語はポルトガル語の「バロコ」（ゆがんだ真珠）に由来するとも、ある種の詭弁的な三段論法を意味するスコラ哲学の専門用語「バローコ」に由来するとも言われる。

絢爛豪華で仰々しい言葉の洪水が喜ばれたバロック時代を代表する詩人は、ジャンバッティスタ・マリーノ（一五六九～一六二五年）である。マリーノはイタリア各地の小宮廷を転々とし、ついにはフランスのマリー・ド・メディシス皇太后に招聘されて、パリで宮廷詩人となった。マリーノの代表作『アドーネ』（初版一六二三年）は、ギリシア神話に着想を得て、美青年アドーニスと美の女神ウェヌスとの恋愛を描いた長編叙事詩である。全二〇歌、四万九八四行というイタリア文学史上最長の規模を誇り、あらゆる叙述が壮大な比喩によって膨れ上がっている。話の展開や人物の感情の描写よりも、奇抜な空想と意表を突く言葉の取り合わせの妙技を重視する、コンチェッティズモ（奇想主義）の特徴がよく表れている。マリーノは大変な人気を博し、多くの詩人たちがこの詩風に追随した（マリーノ派）。

ジャンバッティスタ・バジーレ（一五七五～一六三二年）は、『お伽話のなかのお伽話』、別名『ペンタメローネ（五日物語）』を著した。これはヨーロッパで最初の民話集である。恋人を横取りされたゾーザ姫の悲運を枠物語として、一〇人の老婆が一人一話ずつ五日にわたって五〇の物語を語る。収録された物語には、シンデレラの類話「灰かぶり猫」（第一日第六話）、眠りの森の美女の類話「太陽と月とターリア」（第五日第五話）、長靴をはいた猫の類話「ガリウーゾ」（第二日第四話）のように、有名な民話が数多く含まれている。『ペンタメローネ』の後、フランスではペローの『お伽話とその教え』、ドイツではグリム兄弟の『家庭童話集』が編纂された。

アルカディア学院とメタスタージョ

一六九〇年、ローマでアルカディア学院（アッカデーミア・アルカディア）が結成された。これはイタリアで初めての全国規模の文学者団体であり、爾後半世紀にわたって詩作の傾向を支配した。会員の男女はギリシア風のペンネームを名乗り、バロック時代のごてごてした比喩表現に反発し、シンプルで格調高いペトラルカ風のソネットを発表した。スペイン継承戦争の結果、ミラノ公国やナポリ王国などがスペインの手を離れオーストリアの支配下に入ったことも、時代の雰囲気の転換につながった。

オペラの台本で有名なピエトロ・メタスタージョ（一六九八～一七八二年）も、アルカディア学院に所属していた。ローマっ子で才気煥発なメタスタージョは幼少期から即興詩を得意としていたが、アルカディア学院の会長から厳しい古典教育をほどこされた後、まずはナポリのハプスブルク家の宮廷で『捨てられたディドーネ』(一七二四年)を書き、メーロドランマ(音楽劇。歴史の扉9を参照)の台本作家として出発した。やがて一七三〇年には、ウィーンで宮廷詩人に抜擢される。メタスタージョの最高傑作は、古代ギリシアにおけるオリンピック競技会を舞台に、友情、恋愛、失恋、偽の親子関係の錯綜する愛憎劇を描いた『オリンピーアデ』(一七三三年)であり、約五〇人もの作曲家がこのメーロドランマに曲をつけた。メタスタージョは、揺るぎなき形式美、豊かな抒情性(メロス)、緊迫した劇的な盛り上がりのゆえに、ヨーロッパ随一の詩人としての名声をほしいままにした。

啓蒙思想の到来

一四世紀の三冠(ダンテ、ペトラルカ、ボッカッチョ)以来、マリーノやメタスタージョに至るまで、イタリアの文学者たちはヨーロッパの文学を先導してきた。しかし、一八世紀後半になると状況は一転し、イタリア文学は後進的な立場に置かれるようになる。

啓蒙思想やジャーナリズムは、フランスやイギリスといった「先進国」からイタリアにもたらされた。啓蒙思想の時代の人びとは、因習や宗教に目をくらまされず、理性を信頼して科学を進歩させることが明るい未来と社会の進歩につながると信じていた。「イル・カッフェ紙」が一七六四年に創刊されたのを皮切りに、イタリアでも新聞が陸続と発行され、新しい思想伝達手段となった。新たに台頭しつつある市民階級(ブルジョワジー)は、コーヒー店に集まって新聞を読みながら歓談した。

喜劇の改革と新古典主義

『コーヒー店』（一七五〇年）を書いたカルロ・ゴルドーニ（一七〇七〜九三年）は、喜劇の改革にたずさわった。ゴルドーニは、コンメーディア・デッラルテ（芸人喜劇。歴史の扉9を参照）などの泥臭い即興芝居になりがちなイタリア喜劇に大鉈を振るい、フランスのモリエールに代表される古典喜劇を念頭に、すべての台詞を入念に練り上げた脚本を書いた。はじめは役者たちの反発もあったが、改革は徐々に進み、『宿屋の女主人』（一七五二年）、『避暑狂い』（一七六一年）などの名作が次々と発表される。新しい境地を切り開いた彼の作品は、ステレオタイプ的な役割づくりを脱して、人間的な個性を持つ登場人物たちが繰り広げる「性格喜劇」の域に到達した。観客をただ笑わせるだけでなく、社会の悪弊を鋭く突いて諷刺する姿勢には、啓蒙主義的な傾向が見られる。

ミラノで活躍したジュゼッペ・パリーニ（一七二九〜九九年）は、新古典主義を代表する詩人である。彼の代表作『一日』は、『朝』（一七六三年）、『昼』（一七六五年）、『黄昏』（『夜』と二部に分けられ、没後の一八〇一年に刊行）から成る三部作である。パリーニはこの長詩で、上流階級の爛堕な生活ぶりを、端正な韻文で諷刺する。主人公である青年貴族は、夜は社交に忙しく、朝方に就寝して、昼間は女性に取り入って過ごすという、優雅だが空虚な日々を送っているのである。パリーニによる階級批判や進歩的良識主義は、後世の批評家たちから高く評価された。

悲劇詩人ヴィットーリオ・アルフィエーリ（一七四九〜一八〇三年）は、サヴォイア公国の貴族だった。彼は、厳格すぎる教育や軍務を強要される小国の窮屈さを嫌って、イタリアやヨーロッパ各地をめぐり、文学のなかに自己表現の道を見出した。旧約聖書の『列王記』に題材を取った『サウル』（一七八二年）では、王として君臨することを望みながらも近親者からの愛に飢えている孤高の人サウルが、内面の葛藤の果て、敗戦間際に自刃する悲劇が描かれている。ギリシア神話に題材を取った『ミッラ』（一七八四〜八六年）では、小市民的な家庭の平和をぶち壊す破局的な情熱が主題となっている。強烈な自我意識や独裁政治に対する反感といった熱い思いを胸に、あふれるような情念を滔々と歌い上げたアルフィエーリは、ロマン主義の先駆けとなり、近代的な国民詩人として称賛された。

4　統一国家の成立と近代文学

ロマン主義

旧体制を打倒したフランス革命と、それにつづくナポレオンの大進撃は、イタリアでも自由と独立への期待感をあおった。しかし、フランス軍はイタリアに侵攻し、千年の歴史を誇るヴェネツィア共和国は滅亡してオーストリアに割譲された。その他の地域は直接、間接にフランスの支配を受けたが、ナポレオンの失脚とともにオーストリアによる支配が復活した。近代産業や政治面でのイタリアの後進性があらわになるなかで、自由・平等・博愛といった普遍的な理想、国民という概念の萌芽、独立と統一国家の渇望など、新たなる社会を求める思潮が盛り上がる。

一九世紀前半の西洋の文学者たちは、ロマン主義にひたっていた。文学者たちは、重々しい伝統ではなく、自分たちの生きる現在や来る《きた》べき未来に目を向ける。古典的な教養よりも感情の発露が重視され、ギリシア・ラテン文学だけではなく北欧諸国の口承文学なども興味の対象となる。また、従来の高尚な文学（叙事詩や悲劇）では神々や高貴な英雄を扱うのがしきたりだったが、ロマン主義の時代には普通の一般市民を主人公とする「小説」が主要なジャンルとして確立された。

ウーゴ・フォスコロ（一七七八～一八二七年）は、ロマン主義的な憂愁をたたえた作家である。ナポレオンに反発したフォスコロは祖国ヴェネツィアを離れ、フランスやイギリスに渡ってもイタリアの独立を主張しつづけた。『ヤコポ・オルティスの最後の書簡集』（初版一七九八年）は、報われることのない恋と現実の政治への幻滅、失意の長旅と主人公の自殺を描いた書簡体小説であり、イタリア最初の近代小説とされる。この小説は、ルソーの『新エロイーズ』やゲーテの『若きヴェルテルの悩み』と同様に自我意識や感情の吐露を主眼としており、ロマン主義的な作品として後世に大きな影響を与えた。

アレッサンドロ・マンゾーニ（一七八五〜一八七三年）は、イタリア文学史上最大の小説家である。ミラノの伯爵家の出身であるマンゾーニは、幼少時は父母の不仲のため寄宿舎に入れられて成長したが、青年期には母とともにパリで暮らし、フランス流の合理主義思想やロマン主義文学など時代の最先端の息吹を肌で感じ、国際的な視野を養った。史劇『アデルキ』（一八二二年）は、フランク族とランゴバルド族が北イタリアでの覇権を争い合った八世紀の史実を題材にしながら、一九世紀における外国支配の不条理を表現している。代表作『婚約者《いいなづけ》』（初版一八二七年）は、一七世紀の北イタリアを舞台にした歴史小説であり、当時の支配者だったスペイン政権の杜撰な統治ぶり、法や司直の目をかいくぐって何でもやりたい放題の無法者たち、力ある者たちの身勝手に翻弄される一般の百姓たちの苦労に満ちた生きざまが、温かい筆致で描き出されている。

ジャコモ・レオパルディ（一七九八〜一八三七年）は、近代イタリアにおける最高の詩人である。彼は若い頃から古典文学研究に打ち込み、ペトラルカの『カンツォニエーレ』に対する註釈も定評がある。しかし、彼の詩の霊感は、先達となる詩人たちから汲みだされたものではなく、彼独特の世界観に由来する。社会の急激な変化に背を向け、人間存在の卑小さ、人間の知性の浅薄さを正面から見据えたレオパルディの思想は、徹底した悲観主義に彩られている。だが、歴史の変動や人間の世界がつまらないものであるからこそ、人は人間らしい詩情をないがしろにしてはならない。故郷の風景のなかに見出される無限の沈黙と永遠のときに一体化する感覚を歌った「無限」など、彼の『詩集』は優れた情感の宝庫である。

スカピリアトゥーラ（蓬髪派）からヴェリズモ（真実派）へ

外国支配からの脱却および民族国家の樹立という悲願は、一八六一年にイタリア王国の成立によって達成された。しかし、夢の実現は、幻滅を生み出した。

ブルジョワ社会やロマン主義的な文化に反抗する態度を文学で表現したのが、スカピリアトゥーラ（蓬髪派《ほうはつは》）の文学者たちである。帽子もかぶらぬ乱れ髪など社会通念から逸脱した彼らの風俗は、英国の「ボヘミアン」やフランスの「ボエーム」に相通ずるものがある。この派の名称は、クレット・アッリーギ（一八三〇〜一九〇六年）の長編小説『スカピリアトゥーラと二月六日』（一八六一年）から取られた。

ジョヴァンニ・ヴェルガ（一八四〇〜一九二二年）は、イタリア文学史上、マンゾーニ以後の最大の小説家である。ヴェルガは蓬髪派との交流ののち、短編小説『ネッダ』（一八七四年）によってヴェリズモ（真実派）に転換する。ヴェリズモの作家たちは、フランスのゾラに代表される自然主義に似て、作者の観点からの主観を排して、物事の客観的な描写を重視する。ただし、フランスの小説家たちが首都の富裕階級を好んで取り上げたのとは対照的に、ヴェリズモの小説家たちは農村や地方都市を題材に選んだ。ヴェルガの作品としては、国家統一にともなって世のなかの旧来の秩序が崩壊してゆくさまを、身を切るような迫真性で描き出した『マラヴォリア家の人びと』（一八八一年）や、『ドン・ジェズアルド旦那』（一八八九年）、さらにはオペラの原作となった『カヴァレリーア・ルスティカーナ』などが名高い。

国家統一後の大詩人――カルドゥッチとパスコリ

一九世紀末に重きをなした詩人は、ジョズエ・カルドゥッチ（一八三五～一九〇七年）である。ボローニャ大学教授を務め、古典文学についての盤石の素養に恵まれたカルドゥッチは、ドイツの詩人クロプシュトックやフォン・プラーテンを念頭に、古典ギリシア語やラテン語の詩形式を律する韻律を、伝統的なイタリア詩の形式と見事に融合させた。彼の詩は『蛮夷風オード集』（一八七七年）などの詩集としてまとめられている。一九〇六年にはイタリア人として初めてノーベル文学賞を受賞した。

カルドゥッチの後継者である詩人ジョヴァンニ・パスコリ（一八五五～一九一二年）は、他愛のない日常的なことがらを淡々とつづりながらも、宇宙の神秘を感じつつ深い心情をこまやかに描き出した。

児童文学

学校制度の浸透とあいまって、児童文学も盛んになる。材木から生まれた主人公が織りなすファンタジーが少年少女を魅了したコッローディの『ピノッキオ』（一八八三年）や、子供たちを国民として教化することをねらったデ・アミーチスの『クオレ』（一八八六年）などが書かれた。『クオレ』に含まれる『母を訪ねて』の挿話は、テレビアニメとして放映され、わが国でも知名度が高い。

5　二〇世紀から現代へ

ダヌンツィオ

ガブリエーレ・ダヌンツィオ（一八六三～一九三八年）は早熟の天才として華々しいデビューを演出し、二〇世紀初頭のイタリアの文化・社会に多大な影響を及ぼした。ニーチェの超人思想に対する共感、大衆を嫌う貴族趣味、滅びゆく美への哀惜、新時代の文明への憧れなど、多様で相矛盾する要素を一身に包摂したダヌンツィオは、恋に文学に忙しく、高級車や飛行機を乗りまわし、晩年に至ってもフィウメ占領を決行するなど、生涯にわたって精力的に活動した。三島由紀夫を魅了したバレエの脚本『聖セバスチャンの殉教』（フランス語）、女優エレオノーラ・ドゥーゼのために執筆した詩劇『フランチェスカ・ダ・リミニ』、代表的な詩集『アルチョーネ』など、著作もきわめて多い。

『快楽』（一八八九年）は、人生は芸術なりと心得る耽美的なアンドレーア・スペレッリ伯爵の女性遍歴を主題とする小説である。主人公は肉感的な愛と精神的な愛との葛藤に悩み、ついには愛人を二人とも失ってしまう。その後に書かれた『罪なき者』（一八九二年）、『死の勝利』（一八九四年）、『巌頭の処女』（一八九五年）といった小説でも、世紀末の貴族男性の女性関係が作品の通奏低音になっている。

一方、『ヨーリオの娘』（一九〇四年）はアブルッツォ地方の庶民を主人公とした悲劇である。魔女の娘とされるミーラは、父殺しの罪で有罪となった恋人をかばって、自ら火あぶりになる。僻地のフォークロアや迷信をたっぷりと織り込んだこの作品は、表面的な写実にとどまらない深い厳粛さをたたえている。

未来派

未来派は一九〇九年から第一次世界大戦前夜にかけて盛んになった文化的な運動である。未来派の芸術家たちは、自動車や航空機がもたらす解放感やスピード感に心酔し、文学、絵画、彫刻、音楽、演劇、舞踊といったさまざまな分野で新しさを追求した。彼らの本領は、伝統の破壊、美術館の破壊、図書館の破壊、アカデミーの破壊、ヴェネツィアの破壊といった過激な主張とその試みにある。

未来派の首領は、フィリッポ・トンマーゾ・マリネッティ（一八七六～一九四四年）である。エジプトに生まれ育ち、パリ大学で文学を学んだマリネッティは、パリの新聞「フィガロ紙」に『未来派設立宣言』（一九〇九年）を発表し、ここに未来派が誕生する。彼の最初の小説『未来にはばたくマファルカ』（一九一〇年）は、数々の戦争における勝利には飽き足らず、機械鳥ガズルマハを生み出してこの巨鳥とともに再生するアフリカの部族長マファルカ・エル・バールの物語である。この小説には、戦争賛美、超人神話、女性蔑視、機械礼讃といった、未来派らしい特徴が揃っている。マリネッティは、詩の分野でも、文法を無視した「自由語」の使用を提唱し、音や重みや匂いを表現すべきであると説く。擬音語を多用し、臨場感に溢れる文体でトルコ戦争の状況を活写した『ザン・トゥム・トゥム』（一九一四年）がとくに名高い。

ズヴェーヴォとピランデッロ

イタロ・ズヴェーヴォ（一八六一～一九二八年）は、社会に適応できない人物の心理分析を徹底的に追求した作家である。ズヴェーヴォは、ミュンヘンで中等教育を受けてフロイトの精神分析学に触れ、ジェイムズ・ジョイスとも親友だった。彼の代表作『ゼーノの意識』（一九二三年）は、時系列的な事件の展開はなく、主人公ゼーノの回想という体裁をとる。ゼーノは、難しい父子関係、どうでもいいような結婚、狂言自殺に失敗して他界した友人について書きつづるが、虚無感の果てに、巨大爆弾炸裂の予感に襲われる。この小説は、二〇世紀文学の最先端を行く作品として、当初は国外で高く評価された。

ルイージ・ピランデッロ（一八六七～一九三六年）は、二〇世紀のヨーロッパで最大の文学者の一人である。シチリアに生まれ、ドイツで言語学を学んだ彼は、ヴェリズモに触れて小説家を志し、『故マッティーア・パスカル』（一九〇四年）で文名を馳せた。田舎町で司書を務める主人公マッティーアは、鬼婆のような姑にわずらわされる家庭に嫌気がさして家出、遠い土地で偽名を名乗って新しい人生を歩もうとするが、身分証明書のない自分が真人間として生きるのは不可能であることを思い知る。いたたまれずに帰郷したものの、そこでも「故」マッティーアとして余生を送るほかはなかった。人間存在の不条理を鋭くえぐるこの小説は、発表当初から好評を博し、フランス語やドイツ語にただちに翻訳された。

ピランデッロは『エンリーコ四世』（一九二二年）など、演劇の分野でもセンセーショナルな作品を世に送り出した。とりわけ、『作者を探す六人の人物』（一九二一年）は、劇団の舞台稽古の最中に正体不明の人びとが押しかけてくるという、出だしからして異例ずくめである。虚構と現実が交錯するこの作品は、ローマでの初演において観客に大混乱を引き起こした。

エルメティズモ（錬金術派）

第一次世界大戦と相前後して、イタリアの詩壇は大きな脱皮を遂げた。イタリア文学の伝統という殻を打ち破り、マラルメやヴァレリーなどフランスの象徴派の手法を取り入れて、全ヨーロッパ的に通用する作品が書かれるようになった。当時の詩の傾向は、エルメティズモ（錬金術派）と呼ばれる。

ジュゼッペ・ウンガレッティ（一八八八〜一九七〇年）の詩集『埋もれた港』（一九一六年）とともに、イタリア現代詩の時代が始まった。『烏賊の骨』（一九二五年）のエウジェニオ・モンターレ（一八九六〜一九八一年）、および、『水と土』（一九三〇年）のサルヴァトーレ・クワジーモドは、後にノーベル賞を受賞した。ウンベルト・サバ（一八八三〜一九五七年）は、国境の町トリエステにおいて独自の詩風を編みだした。

戦間期の散文文学

第一次世界大戦直後には、多くの作家たちが自らの戦争体験について書いた。その一方で、騒然とした世相や未来派の破壊主義など眼中にないかのように、古典的な形式美を重んじてエッセー風の散文の彫琢にはげむ文学者たちもいた。

世紀初頭には低迷気味だった小説の分野も息を吹き返す。バッケッリの歴史小説『ポー川の水車小屋』（一九三八〜四〇年）、トッツィの『三つの墓標』（一九二〇年）など、さまざまなタイプの小説が試みられた。

アルベルト・モラヴィア（一九〇七〜九〇年）は、弱冠二二歳で出版した『無関心な人びと』（一九二九年）によって世間の耳目を集めた。カミュやサルトルに先駆ける実存主義的小説とも評されるこの作品は、裕福な一家の性の退廃と無気力ぶりを怜悧な筆致で描き出し、けだるい風俗を写すことによって痛烈な社会批判となっている。戦時中に執筆され、一九四五年に発表された『アゴスティーノ』（邦題『めざめ』）において、モラヴィアは一三歳の少年の性の問題を大胆に取り上げた。

イニャーツィオ・シローネ（一九〇〇〜七八年）の『フォンタマーラ』（一九三四年）は、電気代を払うこともままならない貧しい農村を舞台に、大地主の横暴やファシスト懲罰隊の脅威を活写した、反ファシズム的な小説として重要である。作者シローネはスイスに亡命中だったため、この作品は初めドイツ語訳で出版された。

ネオレアリズモ

一九三〇年から五五年頃にかけて、ネオレアリズモが盛んになる。この流派の作家たちは、文章の形式美を追求するのではなく、事実そのものに語らせようとする。文体的には簡素な会話体が多用され、日常的な細々とした事物に深遠な象徴性を担わせる手法が取り入れられた。

エリオ・ヴィットリーニ（一九〇八～六六年）の代表作は、『シチリアでの会話』（一九三八～三九年）である。この小説では、売れ残りのオレンジしか食べる物がない農業労働者や、電燈も薬もない狭い家屋でカタツムリを食べる病人など、貧しくて虐げられた人びとを描きつつ、随所に反ファシズムを暗示し読者を鼓舞する言辞がちりばめられている。

チェーザレ・パヴェーゼ（一九〇八～五〇年）は、アメリカ文学に精通した作家だった。彼は、処女作『故郷』（一九四一年）を皮切りに、数多くの小説を手がける。『月とかがり火』（一九五〇年）は、アメリカで成功した孤児が北イタリアの故郷を訪れる物語である。なつかしい風景は昔のままであるが、養父母も、彼らの娘たちもすでに他界、かつての奉公先の三人の令嬢はそれぞれ、意に染まぬ結婚に苦しみ、堕胎に失敗して死亡し、二重スパイの容疑でパルチザンに処刑された。現に今も主人公の目の前で、あまりの貧困と地主の貪欲ゆえに発狂した小作人が、自宅に放火して家族を焼き殺した揚句、逃げだした息子を追い回している。こうした情景に、往古の洗礼者ヨハネの祝日に焚《た》かれるかがり火の思い出が重ねあわされる。

現　代

第二次世界大戦後もしばらくは、ネオレアリズモや反ファシズムの余韻がつづいた。この時期の作品の一例として、文明から取り残されたバジリカータ州での遠流の生活を綴ったカルロ・レーヴィ（一九〇二～七五年）の『キリストはエーボリに止まりぬ』（一九四五年）や、一九世紀末のフィレンツェにおける庶民の政治闘争を描いたプラトリーニ（一九一三～九一年）の『メテッロ』（一九五六年）が挙げられる。

その後、資本主義の進展と激変する社会における人間精神の変容に対応すべく、さまざまな文学が模索された。脱ネオレアリズモへの動きとして、早くは、カルロ・エミリオ・ガッダ（一八九三～一九七三年）が、独特の錯綜した文体を駆使して『メルラーナ街の混沌たる殺人事件』（連載一九四六年、初版一九五七年）を発表している。

イタロ・カルヴィーノ（一九二三〜八五年）は、歴史的な空想譚を試みた。トルコ軍の砲撃を受けて身体の半分を失った『まっぷたつの子爵』（一九五二年）、ささいな理由から意地になって生涯地面に足を下ろさなかった『木のぼり男爵』（一九五七年）、カール大帝（シャルルマーニュ）の家臣で常に甲冑をまとっている『不在の騎士』（一九五九年）から成る三部作をはじめとして、さまざまな作品において人間性や文学のありようを探究したカルヴィーノは、現代イタリア文学を代表する作家の一人となっている。

ピエル・パオロ・パゾリーニ（一九二二〜七五年）は、新実験主義へと歩みを進めた。パゾリーニは、母の出身地であるフリウーリ地方の方言を駆使して『カサルサの詩』（一九四二年）や『輝ける青春』（一九五四年）などの詩集を発表した。その後、ローマに移り住んで極貧の生活を体験し、社会の底辺で暮らす人びとの言葉遣いや隠語を織り込んだ『生命ある若者たち』（一九五五年）を書いた。この小説は、不良少年たちの犯罪者まがいの生態を扱っていたために、世間から「挑発者」と見なされた。

ジュゼッペ・トマージ・ディ・ランペドゥーサ（一八九六〜一九五七年）の長編小説『山猫』（一九五八年）は、リソルジメントの世相を背景に、シチリアの大貴族の没落と一族の女性たちの末路を描ききった雄大な歴史絵巻である。

その他にも、核兵器開発にまつわる科学者の良心の問題をミステリー仕立てで問いただす、レオナルド・シャーシャの『マヨラーナの失踪』、記号論の泰斗ウンベルト・エーコによる『薔薇の名前』や『前日島』などの秀逸な作品がある。

女流作家についても、戦時下の母子家庭の悲惨を描いた『歴史』（邦題『イーダの長い夜』）のエルサ・モランテ、ごくありふれた日常を透徹した筆致で描き出す『ある家族の会話』のナタリーア・ギンズブルグをはじめ、優れた作家が多い。

イタリア文学は、牢固とした長い伝統を踏まえつつ、常に新しい時代の息吹を取り入れ、新しい心のありようを見つめ、新しい何かを生み出す豊かな生命力をみなぎらせているといえるだろう。


（仲谷満寿美）

参考文献

ポール・アリーギ著、野上素一訳『イタリア文学史』白水社、一九五八年。

岩倉具忠・清水純一・西本晃二・米川良夫『イタリア文学史』東京大学出版会、一九八五年。

土居満寿美「ペトラルカの詩的空間の構造　『カンツィニエーレ』と『トリオンフィ』の対比において」『イタリア学会誌』三九、一九八九年。

土居満寿美「ペトラルカの女性像　『アフリカ』第5巻の場合」『イタリア学会誌』四四、一九九四年。

土居満寿美『エケリニス――ヨーロッパ初の悲劇』アリーフ一葉舎、二〇〇〇年。

仲谷満寿美「根治すべき病としての amor hereos――アルベルティ『デイーフィラ』における愛の治療」『イタリア学会誌』五八、二〇〇八年。

ピエトロ・ベンボ著、仲谷満寿美訳・解説『アーゾロの談論』ありな書房、二〇一三年。

フランチェスコ・デ・サンクティス『イタリア文学史Ⅰ　中世篇』池田廉・米山喜晟共訳、現代思潮社、一九七〇年。

フランチェスコ・デ・サンクティス『イタリア文学史Ⅱ　ルネサンス篇』在里寛司・藤沢道郎共訳、現代思潮社、一九七三年。

望月紀子『イタリア女性文学史――中世から近代へ』五柳書院、二〇一五年。

歴史の扉 9

イタリア演劇史

イタリアの演劇は、時代と地方の特色に応じて実に多様な展開を見せてきた。ここでは、文化史的にとくに興味深い項目について紹介したい。

サクラ・ラップレゼンタツィオーネ（聖史劇）

サクラ・ラップレゼンタツィオーネは、聖書の内容や聖者伝から主題を取った芝居であり、一四世紀から一五世紀にかけて盛んだった。中世の典礼劇ではラテン語が使用されたのとは異なり、サクラ・ラップレゼンタツィオーネはイタリア語（各地の方言）が用いられ、教会堂内や屋外で上演された。一万三〇〇〇行から成り、上演に三日を要した『レヴェッロの受難劇』（ピエモンテ地方）や、三八八聯（スタンツァ）から成る『聖トマーショ物語』（アブルッツォ地方）のように、作者不詳のものが多い。一五世紀のフィレンツェでは教養のある文学者が脚本を執筆し、手の込んだ舞台装置や派手な演出によって民心を魅了した。

ルネサンスの悲劇と喜劇

中世においては、悲劇（トラジェーディア）は高尚な叙事詩、喜劇（コンメーディア）は卑俗な詩を指す用語として誤解されていた。このような概念上の混乱を払拭するものとして、一六世紀初めに、トリッシノが、第二次ポエニ戦争における悲恋の挿話を題材に『ソフォニスバ』（一五二四年）を書いた。この作品は、イタリア語で書かれた最初の悲劇であり、後代にフランスで発展する悲劇というジャンルに先鞭を付けた。ところが、一五世紀末から存在が知られるようになっていたアリストテレスの『詩学』について、一五四八年に詳細な註釈書が出版されたのを機に、文学者たちは『詩学』のなかに三一致の法則（場所の一致、時の一致、筋の一致）を読み込んで、大激論を戦わせる。その結果、イタリアの悲劇は窮屈な規則にしばられ、創造力が枯渇した。

喜劇の分野では、一六世紀はじめに、世継の誕生を願う愚鈍な名士をからかうマキャヴェッリの『マンドラーゴラ』や、女装した兄と男装した妹の双子をめぐる恋の顛末を描いたビッビエーナ枢機卿の『カランドリア』など、文学者の手になる五幕物が書かれ、宮廷などで上演された。

コンメーディア・デッラルテ（芸人喜劇）

コンメーディア・デッラルテは、一六世紀中頃に発生し、およそ二世紀にわたってイタリア内外で人気を博した。職業的な役者が演じ、登場人物は高度に類型化され、おなじみの仮面が多用された。主な役どころは、吝嗇《りんしょく》で助兵衛なヴェネツィア商人「パンタローネ」、学識を鼻にかける頓馬《とんま》な法律家「ドットーレ」、スペイン人の尊大なお奉行様「カピターノ」、つぎはぎだらけの襤褸《ぼろ》をまとった下僕「アルレッキーノ」、白い衣装のでっぷりとした下僕「プルチネッラ」、抜け目のない「小間使い」、優雅な「恋人たち」である。役者たちは、大まかな筋書きを元に、客席の反応を見ながら多くの即興をまじえて上演する。よくあるパターンは、「恋人たち」が親の反対など幾多の困難を乗り越えてめでたく結婚するという、庶民受けする筋書きである。時には軽業や歌をまじえての表現には下品なところも目立ったが、生きのよさが醍醐味であった。

パストラーレ（牧歌劇）

対話体の牧歌詩は古代から存在したが、イタリアでは一五世紀にポリツィアーノが『オルフェーオ神話劇』を書いた。この作品は、牧歌劇や音楽劇の先駆としてしばしば言及される。このジャンルは牧歌劇に成長し、詩人タッソは珠玉の小品『アミンタ』を書いた。

牧歌劇の最高傑作は、バッティスタ・グワリーニの『忠実な牧童』である。この作品は五幕物で、アルカディアを舞台に、人びとがヘラクレスの子孫シルヴィオと牧神パンの子孫アマリッリを結婚させようとするも、数々の紆余曲折の後にアマリッリは忠実な牧童ミルティッロと結ばれるというあらすじである。作者自身の監修によって一五九八年に上演された他、カスティーリャ語、フランス語、ドイツ語に翻訳され、ヘンデルの作曲によって英国でも大流行した。

メーロドランマ（音楽劇）

メーロドランマは、古典ギリシア悲劇を再興する試みのなかから一六世紀末に出現したジャンルである。初期の作品としては、リヌッツィーニによる『ダフネー物語』（ペーリ作曲）がある。一七世紀になると、このジャンルの特徴がほぼ定まり、筋書きが進行するときの台詞である「レチタティーヴォ」と、筋の展開を停止させて感情を盛り上げる「アリア」や「デュエット」との区別のはっきりした、めりはりのある構成となった。バロックの時代には朗々たる音楽や舞台上の演出の華やかさが喜ばれたが、一八世紀には、アポストロ・ゼーノによる改良につづいて天才メタスタージョの登場によって、メーロドランマは高い文学性を獲得した。また、従来のような五幕構成ではなく、三幕構成が主流になった。メタスタージョ原作『皇帝ティートの仁慈』や、ダ・ポンテ作『フィガロの結婚』などは、モーツァルトが作曲し、今日もしばしば上演される。

（仲谷満寿美）

第10章

「イタリアらしさ」を求めて——服飾とモード

1 「モードの街」の源流

片時も観光客の訪れの絶えることがないフィレンツェ。美術やグルメもさりながら、世界に名だたるイタリア・ファッション・ブランドの製品を求めてやってくる女性で、この街はいつもあふれかえっている。とくに毎年一月と七月にイタリア全国で行われるバーゲンセール、すなわち「サルディ（saldi）」の時期の週末の人混みは尋常ではない。観光客も地元の人間も、華やぐ街をそぞろ歩きし、新製品の服や靴、バッグなどの並ぶショーウインドーを飽かず眺め、やがて店のなかへと消えていく。

ルネサンスの花咲き誇る一五世紀、すでにフィレンツェは「モードの街」であった。そのことは、一四二〇年に行われたフィレンツェの貴族ボッカッチョ・アディマーリとリーザ・リカーソリの婚礼の様子を描きだしたカッソーネ（衣裳用長櫃）（図10-1）によく表されている。式に参列する若いカップルやラッパ手たちのまとう服に織り出された複雑な文様、女性たちの長い引き裾、円形や鞍型など、奇抜なかたちをしたかぶりもの、脚にぴ

図10－1 スケッジャ《アディマーリ家のカッソーネ》
（1440－50年，フィレンツェ，アカデミア美術館）

ったりしたカラフルな靴下――われわれは当時の人びとがどれだけ新奇なスタイルを追い求めていたかということに驚かされると同時に、彼らの欲求を満たしてくれる服飾産業がどれだけ活況を呈していたかを推し量ることができる。

現在でもこの街には、「ヴィア・デイ・カルツァイウォーリ（靴下職人通り）」、「ヴィア・ペッリッチェリア（毛皮商店通り）」、「ヴィア・デイ・テッスィトーリ（紡績工通り）」、「コルソ・デイ・ティントーリ（染物屋通り）」「ヴィア・デッレ・カルダイエ（染色用大釜通り）」など、服飾と関わりの深い名称がいくつも残っているものの、そこを歩いても、往時の職人たちの仕事ぶりを伝えるものは何一つ見あたらず、毛皮屋や染物屋が並んでいるわけでもない。しかしアルノ川を挟んだ職人界隈――これらの職種にはすべて安定した水の確保が必要である――が、フィレンツェを世界中が憧れる「モードの街」たらしめ、今日までその繁栄をもたらしてきたことは間違いない。

2 「見ると嗅ぐとは大違い」

服飾産業を支えるのは、なにはともあれ織物である。一四世

図10－2　現在のコルソ・デイ・ティントーリ（この道をサンタ・クローチェ教会方向に歩いていくと，フィレンツェ国立中央図書館へと通じる）

紀前半、ダンテやボッカッチョ、ジョットらの生きたフィレンツェは、ヨーロッパでも有数の毛織物工業の街として知られていた。ジョヴァンニ・ヴィッラーニ（一二八〇頃～一三四八年）の『年代記』によれば、一三三八年の時点で、この街には二〇〇軒以上もの毛織物工房があり、七万から八万反もの生地を生産していたというが、世紀後半にかけて徐々に下降線をたどっていく。いっぽう絹織物に関しては、すでに一二世紀に組合が成立しているが、この組合は絹織物の「取引」だけに従事していた可能性があり、本格的に生産が開始されたのは一五世紀初頭であるとも言われている。一五世紀フィレンツェの歴史家ベネデット・デイの『年代記』によれば、一四七二年には八三軒もの絹織物工房があり、金銀のブロケード織やダマスク織、ビロードやサテン、タフタ等を、イタリア各地のみならず、ヨーロッパの主要都市に輸出していたという。

この絹織物工業の発展のなかで生まれたのが、『絹織物製作に関する論（*Trattato dell'arte della seta*）』というタイトルで知られる手稿である。糸を洗い、撚りあわせて染め、糸巻きに巻きとり、その糸を使って織るという一連の作業、そして最終的に店頭での織物販売価格までが丁寧に解説されたマニュアルであり、無名のフィレンツェ人によって一四世紀末から一五世紀初頭にかけて書かれた。特徴的なのが、各作業工程が均等に説明されているわけではなく、染色に関する記述が全体の三分の一以上を占めることである。フィレンツェのラウレンツィアーナ図書館が所蔵する『絹織物製作に関する論』手稿は四七の挿絵を含むが、そのうち二二枚が染浴《せんよく》や色止めのミョウバンに糸を浸ける様子を表している（図10－3）。このことは染色が糸に「個性」を与える作業であり、職人がもっとも気を遣わねばならない重要な工程であるということを示している。

『絹織物製作に関する論』からは、当時使用されていた染料を知ることができる。すなわち赤系の色に染めるにはケルメス（トキワガシにつく寄生虫の一種）やブラジルスオウ（東南アジア原産のマメ科植物）、青系には「ヴァジェッロ（vagello）」（本来は染色用の桶を指す言葉であるが、ここではアブラナ科の大青《たいせい》の染浴を指すと考えられる）、黄色にはハグマノキ（ウルシ科の植物）やサフラン、モクセイソウ、黒には虫瘤《むしこぶ》（羽虫が産卵のさいに木の幹につけた傷から滲み出る樹液が瘤状に変化したもの）が使われる。緑に染めるには、まず糸を黄色に染めてから青をかけるという二段階の工程が必要となる。さらにそれぞれの色が退色した場合の対処法などのアドバイスが事細かに与えられている。

図10－3　染料の入った鍋をかき回す職人
『絹織物製作に関する論』(Plut. 89, sup. Cod. 117, 27r)
（14世紀末～15世紀初頭，フィレンツェ，ラウレンツィアーナ図書館）

ところがこの美しい色を求める作業は、想像以上に過酷なものである。図10－3において、火にかけた染料の入った鍋をかき混ぜる二人の職人のうち、左の男は鼻をつまんでおり、湯気とともに立ちのぼる強烈な臭気に耐えている。この悪臭は身体中に染みつき、そのうえ、染料で服も顔も手も汚れてしまう。一五世紀のフィレンツェ市条例が政界と公職から染物師を排除しているのは、まさに彼らが道行く人の目をそむけさせる「忌まれた職人」だったからである。この『絹織物製作に関する論』手稿のなかの染色場面を表した挿絵のなかに、一人も女性が登場しないというのもうなずける。女性は糸紡ぎや糸巻きをすることはできても（図10－4）、悪臭をまといつづけるわけにはいかないのである。

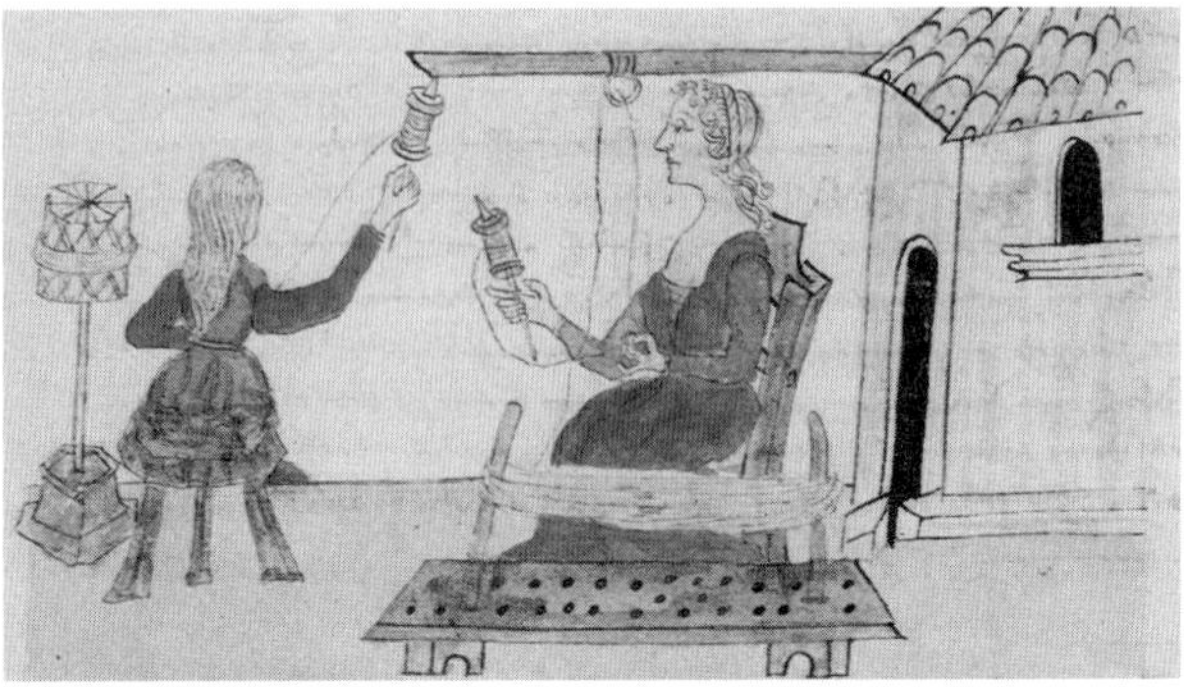

図 10 - 4　糸巻きをする女性
『絹織物製作に関する論』(Plut. 89, sup. Cod. 117, 31v)
(14 世紀末〜15 世紀初頭，フィレンツェ，ラウレンツィアーナ図書館)

こうして苦労を重ねて染められた糸でつくられた織物の価格は、染料の価格をそのまま反映する。ケルメスのように採取する手間もかかるうえに複雑な染色工程を必要とする染料を使用した場合、できあがった鮮やかな赤い織物は非常に高価なものとなるが、かたやヨーロッパの広範囲の地域で栽培可能な大青で染められた青い織物は安く取引される。こうして「色の格差」という問題が生じ、さらにそれは、それぞれの色を着用する人間の階層をも決めていくことになる。

3　つくる男、着る女

できあがった織物は、次に仕立屋の手にわたることになる。まずはその店先を覗いてみることにしよう。

一一世紀バグダッドの医者イブン・ブトラーンが、飲食物や日常の事物の人体に与える影響を解説した書のラテン語訳『タクイヌム・サニターティス（*Tacuinum Sanitatis*）』は、一四世紀末から一五世紀初頭にかけての北イタリアで、豪華な彩色挿絵入り写本が数種類つくられた。オーストリア国立図書館所蔵写本の「毛織物」および「絹織物」（図10 - 5）の挿絵には、裕福そうな客が、男性の仕立師に濃く鮮やかな青や赤の生地を使って服をつくらせようとしている様子が表されている。いっぽう麻織物の挿絵では、褪せた青や薄紅色、白い服を着た女性が、白い布を裁ち、下着をつくっている（図10－6）。この男女の役割分担は、他の写本挿絵においても変わらない。商品価値のある、洒落た外衣を手がけるのが男性の特権であるのに対し、原則として女性は、あまり人目に触れる機会のない家庭用の衣類しか扱えない。

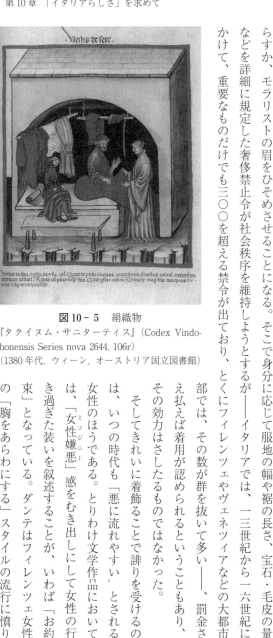

贅沢な衣裳は、社会における格差を目に見えるものとするため、あるいは経済を活性化させるため、貴族や騎士、医者などの富裕層、およびその妻子には許される。しかしそのような特例は、結局のところ輸入超過をもたらすか、モラリストの眉をひそめさせることになる。そこで身分に応じて服地の幅や裾の長さ、宝石・毛皮の量などを詳細に規定した奢侈禁止令が社会秩序を維持しようとするが――イタリアでは、一三世紀から一六世紀にかけて、重要なものだけでも三〇〇を超える禁令が出ており、とくにフィレンツェやヴェネツィアなどの大都市部では、その数が群を抜いて多い――、罰金さえ払えば着用が認められるということもあり、その効力はさしたるものではなかった。

図10－5　絹織物
『タクイヌム・サニターティス』（Codex Vindobonensis Series nova 2644, 106r）
（1380年代，ウィーン，オーストリア国立図書館）

そしてきれいに着飾ることで誹りを受けるのは、いつの時代も「悪に流れやすい」とされる女性のほうである。とりわけ文学作品においては、「女性嫌悪《ミソジニー》」感をむき出しにして女性の行き過ぎた装いを叙述することが、いわば「お約束」となっている。ダンテはフィレンツェ女性の「胸をあらわにする」スタイルの流行に憤り

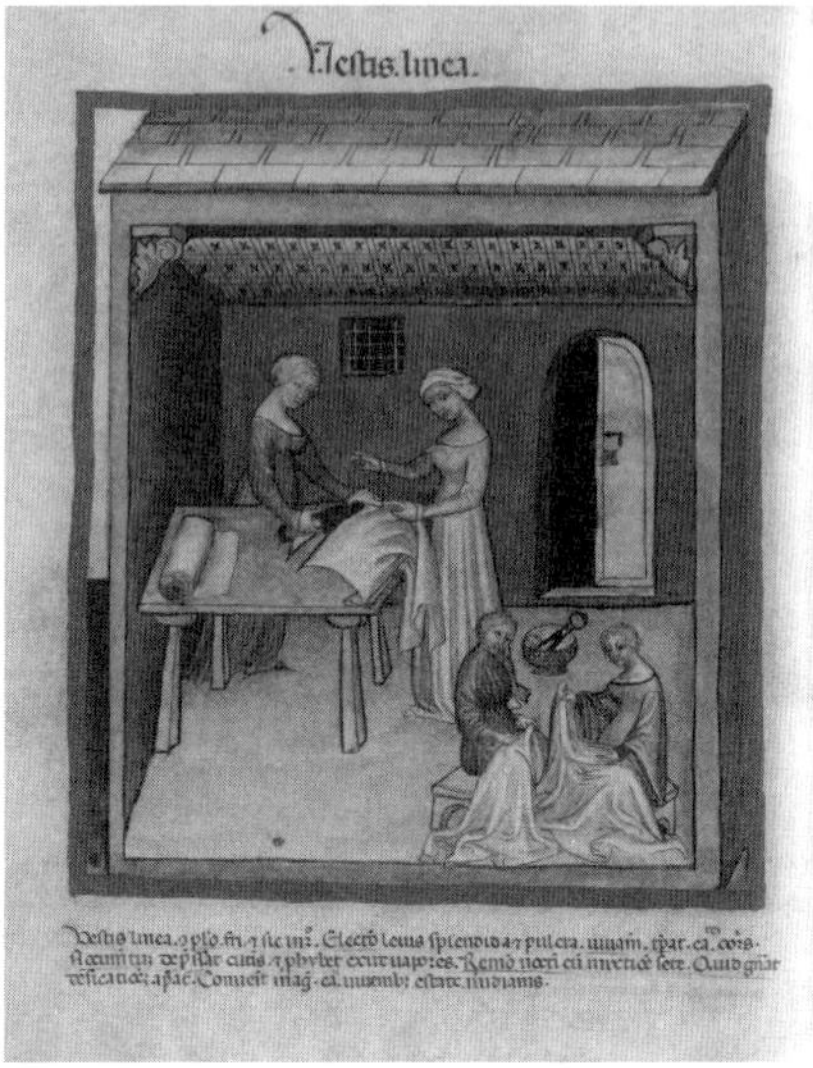

図 10－6　麻織物
『タクイヌム・サニターティス』（Codex Vindobonensis Series nova 2644, 105v）
（1380 年代，ウィーン，オーストリア国立図書館）

（『煉獄篇』〔一三一三年頃〕第二三歌一〇一～一〇二行）、ボッカッチョは「頭飾りや帯、金襴、リスの毛皮、たくさんの服やその他さまざまな装飾品」を哀れな亭主からせびりとる妻たちを激しく罵る（『コルバッチョ』〔一三五四～五五年頃〕一三九節）。フランコ・サッケッティに至っては、醜女も化粧によってたちどころに美女に変身させるフィレンツェ女性を「比類なき絵画彫刻の名匠」と皮肉り（『三百話』〔一四世紀末〕一三六話）、また彼女らが、装飾品を没収しようとする風紀取締りの役人たちの追及を、いかに知恵を働かせて巧みにかわしたかという次第を活写している（一三七話）。

ともかく誰が何と言おうと、女性たちは着飾ることをやめない。「他者よりも美しく、人目を引く装いをしたい」と願う彼女らの気持ちこそが、良くも悪くもモードを牽引する。

4　モードのナショナリズム

現代のようにモードに関する情報がメディアにのって大量に流れてくる時代でなくても、人びとはあらゆる手段を用いて新奇なものに飛びついていく。

長いあいだ死の匂いをただよわせる穢れた色として敬遠されてきた黒は、染色技術の向上、そして「悲嘆」という感情そのものに対する価値観の変化により、「美しい色」に昇格する。フランス王シャルル六世（一三六八〜一四二二年）やブルゴーニュのフィリップ善良公《ル・ボン》（一三九六〜一四六七年）らは、この色をじつに優雅に着こなした。その後、約一世紀をかけて黒のモードは全ヨーロッパに波及し、イタリアもこの流れに巻き込まれる。宮廷人としての心得や教養を対話形式で説いたバルダッサーレ・カスティリオーネの『宮廷人』（一五二八年）にも、「他の色にもまして黒は衣服に優美さを与える」とあり、通常の衣服であれば、この「スペイン流の落ち着き」を示す色を選択すべしと述べられている。事実、当時の肖像画を見てみると、階級・性別・年齢・職業を問わず、皆こぞって黒を着ている。とくにティツィアーノの描く男性たちは、驚くほど誰も彼もが黒ずくめである（図10−7）。

しかし『宮廷人』の話者たちは、昨今のモードについて深く慨嘆するのである。

図10－7 ティツィアーノ《ジュリオ・ロマーノの肖像》
（1536年頃，マントヴァ，個人蔵）

なにしろ、昨今私たちの目にする人びとの恰好は実に多様で、ある者はフランス風、ある者はスペイン風、またある者はドイツ人のような姿をしており、さらにはトルコ風の衣装に身を包む者まで現れる始末で、髭についても蓄える者あれば剃る者ありです。……イタリア人はさまざまな他人の流儀を取り入れるのに熱心ですから、各々が自分なりの趣味に合った着こなしをすればよいと私は考えています。ただ、どうしたことか現在のイタリアには、昔と違ってひと目でこれぞイタリア人と判るよ

図10－8　ブロンヅィーノ《ルクレツィア・パンチャーティキの肖像》
（1540年頃，フィレンツェ，ウフィツィ美術館）

うな衣装がありません……（カスティリオーネ著、清水純一他訳『宮廷人』東海大学出版会、一九八七年、二五一頁）。

つまり当時は、周辺諸国のモードを取り入れた装いをした人びとが街中を闊歩していたということになる。このようなモードの交流を引き起こす大きな要因の一つが、君主の政略結婚である。例としてトスカーナ大公コジモ一世妃エレオノーラ・ディ・トレド（一五二二～六二年）のケースを見てみよう。

一五三二年、エレオノーラは生地トレドからナポリに移り、一五三九年にコジモと結婚してフィレンツェに入った。かの天才彫刻家ベンヴェヌート・チェッリーニは、有名な『自伝』において、彼女がそれほど価値のない真珠の首飾りを夫に買ってもらおうとして駄々をこねた次第を書き立て、その美的センスの乏しさを暗に揶揄している。しかし一五四四年から彼女が亡くなる一五六二年までの衣裳を記載した帳簿によれば、彼女は高価ではあるもののシンプルな装いを心がけ、豪華な赤い衣裳も好んだが、灰色や黒、黄褐色のような慎ましい色も多く身につけている。

彼女はフィレンツェにおいても、つねに独自の着こなしを意識していた。たとえば一五三〇年代から四〇年代初頭のフィレンツェでは、《ルクレツィア・パンチャーティキの肖像》（図10－8）に見られるように、上腕部に大きな膨らみのある袖がついた服が流行していたが、その少し後に描かれたエレオノーラの着衣の袖には、そのような大仰な装飾はない（図10－9）。またルクレツィアはマッゾッキオと呼ばれる付け毛でできた輪飾りを後頭部につけているが、公妃は髪にボリュームをもたせることを好まず、真珠のヘアネットをつけている。年代記作者たちは、一五五〇年の四男ガルツィアの洗礼式にさいしてエレオノーラが着用した白いビロードの長衣を「スペイン風」と記しているので、彼女の姿は、当時のフィレンツェ人たちの目に異質なものと映ったのであろう。重要な式典で盛装する公妃は、モードの牽引者としての役割も果たすことになる。

しかし異国モードの流入をもたらすのは、決してそのような平和的な要因ばかりではない。フィレンツェ共和国、ヴェネツィア共和国、ミラノ公国など、小さな都市国家の乱立するイタリアは、外敵――とりわけ国王を中心とする強力な国家体制の整っている国々の侵略を絶えず受けつづけてきた。一四九〇年代以降のフランス王による度重なる進軍、一五〇四年のアラゴン王国によるナポリ王国属領化、そしてもっとも甚大な被害をもたらしたのが、一五二七年の神聖ローマ帝国皇帝カール五世によるローマ劫掠である。そんな非情な戦争も、異文化を人びとの目に触れさせる機会となることがある。

図10－9　ブロンヅィーノ《エレオノーラ・ディ・トレドの肖像》（1543年頃，プラハ，ナロードニ美術館）

だからこそ、目新しいモードを無条件に受け入れてしまうことの危険性を、識者たちは指摘するのである。先に挙げた『宮廷人』の一節に続く箇所では、外来のモードを「イタリア人の感覚」で修正することを登場人物たちは求めている。同様の忠告が、アレッサンドロ・ピッコローミニの『ラファエッラ、あるいは女性の良き作法についての対話』（一五三九年）や、ジョヴアンニ・デッラ・カーサの『ガラテーオ』（一五五二〜五四年）のような、各種礼儀作法書においても見られる。彼ら人文主義者たちは一様に、それぞれの身分や年齢に応じた服装を勧め、その着こなしにさいしては、「優美（grazia）」、「中庸（via del mezzo）」、「さりげなさ（sprezzatura）」に留意するようにと説いている。国際的に劣勢に立たされるイタリアに生きる者として、せめて母国の文化によって培われた美意識に対する誇りだけは喪ってはならないという訓戒であるのかもしれない。

5　モードのカンパニリズモ（愛郷主義）

とはいうものの、当時のイタリア人には、「イタリア人」としての自覚を持つことそのものが難しかった。彼らは「イタリア人」である以前に、「フィレンツェ人」であり、「ヴェネツィア人」であり、「ミラノ人」なのである。デッラ・カーサが『ガラテーオ』において、「ヴェローナの町で似合うからといって、ヴェネツィアでは断られるかもしれない」と述べているように、競合する各都市でそれぞれ独自のモードが生み出されていた。

一六世紀後半から各種出版された「服飾版画集」は、そのようなモードの「カンパニリズモ（愛郷主義）」総覧である。フェルディナンド・ベルテッリの『現代諸国民の服装（*Omnium fere gentium nostrae aetatis habitus*）』（一五六三年）やピエトロ・ベルテッリの『諸国民の服装（*Diversaru nationum habitus*）』（一五八九年）、そしてチェーザレ・ヴェチェッリオの『古今東西の服装（*De gli habiti antichi et moderni di diverse parti del mondo*）』（一五九〇年）は、いずれもイタリアの他にフランスやドイツなどのヨーロッパ諸国、そしてアジアや新大陸の原住民の服装までをも紹介している。

なかでもヴェチェッリオ（有名なティツィアーノ・ヴェチェッリオの又従兄弟にあたる）の書は、古代ローマから

図 10－10　「当世のヴェネツィアの貴族，そしてその他の裕福な貴婦人の冬の服装」
チェーザレ・ヴェチェッリオ『古今東西の服装』（129v）
（1590 年，文化学園図書館）

図 10－11　「パドヴァの奥方」
チェーザレ・ヴェチェッリオ『古今東西の服装』（215v）
（1590 年，文化学園図書館）

カナリア諸島の原住民に至るまで、老若男女、あらゆる職業・階層に属する人物の服装を表した四一五枚もの図版（一五九八年の第二版は五〇三枚）と詳細な解説（初版はイタリア語、第二版はイタリア語とラテン語）を含み、その情報量といい、後世に与えた影響といい、他を大きく引き離している。そしてその初版の図版のうち、ヴェネツィアの服装はじつに一一六枚を占めている。これはいうまでもなくヴェチェッリオ自身がヴェネツィアやベッルーノなど、ヴェネト地方を中心に活躍する画家であったからだが、この書自体がヴェネツィアで出版されたからでもある。当時のヴェネツィアは、ヨーロッパにおいてもっとも印刷業の栄えた都市の一つであり、一六世紀には約五〇〇の異なる出版社がひしめいていた。ちなみに先に触れたカスティリオーネやピッコローミニの書も、初版はこの地で出ている。

たしかにヴェネツィア人の服装には、イタリアの他の都市には見られない特色がいくつもある。たとえば「当世のヴェネツィアの貴婦人」は、広く四角い襟ぐりのある、ブロケードのソッターナ（袖つき長衣）を着用し、真珠やその他の宝石のアクセサリーをつけ、髪を二本の短い角状に結いあげているが（図10‐10）、一六世紀後半から一七世紀前半にかけてヨーロッパ全域で大流行した襞襟を、この街の女性はあまり好まなかったらしい。ごく至近距離にあるパドヴァの女性が、首の詰まった服を着て襞襟をつけているにもかかわらず、である（図10‐11）。そして二本の角状の髪型は、ヴェネツィア独特のものである。ともかくヴェチェッリオの規準は、すべてヴェネツィアにある。このパドヴァの女性についても、「ヴェネツィアの貴婦人と似た」慎ましさをもっていることを高く評価しているのであり、この書は結局のところ、ヴェネツィア人によるヴェネツィア人のための「モード誌」であるといえる。

6　レース誕生

ヴェネツィア女性が首周りの装飾品として襞襟の代わりによく用いたのが、レースである。ヴェネツィア派の描いた貴婦人の黒服には、きわめて複雑な曲線モティーフをあしらった白いレースの立ち襟がよく映えている（図10‐12）。

レースの最初期の作例としては、一六世紀前半に制作されたと考えられるヴェネツィアやフランドル産のものが現存するが、実際のところはその登場はもっと早かったらしく、ヴェネツィアで一四七六年に出された奢侈禁止令には、貴金属とともに「針でつくられたプント・イン・アリア」の刺繡が規制対象として挙げられている。

「プント・イン・アリア」とは、糸でつくった格子を軸として模様を作成していくという刺繡の一種であるが、これがレースの原型であるとされる。

レースには大きく分けて、白糸刺繡から発展した、針と糸によって作られるニードルポイント・レースと、飾り組み紐を織る技法から生まれた、ボビンを交差させてさまざまな模様を織り上げるボビン・レースの二種類がある。当初は単純な幾何学模様や鋸歯状モティーフが主流であったが、より丸みを帯びた形へと変化していき、時には両方の技巧を併用して、非常に複雑な図柄をつくりだせるようになった。これにともなって、レースのパターンブックも出版されるようになる。先に触れたチェーザレ・ヴェチェッリオも『高貴にして徳高き女性の誉れ（*Corona delle nobili, et virtuose donne*）』（初版一五九一年）というタイトルのパターンブックを出しており、幾何学模様のなかに動物や植物を配した図案を数多く紹介している（図10－13）。

一七世紀半ばのヴェネツィアのレースは、まさに技巧的には極地というレベルに達した。モティーフの輪郭に密にボタンホールステッチをほどこし、浮き彫り効果を出す「プント・ヴェネツィア」と呼ばれる技法を用いた精緻な表現は、見る者の目を釘付けにする（図10－14）。白い麻糸という、まことに廉価な材料が、純粋に「技術」のみで宝石にも匹敵する価値を得たのである。

図10－12　ヴェネツィア派《貴婦人の肖像》
（16世紀末，ヴェネツィア，パラッツォ・ドゥカーレ）

7　モード大国の落日、そして復権

ヴェネツィアのレースはヨーロッパ全体でもてはやされ、周辺諸国はそれぞれその輸入超過に頭を悩ませることになる。とりわけフランスの場合、貴族たちが度重なる奢侈禁止令も構わず、もっとも美しいと評判のヴェネツィアの製品を躍起になって手に入れようとしたために、輸入額は莫大なものとなった。

図 10－13　チェーザレ・ヴェチェッリオ『高貴にして徳高き女性の誉れ』(7r)
(1601 年，文化学園図書館。上段には犬を連れた狩人がウサギを追う姿，中段にはシカ，下段にはワシとカメが配されている)

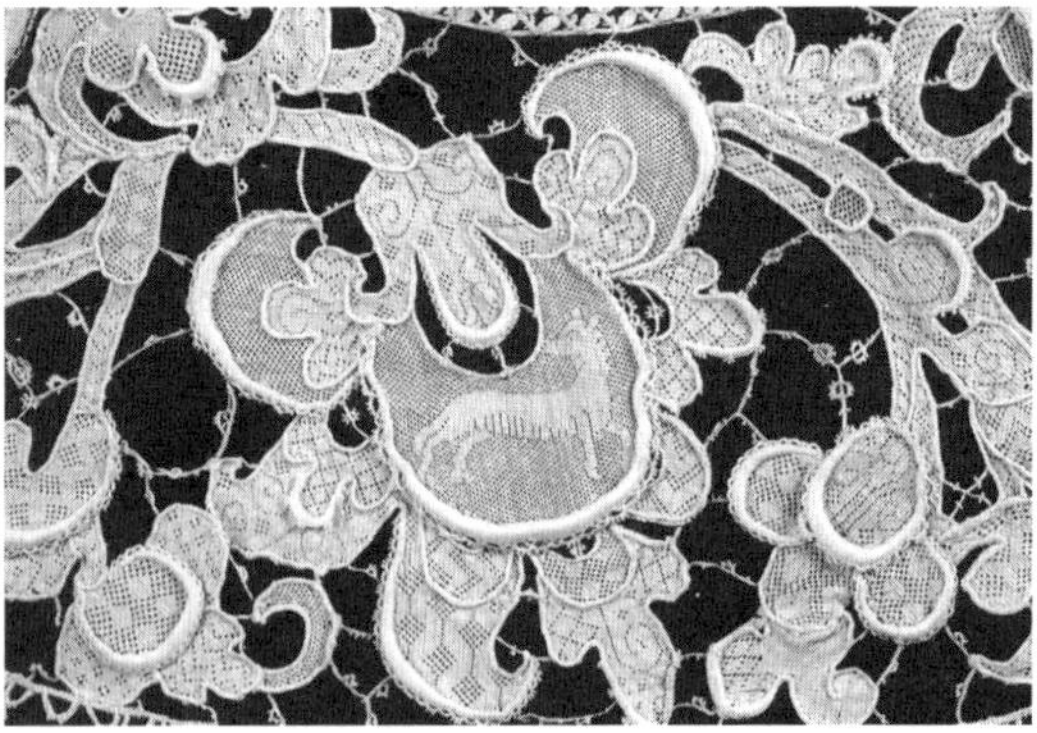

図 10－14　襟（ニードルポイント・レース）
(ヴェネツィア，1660-65 年，アルナルド・カプライ・コレクション。大輪の花のモティーフのなかに，透かしで犬が表されている)

しかしルイ一四世治下の財務総監コルベールの肝煎りで、フランスは地方産業を活性化させ、レースに関しても、王立製作所にヴェネツィアからレース女工を雇い入れたり、あるいは拉致してきたりするなどして、その高度な技術を我がものとし、国産品の質を上げようとした。当初はヴェネツィアの模倣でしかなかったが、こうした努力がやがて実り、一六七〇年頃からはヴェネツィアに勝るとも劣らぬ製品をフランスは世に送り出せるようになる。

そしてちょうどこの頃から、レースのみならず、モード全般において、イタリアとフランスの立場は完全に逆転する。フランスで流行ったものがことごとくイタリアにも取り入れられるという状況は、一九世紀末まで続く。一七八五年頃に描かれた一種のスタイル画である「盛装の婦人」は、モスリンや花を編み込んだ大仰な髪型と、パニエ（スカート部分を膨らませるための腰枠）入りのレースやリボンを多用したドレスが何よりも人目を引く（図10－15）。これはまさしくマリー・アントワネットの宮廷で流行した姿そのものであり、もはや「イタリアらしさ」を感じさせるものは微塵もない。

図10－15 「盛装の婦人」
（1785年，ミラノ，女流作家図書館）

フランス・モードによる国際的均一化の波に呑み込まれたイタリアが自我を取り戻すのは、二〇世紀に入ってからである。ファシズムが自国産業振興に躍起になり、モードの分野でも国産品の開発・消費を奨励したこともさりながら、サルヴァトーレ・フェラガモがアメリカで靴を作り、エルザ・スキャパレッリがパリに店舗を構えたように、個性的なデザイナーたちが次々と海外で成功したことはきわめて大きい。そして第二次世界大戦後、イタリアの主たる顧客となったアメリカ市場――とくにハリウッドスターなどのセレブたち――が、イタリア人の「卓越した職人技」と、ルネサンス発祥の地で培われた「芸術的センス」を世に喧伝するのに一役買ってくれたのである。

（伊藤亜紀）

参考文献

池上俊一監修『原典　イタリア・ルネサンス人文主義』名古屋大学出版会、二〇〇九年。

伊藤亜紀『色彩の回廊――ルネサンス文芸における服飾表象について』ありな書房、二〇〇二年。

チェーザレ・ヴェチェッリオ著、ジャンニーヌ・ゲラン・ダッレ・メーゼ監修、加藤なおみ訳『西洋ルネッサンスのファッションと生活』柏書房、二〇〇四年。

D・ダヴァンツォ＝ポーリ監修、伊藤亜紀監訳、宮坂真紀・長嶺倫子・西浦麻美子訳『糸の箱舟――ヨーロッパの刺繡とレースの動物紋』悠書館、二〇一二年。

徳井淑子『色で読む中世ヨーロッパ』講談社、二〇〇六年。

M・パストゥロー著、篠田勝英訳『ヨーロッパ中世象徴史』白水社、二〇〇八年。

R・L・ピセツキー著、池田孝江監修『モードのイタリア史――流行・社会・文化』平凡社、一九八七年。

A・ピッコローミニ著、岡田温司・石田美紀編訳『女性の良き作法について』ありな書房、二〇〇〇年。

星野秀利著、齊藤寛海訳『中世後期フィレンツェ毛織物工業史』名古屋大学出版会、一九九五年。

M・G・ムッツァレッリ著、伊藤亜紀・山﨑彩・田口かおり・河田淳訳『イタリア・モード小史』知泉書館、二〇一四年。

Roberta Orsi Landini / Bruna Niccoli. *Moda a Firenze, 1540–1580. Lo stile di Eleonora di Toledo e la sua influenza*, Polistampa, Firenze, 2005.

Levi Pisetzky, Rosita. *Storia del costume in Italia*, 5 voll., Istituto Editoriale Italiano, Milano, 1964–69.

歴史の扉 10

「着道楽」ルクレツィア

ルクレツィア・ボルジア(一四八〇～一五一九年)――この名前を聞いて、読者は何を思い浮かべるだろうか。「父(教皇アレクサンデル六世)と兄(チェーザレ・ボルジア)に振り回されて政略結婚を繰り返し、波瀾の生涯をおくった不幸な美女」、あるいは「父や兄と近親相姦の関係にあった淫婦」、さらには「ボルジア家の陰謀に関与した毒婦」等々。たしかに彼女は三度結婚し、とくに二番目の夫ビシェリエ公アルフォンソの暗殺には兄チェーザレが関わっていたとされるので、さまざまな黒い伝説が創りあげられるのも無理はない。ドニゼッティのオペラ「ルクレツィア・ボルジア」(初演一八三三年。原作はヴィクトル・ユーゴーの戯曲)のヒロインも秘伝の毒薬を使い、隠し子があり、その身持ちの悪さを世間で噂されているところを見ると、一九世紀にはルクレツィアの悪女像が相当定着してしまっていたらしい。

ところが実際の彼女は、一五〇二年にフェッラーラ公アルフォンソ・デステと結婚してからは七人の子供に恵まれて女性としての幸せを得たほか、数多くの芸術家を庇護して華麗な宮廷を取り仕切った(もっとも詩人ピエトロ・ベンボとの仲は、単なる「庇護」の域を超えたものであったといわれる)。さらにルクレツィアはかなりの着道楽であったらしく、彼女が嫁入りのさいにローマから持参したり夫から贈られたりした衣裳や銀製の食器、布類、小物類等の目録には、ブロケードやビロード、サテンやタフタ(色は主に黒、そして赤系)でできた五六着ものゴンネッラ(袖つきのゆったりした基本服)を筆頭に、彼女の祖先の地であるスペイン風の外衣、ファルディア(輪骨入りペチコート)、帽子や帯、そして八六足半(!!)の履物に至るまでが記載されている。マントヴァ侯夫人イザベッラ・デステに宛てて義妹ラウラ・ベンティヴォリオがしたためた書簡に、ルクレツィアの服装に関する記述が見られるということは、同性にとって、彼女の装いは決して見過ごしておけぬものであったに違いない。スカートの下にカルツォーニと呼ばれるズボンを穿く習慣も彼女が広めたといわれている。まさしく一六世紀のファッション・リーダーである。

美しかったといわれるルクレツィアであるが、意外にも彼女の確実とされる肖像画は、一五〇二年につくられたメダルに表されたものを除いては、存在しない。ピントゥリッキオが一四九二年から九四年にかけて、ヴァティカン宮殿の通称「ボルジアの間」に描いた《聖女カタリナの論争》における長い金髪を結わずに垂らした聖女が、ルクレ

図1　バルトロメオ・ヴェネト《婦人の肖像》(1520-25年，フランクフルト，シュテーデル美術館)

ツィアの似姿であると考えられてきたが、とくに根拠があるわけではない。しばしば「伝ルクレツィア」として挙げられるバルトロメオ・ヴェネトの描いた女性（図1）は、葉をからませた白いターバンの下から縮れた長い金髪をなびかせ、右手に花を持ち、左胸をあらわにしている。この半裸身は、花の女神フローラに見立てられた高級娼婦の典型的なポーズであり、伝統と格式を持つフェッラーラ公国の妃の姿とは到底考えられない。それでも当時の美女の基準は、なにはさておき「金髪」である。そしておそらく前述の彼女のマイナス・イメージが、このコケティッシュな姿と結びついたのであろう。

二〇〇八年にメルボルンのヴィクトリア国立美術館が、来歴不明の栗色の髪をきっちりまとめた婦人の楕円形画を「ドッソ・ドッシによるルクレツィアの肖像画」と判断したが、この説を我々がなかなか受け入れることができないのは、あまりにも頭にこびりついてしまった「奔放な金髪美人」のイメージとかけ離れすぎているからかもしれない。

（伊藤亜紀）

第11章

都市空間のなかの古代建築

1　街中に眠る過去の痕跡

イタリアの歴史的都市の街並みは、無骨な石積みを見せる中世の塔、洗練されたルネサンス期のパラッツォ（邸宅）、最新のデザインで飾られたショーウインドーなど、さまざまな時代の要素が混在して、豊かで味わい深い雰囲気を生み出している。それは鉄とガラスとコンクリートでつくられた、均質で清潔な建物に囲まれた現代の都市とは異なり、人間の身体尺度に合わせたディテールの膨大な集積から成り立つ。このような都市の様相は、ゆっくりと少しずつ、時間をかけて形づくられてきた故のものだ。

彼の国の歴史的都市は、古代ローマやエトルリアなど古くからの居住地に起源を持つものが多い。今日の市内で、古代の建築物が当時そのままの姿を見せることはほとんどない。それらは当初の役目を終えて放棄された後、長い時間のなかで風化し、破壊されてきた。しかし道路工事などの機会に地面が掘り返されると、なにがしかの痕跡と出くわすのも日常茶飯事である。都市の歴史は層状に積み重ねられていて、その最上層に私たちの生活空

図11－1　大聖堂のクーポラ上から見た街の眺め（フィレンツェ）

図11－2　アシネッリの塔から見た街の眺め（ボローニャ）

間が、うっすらとベールのようにかぶさっている。それをほんの少し剝がしてみれば、積み重なった時間の推積を垣間見ることができるのだ。

中には地中に眠るばかりでなく、姿を変えながらも、今日の都市空間や建築に対して大きな影響を与えつづける遺跡も存在する。このような過去の痕跡は建設当初の目的から離れて、都市のなかで新たな機能と役割を担うに至った。この章では、歴史的都市の街並みに見え隠れする、古代建築のさまざまな「かたち」を紹介していきたい。

2　碁盤目状の都市

古代ローマの植民都市に起源を持つフィレンツェやボローニャなどでは、その証がしっかりと都市中心部に刻み込まれている。街のなかで一番高い場所、フィレンツェでは大聖堂のクーポラの頂上、ボローニャならば半ば傾いたアシネッリの塔の上に登れば、眼下には美しいパノラマが広がる（図11－1、2）。赤褐色の瓦屋根が連続する光景は「甍《いらか》の波」という言葉がぴったりだ。目がだんだんと慣れてくると、建物が妙に整然と並んでいるのに気づく。多少の歪みはあるものの、東西南北に合わせて直線状の街路がきっちりと直交している（図11－3）。このような碁盤目状の道路網は、実はローマ期の都市計画に由来した、古代都市の一部なのだ。

古代ローマにおいて地域開発と防衛の拠点として建設された軍営地「カストゥルム」は、イタリア半島からヨーロッパ各地へと広がった街道上の要所に設営され、そのいくつかは、後により大きな植民都市へと発展していった。都市の建設は周辺領域の開発と一体で進められ、「チェントゥリアツィオーネ」と呼ばれる、東西南北に従った約七一〇メートルの直交グリッドで農地を規則的に区画する開発手法が用いられた。チェントゥリアツィオーネの軸線に従って、市内も一辺約一〇五メートルの正方形街区によって区画された。東西方向にはデクマヌス、南北方向にはカルドと呼ばれるメインストリートが通り、二本の主要街路が交差する街の中心にはフォールム（中心広場）が設けられた。円柱が立ち並ぶアーケードに囲まれたフォールムには神殿やバシリカ（公会堂）が建ち、市場が開かれ、活気あふれる市民生活の中心だった（図11－4）。多くのローマ都市はフォールムの他、公共浴場や半円形のローマ劇場、剣闘士競技が行われた円形闘技場といった都市施設を備えていた。

時は流れ、もはや地上に古代の建築物の姿が消えた後も、街路は交通の場および土地所有の境界として存続していった。碁盤目状の街路網はローマ都市の証として、今日の街中に脈々と引き継がれている。

図11－3　都市中心部に残るカストゥルムの碁盤目状の道路網（フィレンツェ）

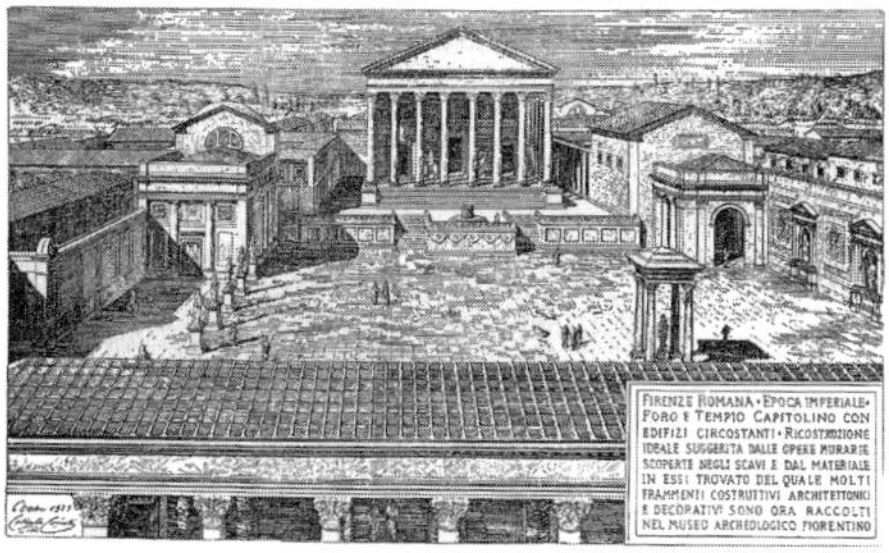

図11－4　フォールムの復元図（ローマ期のフィレンツェ）（C. Corinti, 1923）

図11－5　街を取り巻くルネサンス期の市壁と，中心部に残るローマ期の道路網（ルッカ）

図11－6　サン・ミケーレ・イン・フォロ聖堂と広場（ルッカ）

図11－7　スカルペッリーニ広場から見た，アンフィテアトロ広場への入口（ルッカ）

3　ルッカ――アンフィテアトロ広場

イタリア中部、トスカーナ州の都市ルッカは、中世の街並みをすっぽりと取り囲むルネサンス期の市壁で有名な街だ（図11－5）。一周約四キロメートルの市壁の上は気持ちの良いプラタナスの並木道になっていて、散歩やジョギングをする市民の姿が絶えない。ルッカは「斜塔」で有名なピサの隣町であり、両者はかつて剣呑なライバル同士だった。ファサード（建物の正面側）を飾るアーケードと色大理石のモザイク装飾が美しい大聖堂やサン・ミケーレ・イン・フォロ聖堂（図11－6）は、仲良く両市の名を連ねた「ピサ・ルッカ・ロマネスク」様式の名建築として知られている。

ルッカはローマ植民都市（前一八〇年）に起源を持つ。サン・ミケーレ・イン・フォロ聖堂はその名が示すとおり、古代ローマ都市の中心広場、フォールムの跡地に建つ。聖ミカエルの像を掲げた聖堂の周囲では、ローマからの伝統を引き継ぎ、中世から近代を通じて大きな市場が開かれていた。

ルネサンスの市壁はその内部に、古代ローマの碁盤目状の道路網をはらんでいる。サン・ミケーレ聖堂から、ローマ期のカルドに由来するフィッルンゴ通りを北へ進もう。幅四〜五メートルほどの道の両側には中世の石造の塔、赤レンガのゴシック様式や優雅なルネサンス様式のパラッツォが建ち並ぶ。今日もルッカのメインストリートであるこの通りには、リバティ様式（イタリア版アールヌーボー）の、曲線主体の植物的なデザインで飾られた美しい店舗が軒を連ね、道行く人の目を楽しませてくれる。

フィッルンゴ通りをさらに進むと、スカルペッリーニ広場に面した、大きく湾曲した壁面が目に入る。赤レンガの壁面には人を誘うように、二層分の高さの半円アーチが開口する（図11－7）。アーチをくぐって中に入れば、そこには大きな楕円形の広場が広がっている（図11－8）。頭上には丸く切り取られ

図11－8　アンフィテアトロ広場の眺め（ルッカ）

た青い空が開け、狭い中世の道を歩いてきた後に、清々しい開放感をもたらす。広場を取り囲む、なめらかな曲線を描く壁は色とりどりに塗られ、地上階に並ぶ半円アーチは広場の入口にリズミカルな連続感を与えている。これらのアーチは土産物やブティック、食料品店など多種多様な店舗の入口になっていて、カフェの前に並べられた客席では一休み中の観光客が談笑している。

広場を囲む街区は、ひとつながりの輪のような型をしている（図11－9）。「アンフィテアトロ広場」と呼ばれるこの場所には、かつてローマのコロッセオのような円形闘技場（イタリア語でアンフィテアトロ）が建っていた。ローマ帝国が滅んだ後、放棄された円形闘技場の廃墟は紆余曲折の末、最終的に円環状の一街区を形づくるに至った。アンフィテアトロ広場は、都市ルッカの歴史を考えるうえで欠かせない、とても重要な「かたち」なのだ。以下、ルッカの円形闘技場の、今日に至るまでの変遷の過程をたどってみよう。

円形闘技場は二世紀初めにローマ市壁の外、街の北東に建設された。建物の規模は一〇七×七九メートル（長軸×短軸）、アレーナ（競技用の内部広場）は六七×三九メートルで、外周には二層のアーケードが取り巻いていた。すり鉢状の観客席は二万人を収容したという。

ローマ市民にとって、剣闘士競技は最高の娯楽であった。剣闘士たちが死力を尽くして闘い、時には猛獣との戦いを繰り広げる姿に、老いも若きも熱狂した。このため大都市だけでなくルッカのような中規模の地方都市でも、競うように円形闘技場が建設された。競技の場である中央のアレーナ、それを楕円形に取り囲む観客席、観客席を支える傾斜ヴォールト（かまぼこ形の屋根構造）とアーケードによって構成される円形闘技場は、都市ルッカを象徴する記念建造物として、その偉容を誇った。

西ローマ帝国崩壊後、かつての栄光も忘れ去られた円形闘技場は、住宅や聖堂等の建設に使う建築材料を採取するための巨大な採掘場と化した。遺構の傍らに開かれたスカルペッリーニ（石工）広場の名称は、遺構の石材が周辺の建設活動に活用された事実を伝えている。フィッルンゴ通りを挟んで遺構と向かい合うサン・フレディアーノ聖堂（一二世紀）の建築にも、円形闘技場の円柱や大理石板など多くの部材が転用された。

外装の石材や装飾を持ち去られても、建物の構造体は強固なコンクリートでつくられていたために壊すこともままならず、そのままに残された。半ば朽ちたアーケードが黒々と開口するその姿から、人びとは円形闘技場の遺構をいつしか「グロッタ（洞窟）」と呼ぶようになった。遺構は、もはや人の手になる記念建造物ではなく、あたかも都市周辺にある自然の地形の一種として見なされていた。

六世紀よりルッカを拠点として、トゥシア（今日のトスカーナ地方に相当する地域の古名）を支配したゲルマン系のランゴバルド族は、円形闘技場遺構の内部に占領軍の本部を置いた。当時「パルラッショ」と呼ばれた遺構は都市支配の要たる要塞として、また部族集会の場として利用された。要塞としての転用は、円形闘技場遺構の再利用方法の内でもっとも初期のものであり、コロッセオをはじめとして各地で見られる光景だった。

ルッカはローマからアルプスを越えてフランスに至る中世ヨーロッパの大動脈、フランチージェナ街道上に位置していたため、宿場町として、さらには絹織物の生産・取引で大いに栄えた。遠くパリへとつづく街道はフィッルンゴ通りに接続し、市壁外の北側には一〇世紀頃より「ボルゴ」と呼ばれる居住区が形成され始めた。

ボルゴの建設とともに、グロッタと呼ばれた円形闘技場遺構は、住居への転用が進んだ（図11-10）。最初は、構造壁に囲まれたくさび形平面の単位空間（クネオ）を壁で塞いだだけの、あたかも洞窟住居のような姿だったが、傾斜した観客席を取り壊し、水平な床を設けて階を積み重ね、より生活の場に適した住宅へと改造されていった。建物の高層化は既存の構造壁上への積み増しによって行われたため、クネオのくさび形平面はそのまま維持された。遺構上に形成された住居群は、円形闘技場の楕円形平面を継承しつつ、隙間なく建ち並んでいった。中世のイタリア都市では「スキエラ型住宅」と呼ばれる、日本の町屋を思わせるような間口四～七メートルの長

図 11－9　広場を囲む円環状の円形闘技場街区（ルッカ）

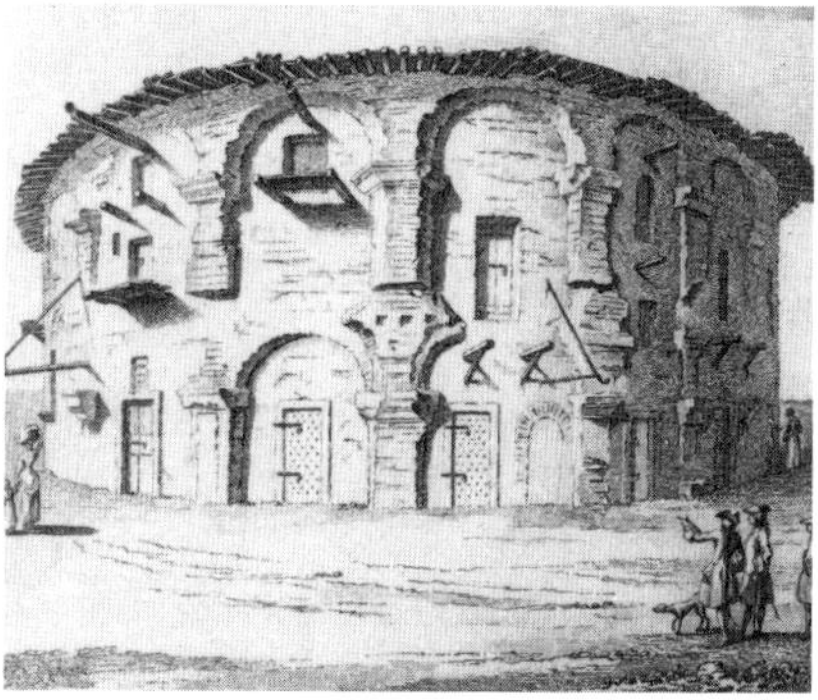

図 11－10　住宅に転用された円形闘技場遺構（ルッカ，18 世紀の銅版画）

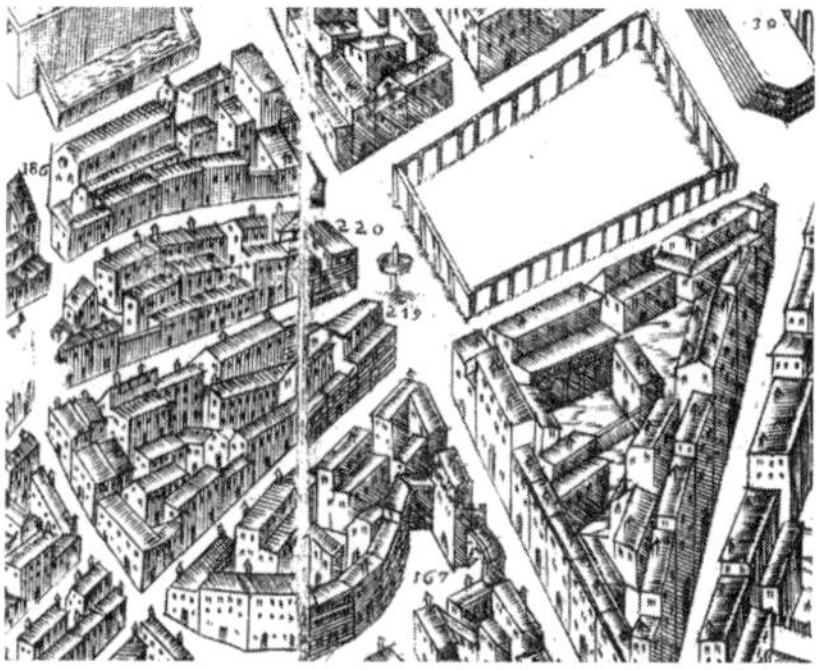

図 11－11　サンタ・クローチェ広場前に残る円形闘技場遺構（フィレンツェ，16 世紀の都市図）

方形平面の都市型住宅が主流だったが、円形闘技場の細長いクネオは都合の良いことに、スキエラ型住宅の挿入にぴったりだったのである。古代の建築は計二六軒の住宅が環状に集合する、ドーナツ型の街区へと生まれ変わった。一方でアレーナは、観客席上につくられた家々の菜園や庭園、家畜小屋などで分割・占拠され、当初の形態を失っていった。

ちなみに、このような円形闘技場遺構の住居への転用はルッカだけの話ではない。ペルッツィ家のパラッツォと化したフィレンツェの事例（図11‐11）をはじめ、ポレンツォ、パドヴァ、アッシジ、アンコーナ等のローマ起源の都市でも同様に、遺構の住居化が行われた。

一九世紀初め、サン・ミケーレ・イン・フォロ広場で開かれていた食料品市場を、円形闘技場遺構内部へと移転する計画が持ち上がる。この再開発計画を担当した建築家L・ノットリーニは、遺構がたどった数奇な歴史を尊重して、観客席上の中世の住宅群をそのままに残しながら、アレーナを占拠する建物や庭園を撤去し、オリジナルの東西二つに加えて南北に二つの入口を新設、計四つの出入口を持つ楕円形の広場をつくり上げた。一八三八年に工事は完了、翌年一〇月一日、広場内に食料品市場（メルカート）が開設された（図11-12）。市場開設とともに、アレーナは商店の小屋で埋まってしまったが、市外への市場移転後、楕円形の空間をとりもどした広場は、住民たちの憩いの場として、またさまざまなイベントの場として親しまれている。

広場の地上階には、各クネオに相当する半円アーチが連続する。東側の出入口を抜けて、広場の外に出てみよう。出入り口の上には、街区のなかでもっとも背の低い二階建ての住宅が建つ。外壁に残る石灰岩の大アーチや角柱は、まさしく円形闘技場のものだ（図11-13）。クネオの転用でつくられた各住宅の階高・軒高・意匠はまちまちで、均質なクネオの空間を基につくられたにもかかわらず、驚くほど豊かな多様性を見せる（図11-17）。なかでも北東街区を取り巻くアンフィテアトロ通りを歩けば、壁面の各所に古代のアーチがいくつも見つかる。北東の外壁には、円形闘技場の二層のアーケードが良好に残されている（図11-14）。この部分は中世より監獄や公共倉庫として、さらには広場で食料品市場が開かれた時代には魚市場として活用されてきた。また、北出入口近くの住宅内部には、観客席を支えていた傾斜ヴォールトの断片が残る。古代のコンクリートの荒々しい表面は、まさにグロッタの名にふさわしい（図11-15）。

遺構周辺の連続平面図（図11-16）には、円形闘技場の形態が周辺地区に影響を及ぼす様子を読み取ることができる。放射状に並ぶ構造壁の軸線は、南側のローマ市壁、西側のフィッルンゴ通りとの間の領域において、アンフィテアトロ通りを越えて周囲へと拡散し、同心円状の街区平面を生み出していった。ローマ都市の外部、空白の地帯にボルゴが形成された時代、先行する都市的要素との競合と相互調整が行われるなか、円形闘技場の楕

図 11－13　街区東部に残る，当初のアレーナ入口

図 11－12　メルカート広場開設当初の姿（19世紀の銅版画）

図 11－15　円形闘技場街区内の住宅。露出するローマ期の傾斜ヴォールト

図 11－14　円形闘技場の２層のアーケード（街区北東部）

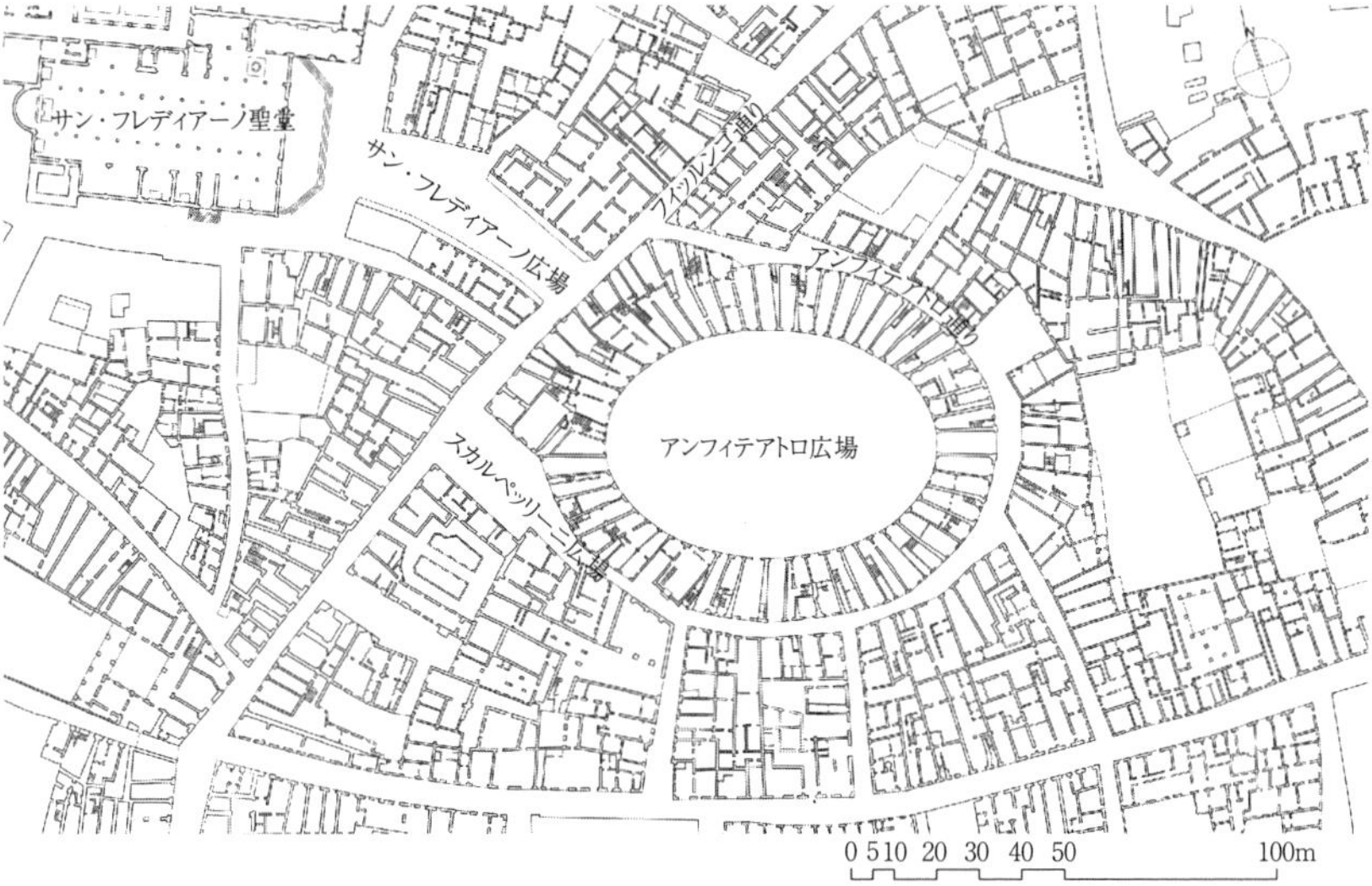

図 11 - 16　円形闘技場街区の連続平面図

図 11 - 17　円形闘技場街区の連続立面図。アンフィテアトロ広場側（上）と外周のアンフィテアトロ通り側（下）

円形平面は、これらの街区を形づくる核となったのだった。

ノットリーニは長年にわたる歴史の積み重ねを、一つの美しい円環へとまとめ上げることに見事成功した。今日も住まいとして街中に生きつづける円形闘技場は、都市の歴史の貴重な証人であり、訪れる者に、この街の二〇〇〇年近くにわたる歴史を静かに語りかけている。

4　ローマ――オクタウィア回廊

永遠の都、ローマ。七つの丘に囲まれた市域には、古代から中世、バロック、現代に至るまで人びとの生活の営みがひしめき合い、多様かつダイナミックな都市空間がつくられてきた。今日見るローマの街並みには主として、フォロ・ロマーノやコロッセオなど古代の記念建造物に象徴される古代ローマの栄光と、放射状に延びる街路の要所要所に立てられたオベリスクと華やかな聖堂群で彩られたバロック都市としての顔を見ることができる。しかし前節で紹介したルッカの円形闘技場遺構のような、その「かたち」をさまざまに変えながらも市内に生きつづける古代建築たちは、都市の歴史をより饒舌に物語ってくれるように思われる。

テヴェレ川沿い、カンピドーリオの丘のふもとに広がる、カンプス・マルティウス（軍神マルスの野）と呼ばれた地域には、帝政期より数多くの記念建造物が建てられた。カエサルが起工し、初代皇帝アウグストゥスが完成させたマルケルス劇場（前一三年）の遺構は、一三世紀にサヴェッリ家の所有となり、一族の要塞兼住居として転用された（図11-18）。一六世紀には建築家ペルッツィによって、白く輝く大理石の二層のアーケードの上に、ルネサンス様式のパラッツォが増築される。二〇世紀初め、アーケード内を占拠していた住宅群の撤去とともに、劇場の周囲はローマ期の地表レベルまで発掘され、一帯は考古学公園として一般開放された。劇場のアーケードを見上げながら、この公園を西へと進むと、アポロ神殿の傍らに列柱廊の遺跡が見えてくる。その終点には、円柱とレンガの大アーチが三角破風を支える、時の流れが止まったかのような一角がある（図11－19）。

この場所には元々、女神ユノーに捧げられた神殿（前一七九年）が建っていた。執政官メテルス・マケドニクスは、ユノー神殿の東側にユピテル・スタトル神殿を建立するとともに、並び立つ二神殿を取り囲むように回廊を建設した（前一三一年）。回廊内には数多くの神像が祀られ、野外彫刻ギャラリーさながらだったという。その後、アウグストゥス帝は老朽化したメテルス回廊を再建し、姉の名前を冠してオクタウィア回廊と名づけた（図11－20、21）。再建の時期は紀元前三三～二三年の間とされる。回廊内の二神殿もこの時に大きく改装され、新たに献納された。ギリシア語とラテン語の図書館を備えた一大文化センターとして生まれ変わった回廊は、幅一

図11－18　マルケルス劇場の眺め（ローマ）

図11－19　オクタウィア回廊前門（ローマ）

図11－20　オクタウィア回廊復元図と航空写真との重ね合わせ

一九×奥一三二メートルの規模を誇った。前述の三角破風は、このオクタウィア回廊の回廊前門（プロピレオ）である。

回廊は歴代の皇帝によって修復・維持されてきた。回廊前門のアーキトレーヴ（水平梁）には、セヴェルス帝とカラカラ帝によって、回廊が二〇三年に修復された旨が刻まれている。円柱とともに三角破風を支えるレンガ造の大アーチは、五世紀に起きた地震後の修復時に設けられた。三角破風の裏側を見ると、雑多な建物の破片が詰め込まれているのがわかる（図11‐22）。近場の適当な石材を転用した応急処置的な工事は、余裕のないローマ末期の様子を物語るかのようだ。

帝国の崩壊後、オクタウィア回廊もまた例外ではなく、華麗な建築装飾や石材は持ち去られ、建設資材の採掘場と化していった。八世紀には回廊前門に張りつくようにして、サンタンジェロ・イン・ペスケリーア聖堂が建設される。回廊前門では一八世紀の画家・建築家ピラネージが描くように、テヴェレ川で採れた新鮮な魚を商う、ローマ市内最古といわれる魚市場が開かれた（図11‐23）。聖堂の「ペスケリーア」の名称は、この魚市場に由来している。

ピラネージはさらに著作「ローマの古代遺跡」（一七五六年）のなかで、オクタウィア回廊とユノー神殿の復元図を描いている。街並みのなかから残存する古代建築を抽出した九葉の版画は、当時の遺構の状態を今に伝えてくれる、貴重な図的資料である（図11‐24）。

回廊前門の周辺には「ゲットー」と呼ばれるユダヤ人街が広がる。ゲットー地区はテヴェレ川の護岸整備と道路建設のため、一九世紀に大規模な再開発を受ける。そのさい、細い路地が入り組んだ中世の街区は取り壊され、サンタンジェロ・イン・ペスケリーア聖堂から西に延びるペスケリーア通りが拡幅された。

かつて回廊に並んでいた円柱は現在、歩道の中心に立っている。ちょっと不思議な光景だが、中世の街区を撤去する以前、図11 - 24の下側に見るように、かつてのペスケリーア通りの幅は現在の建物から円柱までであった。建物の壁面に取り込まれていた円柱群は、中世都市の街路をつくる基準となっていたのだ。オクタウィア回廊の列柱は、テヴェレ川を渡って北西のサン・ピエトロ大聖堂へと向かう巡礼者たちが歩む、巡礼用道路の軸線を形づくった。

サンタンジェロ聖堂の北側には、ユノー神殿の一部を転用した住宅が存在する（図11 - 25）。道路から建物を見上げると、隣家との境に、半ば壁面に埋まった円柱が見える。大理石の柱頭上には、損傷いちじるしい褐色のアーキトレーヴの断片が視認される。

図 11 - 21　オクタウィア回廊復元立面図（Duban, 1827）

図 11 - 22　前門破風の裏側。詰め込まれた雑多な建物の断片

図 11 - 23　魚市場として使われた回廊前門（Piranesi, 1748）

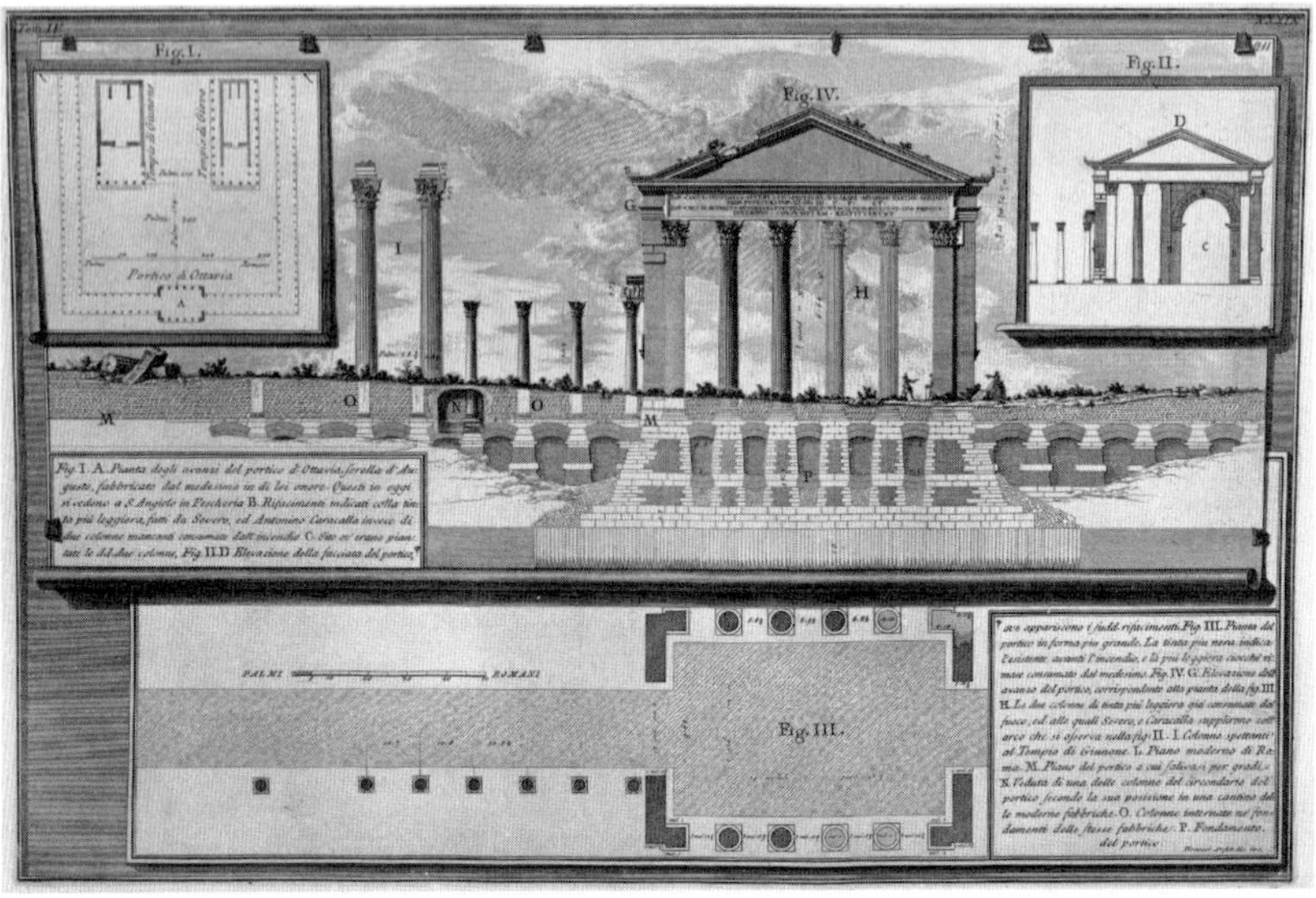

図 11－24　オクタウィア回廊とユノー神殿　第 39 葉（Piranesi, 1756）

三階に位置するL邸に入ると、古代神殿の円柱（図11–26）が目に飛び込んでくる。壁面と一体になった円柱は床から天井まで、切れ目なくつづいている。円柱の残存状態はかなり悪く、大きな亀裂が見られる。同じ円柱の裏側が露出する浴室内では、損傷がさらに激しい。こうした円柱の欠損は、おそらく生活空間に直接面したゆえの損耗だろう。

L邸内には、大理石の円柱二本が露出する。居間にある円柱は直径九七三ミリメートル、延床面積四〇平米ほどの住宅内ではまったくオーバースケールな円柱は、白い大理石の質感と相まって、圧倒的な存在感を放っている。円柱下部の表面は大きくえぐられ、亀裂はモルタルで充填補修されている。壁面に埋まり込む手前には、円柱表面のフルーティング（彫り込み）がわずかに残り、垂直性を強調する。

居間と同じ円柱が、中庭にも現れている（図11–27）。中庭側では室内側と対照的に、柱身のフルーティングが地上から柱頭まで良好に残る。コンポジット式の柱頭はアーキトレーヴの断片を頭上に乗せて、外壁に半ば埋ま

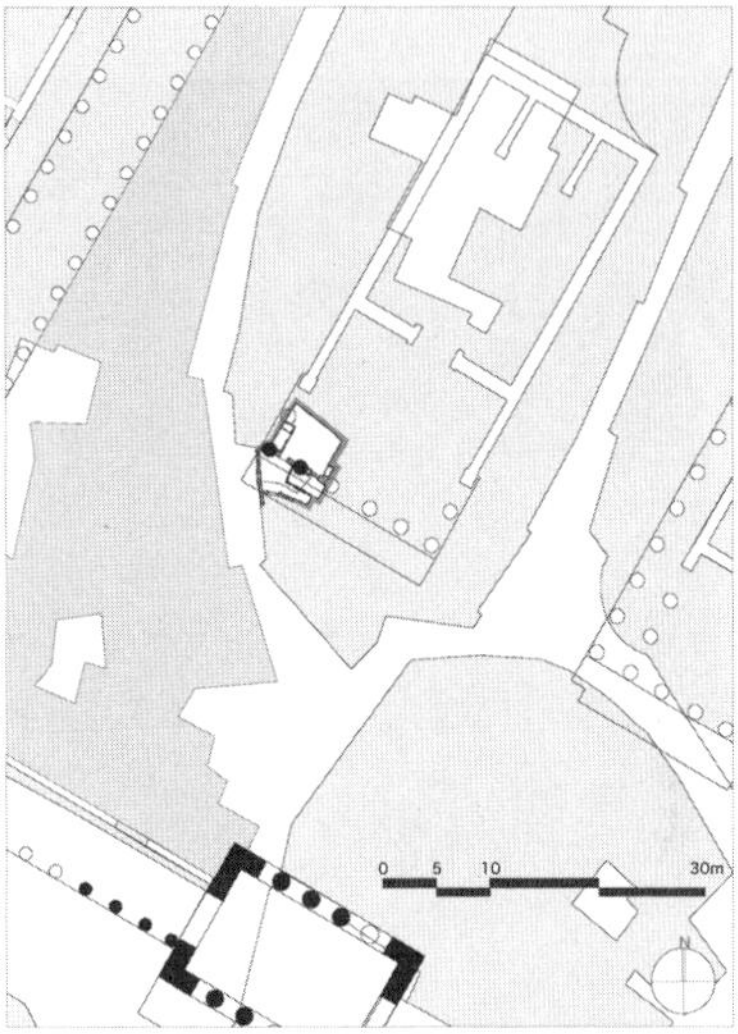

図 11－25　オクタウィア回廊復元図とL邸配置図

図 11－26　L邸玄関室。室内に露出する神殿の円柱

っている。渦形装飾が欠落した柱頭は、ピラネージが描いた図と酷似しており、そのモデルとなった可能性が高い。

二本の円柱の存在は、住宅の平面構成に大きな影響を与えた（図11‐28）。住宅の居間は、かつてのユノー神殿の前柱廊の一角を占める。円柱には、ほぞ穴を空けて梁を架けた痕跡は見られないが、円柱間を塞いでつくられた壁体は、建物の主要構造となった。円柱は構造壁を建設するためのサポートとなり、かつ壁と一体化して建物を支えている。今日、隣のユピテル神殿は何も残っていないが、こちらは回廊内部での住宅建設が始まったときにはすでに崩壊もしくは解体されていて、構造体としての転用には適さなかったものと思われる。

L邸に見られる、古代建築の痕跡と日常の生活空間とが完全に溶け込んだ姿には、切れ目なく連続する都市の時間という、歴史的都市の本質の一端が表れている。日常暮らす都市や建築の片隅に、思いがけず古代建築の一部が露出し、今日の建物と渾然一体となった姿を見つけたときの新鮮な驚きは、積み重なる都市の歴史の重みを、

図 11－27　中庭の壁面に埋まった円柱と柱頭

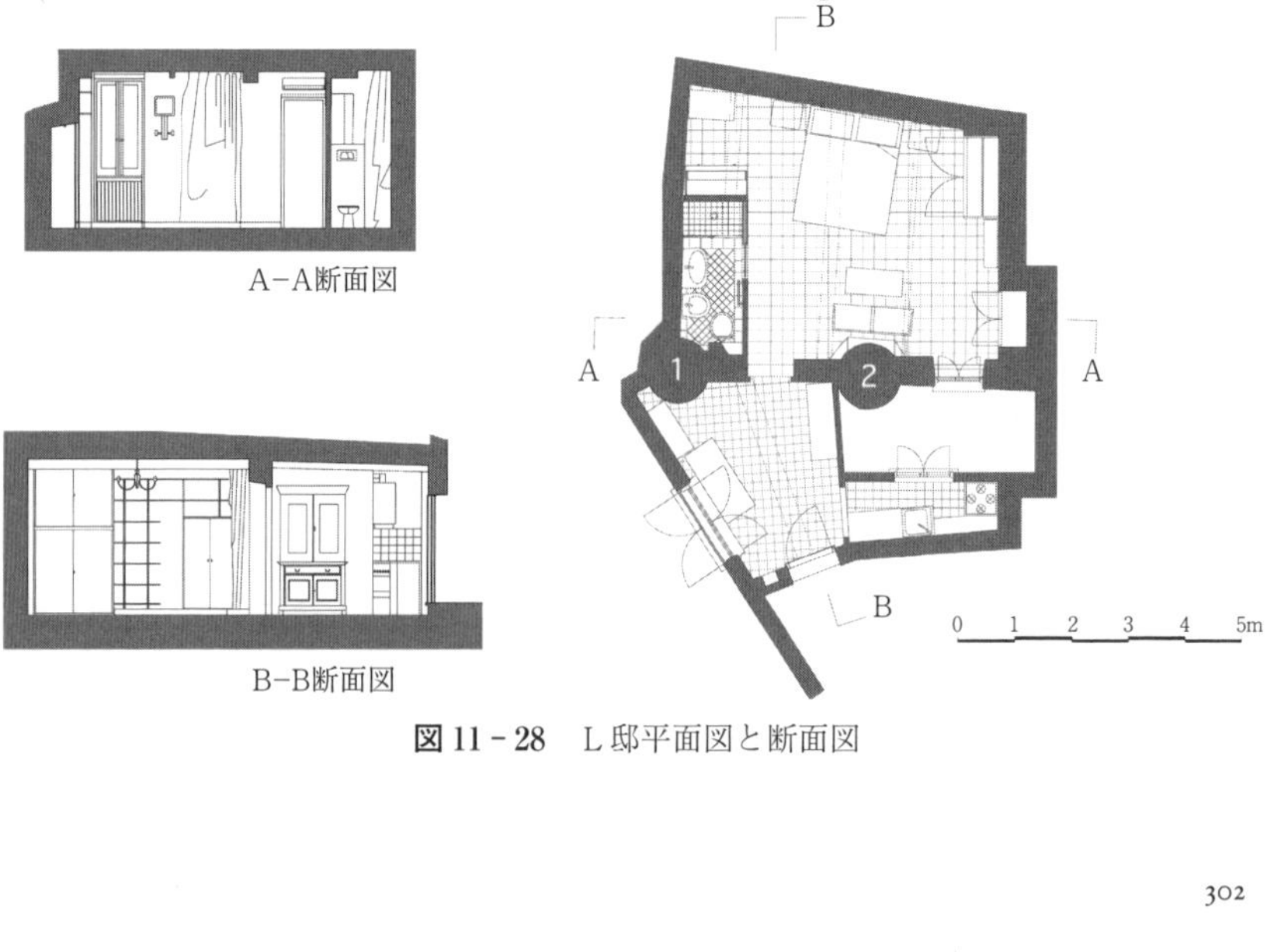

図 11－28　L 邸平面図と断面図

私たちに再確認させてくれる。

5　ポッツォーリ——アウグストゥス神殿と大聖堂

ナポリの西、約一〇キロメートルに位置するポッツォーリは、かつてエジプト産の小麦をローマへと運ぶ海上交易によって大きく栄えた港湾都市だった。この街があるフレグレイ平野は、硫黄の蒸気を吹き出すソルファターラの大クレーターに代表されるように、今なお活発な火山活動がつづく地域だ。

ポッツォーリの心臓部である歴史的中心地区、リオーネ・テッラ（図11-29、30）の頂に位置する大聖堂は、古代ローマ期のアウグストゥス神殿（一世紀）を転用してつくられた。凝灰岩の岬の頂、アクロポリスに建設されたアウグストゥス神殿は、正面にコリント式の円柱六本、側面に九本を持つ、総大理石の白亜の建築だった（図11-31）。大聖堂は火災によって大きな被害を受けたが、これを復興すべく二〇〇三年に開催された国際設計競技は、大聖堂としての機能の回復とともに、地震や地盤変動への技術的対策を問うものであった。この節ではポッツォーリ大聖堂の建築とともに、その再生を図った設計競技と、最優秀案を基に行われた修復工事の内容を見ていきたい。

古代ギリシア植民都市を起源とするポッツォーリの栄華は、海岸沿いに残る市場の遺跡や、コロッセオに次ぐ規模の巨大な円形闘技場（一世紀）の存在に象徴される。

五世紀末から六世紀初め、イタリア半島への異民族の侵入と支配にともなって、ナポリ湾に突き出したリオーネ・テッラの要塞化が進んだ。「テッラ」の名は、ここが船乗りたちに、村や都市を示す terra と呼ばれたことに由来する。

この時代、アクロポリスに建つ、かつてのローマ神殿は町の守護聖人、聖プロコロを祀る聖堂として転用された。異教の神殿のキリスト教聖堂への転用は、シラクーザの大聖堂、アッシジのミネルヴァ神殿、さらにはローマのパンテオン等が挙げられる。都市の時間が切れ目なく連続するイタリア都市では、優れた記念建造物への尊敬の念がもたらすものか、しばしば見られる現象だ。

八～九世紀には地盤変動によって海岸沿いの市域が水没し、砂浜と化す。さらに一五世紀に起こった一連の地震および地盤変動は、ポッツォーリに甚大な被害をもたらした。復興にともなう湾岸や内陸部への住宅建設と住民の移住によって、リオーネ・テッラは徐々に荒廃していった。

一六三六年、スペイン人司教マルティン・デ・レオン・イ・カルデナスは反宗教改革運動の一環として、大聖堂の再建を決意する。工事は建築家ピッキアーティによって進められ、バロック様式の大聖堂が一六四七年に完成した。ローマ神殿の前に新たなファサードを設けつつ、正面の円柱四本を撤去して身廊を延長するとともに、北側の壁を取り壊して、新たな内陣が増築された。

大聖堂は一九四〇年、イタリア王国の記念建造物に指定され、さらに教皇庁の小バシリカとして認定される。しかし一九六四年五月一六日に起こった火災により、華麗な装飾とともに、大聖堂を覆っていた木造屋根は完全に焼け落ちた。

大聖堂の修復は一九六八年より建築家デ・フェリーチェによって進められた。焼け落ちたバロック聖堂のなかからローマ神殿の構造が抽出され、円柱の礎盤、柱身、柱頭、アーキトレーヴには鉄製の補強材が挿入された。欠けた円柱には鉄筋コンクリート造のシャフト（軸）を通し、独立柱として復元した。また神殿＝身廊を覆う、鉄骨造の切妻屋根が架けられた。

つづく地盤変動によって、古い建物群が崩壊する危険があると判断されたため、一九七〇年三月二日、リオーネ・テッラから全住民の立ち退きが行われる。リオーネ・テッラの周囲は封鎖され、昨日まで住んでいた街並みは塀の向こう側に隠れてしまった。土地と建物は国とカンパーニャ州によって買収され、修復完了後に再売却されることとなった。その二年後、大聖堂の修復工事は財政難によって中断してしまう。工事中断の後も考古学的調査と発掘はつづけられたが、一九八三〜八四年の地盤沈下は、大聖堂の再建を放棄させるに至った。

リオーネ・テッラの旧住民たちは、かつての自分の家を毎日眺めながらも、そこへの立ち入りは禁じられたままである。現在、地区内には司教ただ一人が居住する。司教館の寺男は、リオーネ・テッラ内で生まれ育った最後の世代であり、地区内で日中働いている唯一の一般市民だ。日曜日のミサは、大聖堂のとなりにあるSS・コルポ・ディ・クリスト礼拝堂にて行われる。このときのみ、かつての住民たちはリオーネ・テッラ内に戻ることが許される。

図11－29　リオーネ・テッラ遠景（ポッツォーリ）

図11－30　航空写真に見るリオーネ・テッラ（ポッツォーリ）

図11－31　アウグストゥス神殿復元図（F. Morgan, 1766）

火災の後、常に崩壊の危機にさらされてきた大聖堂に対して、二〇〇三年七月、カンパーニャ州は再生のための国際設計競技を開催する。リオーネ・テッラ内への人口回復と文化的・経済的な再評価を目的に、その契機としての大聖堂の再生が期待されたのであった。

設計競技のテーマとして、①宗教施設としての大聖堂の機能回復、②アウグストゥス神殿の考古学的・文化的価値の保存と、地下に残る遺構の見学ルートの設置、③建物の耐震および地盤沈下への有効な対策、の三点が挙げられた。さらに審査の主な基準としては「新旧要素の明確な区別」、「周辺の都市的文脈への十分な配慮」、「考古学的な、またルネサンス－バロック様式の既存要素への最大限の尊重」の三項目が掲げられた。

ローマ神殿とバロック聖堂が複雑に絡み合ったポッツォーリ大聖堂の再生は、困難を極めたものであった。相互に矛盾する要求を解決し、最優秀賞を獲得したのは、マルコ・デッツィ・バルデスキ（フィレンツェ大学教授）のグループだった（図11-32）。再生工事は二〇〇五年から開始されたが、予算等の問題から中断され、いまだに大聖堂の修復は完結していない。以下、実現半ばの再生工事の内容を見ていこう。

大聖堂の屋根は、一九六八年の修復時に架けられた鉄骨造のトラス構造をそのまま使用している（図11-33、34）。白く輝く切妻屋根は、現地で発掘された瓦の断片に基づいて、かつてアウグストゥス神殿に葺かれていたという総大理石の瓦屋根を再現したものだ。

大聖堂へは、鉄骨とガラスの橋を渡ってアプローチする。バロック聖堂のファサードの裏側に設けられた小広場は、元々は内部空間であり、周囲には礼拝堂の断片が並んでいる（図11-35）。アウグストゥス神殿のファサードは、二種類のガラスを用いて復元された（図11-36）。三角破風は、大理石の風合いに合わせた曇りガラスで構成される。アーキトレーヴから下は透明ガラスで、聖堂の内部と外部を区画する。ガラス面には失われた四本の円柱がプリントされ、室内側には円柱のシルエットをかたどったリブガラス（支え）が配された（図11-37）。

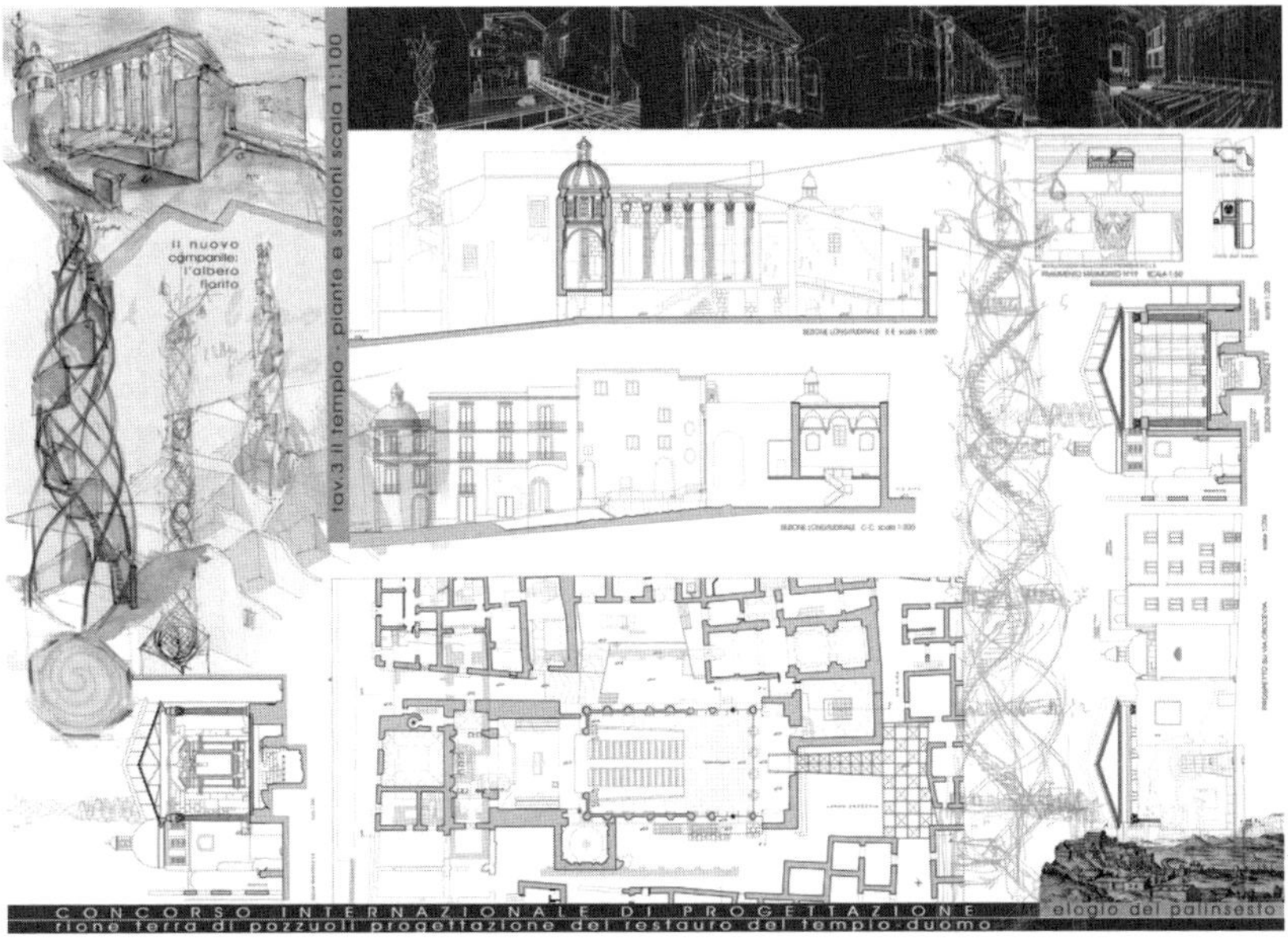

図11－32　ポッツォーリ大聖堂再生設計競技　最優秀案（M. D. Bardeschi, 2003）

こうして新たに円柱を立てることなく、ローマ神殿の列柱廊のイメージがヴァーチャルに復元された。

大聖堂の内部は神殿の空間がそのまま転用されている。聖堂の床は既存の内陣に向かって、緩やかに傾斜する。新たに現代風にデザインされた祭壇および説教壇が、良いアクセントとなっている。

内陣の天井ヴォールトは神殿側の一スパンが欠けており、その隙間からは復元された古代神殿の破風が見えるように工夫されている。内陣から大聖堂入口を見返すと、ローマ神殿とバロック聖堂が一体の建築と化しているのがよくわかる（図11‐38）。

内陣の左に位置するサンティッシモ・リクラメント礼拝堂内では、修復時に発掘された神殿の円柱が壁から切り離されて、ヴォールト天井の背後に独立して立つ（図11‐39）。ここは大聖堂の波乱に満ちた歴史が視覚的に表現された、堂内でももっとも劇的な空間だ。設計競技要綱をまとめた建築修復学の権威G・カルボナーラ（ローマ大学教授）が指摘するように、礼拝堂のなかに立つローマ神殿の円柱は

図 11－34　司教館屋上から見た大聖堂側面

図 11－33　修復中の大聖堂外観

図 11－36　二種類のガラスを用いて再現されたローマ神殿のファサード

図 11－35　大聖堂前の小広場。断片として残されたバロック聖堂の礼拝堂

図 11－38　内陣より大聖堂の身廊を見返す

図 11－37　ガラスのファサード詳細

「文明の価値を有する物的証拠」であり、複雑な歴史的積層を読み解くための重要な手がかりとなるのだ。

聖堂の西側には小さなガラスの階段が設けられ、発掘されたローマ期の地面へといざなう（図11-40）。コンクリートの柱で支えられた礼拝堂の下をくぐると、そこにはアウグストゥス神殿よりもさらに古い、共和政期に建設されたカピトリウム（ユピテル神殿）の一部と思われる、凝灰岩の基壇を見ることができる（図11-41）。ローマ神殿とバロック聖堂の、それぞれ異なる建築的特質の混在と融合こそが、この建築の個性を生み出している。貴重な文化遺産の再生にあたって建築家バルデスキは、アウグストゥス神殿のファサードを各種のガラスを用いてイメージ復元しつつ、大聖堂という宗教施設の機能回復を果たした。神殿とバロック聖堂の分離と融合を成功させた繊細な「かたち」は、都市の歴史を丹念に読み込んだ上での、古代建築の要素の見せ方への十分な

図11-39　SS.サクラメント礼拝堂。発掘されたローマ期の円柱

図11-40　大聖堂側面。ローマ期の地表レベルへと至る階段

図11-41　神殿地下より発掘されたカピトリウムの基壇

配慮から生み出されたものだ。

大聖堂の再生は、リオーネ・テッラとポッツォーリの都市の時間そのものの再生に他ならない。いまだに工事再開のめどは立たず、完成までには多くの問題が山積しているが、この希有な歴史的中心地区への住民の早期帰還が実現し、本当の意味での都市の再生・復活がなされることを願いたい。

6　古代建築の再利用

本章はローマ都市の証ともいえる碁盤目状の街路網から始まって、ルッカのアンフィテアトロ広場、ローマのオクタウィア回廊、そしてポッツォーリ大聖堂の三つの事例を挙げて、各々の歴史的背景と歴史的・建築的な特徴、さらにこれらの遺構との都市空間との関係について述べてきた。

一度は放棄され、廃墟と化した古代建築は、三都市それぞれに異なる歴史的背景に従って、さまざまな「かたち」を生み出した。ルッカでは円形闘技場の遺構を基に円環状の街区が形成され、住まいとして生きつづけるとともに、アンフィテアトロ広場という唯一無二の都市空間をつくり出した。さらにその特異な形態は、周辺地区の形成にも大きな影響を及ぼすに至った。ローマのオクタウィア回廊では、列柱廊の形状が中世の街路の軸線になるとともに、回廊前門は教会堂に、神殿の円柱は住宅内部へと取り込まれ、その建設に利用された。ポッツォーリのアウグストゥス神殿はアクロポリスの頂に立つ記念建造物として、また信仰の場である大聖堂として生きつづけた。古代ローマ神殿、バロック聖堂、そして現代建築が融合する大聖堂は、歴史的都市におけるこれからの建築のあり方の一つを示している。これらの建物は皆、建設当初の目的から離れて、今日の都市のなかで新たな機能と役割を担いつつ、それと不可分なものと化している。

古代建築の再利用というテーマは、考古学や建築史といった歴史的分野ばかりでなく、建築計画・都市計画的観点からも非常に興味深い。歴史学的な視点から当初の姿を復元的に考えるだけでなく、ひとたびつくられた建築が当初の機能を離れて、各時代の要求に沿って改造・転用・利活用されていったプロセスの解明は、都市と建築の持続性を考えるうえでも、さまざまなヒントを与えてくれる。それは、さまざまな姿をとりつつ残存しつづけた遺構が、市内の一建築物という立場から、都市自体を構成する不可分な要素となり、後世の都市形成において大きな役割を担うに至ったことと、密接な関係を持つ。

長年にわたる歴史が複雑に積層する、その上に生活しつづけることの意義、そして都市と建築の創造と再生における本質的な理念とは何か……。歴史的都市のなかに見え隠れする古代の「かたち」には、実に幅広いテーマが含まれている。

（黒田泰介）

参考文献

黒田泰介「コンテクストと建築について」『建築を知る　初めての建築学』鹿島出版会、二〇〇四年、二八～三三頁。

黒田泰介「ティポロジアと積層する都市組織」『10＋1』No. 37、ＩＮＡＸ出版、二〇〇四年、一六二～一七〇頁。

黒田泰介『ルッカ一八三八年　古代ローマ円形闘技場遺構の再生』編集出版組織体アセテート、二〇〇六年。

黒田泰介『イタリア・ルネサンス都市逍遙　フィレンツェ――都市・住宅・再生』鹿島出版会、二〇一一年。

黒田泰介「オクタウィア回廊遺構の住居化について――ピラネージ版画との比較考察」『地中海学研究 XXXIV』地中海学会、二〇一一年。

黒田泰介「ポッツォーリ大聖堂の再生」『成長時代のコンテクスチャリズムから人口減少・大災害の地域文脈論へ』日本建築学会、二〇一三年、三九～四二頁。

Taisuke KURODA, "Lucca 1838. Trasformazione e riuso dei ruderi degli anfiteatri romani in Italia", in *RICERCA, SCOPERTA, INNOVAZIONE: L'ITALIA DEI SAPERI*, Istituto Italiano di Cultura, Tokyo, 2014, pp. 89-108.

歴史の扉 11

ひと味違ったローマ建築巡り

永遠の都、世界の首都 *caput mundi* たるローマでは数多くの記念建造物群が、古の栄光を今に伝えている。ここでは普通のガイドブックとはちょっと違った視点から、ローマの歩き方を紹介してみたい。積み重なる都市の歴史の証人として、特異な「かたち」を見せる古代の建築を訪ねてみよう。

数あるローマ建築のなかでも、その内部空間がほぼそのまま残された奇跡的な例として、何と言ってもまずパンテオンが挙げられる。アウグストゥス帝の右腕、将軍アグリッパが建立し（前二五年）、後にハドリアヌス帝によって再建（一二六年）された、ローマの神々に捧げられた万神殿は、直径四三・五メートルの円形平面に、同じ大きさの半円ドームがすっぽりと被さる。ドームの頂部にぽっかりと開いた直径九メートルの丸い穴、オクルス（眼）から差し込む日光は、格子状のドーム内部にスポットライトを当てる。太陽の動きとともに白い光が刻々と動いていくさまは、まるで巨大な日時計のようだ（図1）。

パンテオンは六〇九年に東ローマ帝国皇帝より教皇ボニファティウス四世へ与えられ、サンタ・マリア・デイ・マルティーリ聖堂（別名サンタ・マリア・デッラ・ロトンダ聖堂）として転用された。今日に至るまでキリスト教聖堂として利用されつづけてきたために、建物は良好な状態を保つことができたのだ。ルネサンス期には墓所として画家ラファエロ、建築家ペルッツィらが埋葬され、一九世紀にイタリアを統一した初代国王ヴィットーリオ・エマヌエーレ二世とその息子ウンベルト一世もここに眠る。

パンテオンから北東へ路地を抜けていくと、ピエトラ広場に至る。ここでは建物と一体化したハドリアヌス神殿（一四五年）の列柱が、広場の一辺を占めている（図2）。一七世紀、神殿の遺構は教皇庁の税関庁舎のなかに取り込まれた。列柱の間は部屋を設けるために封鎖されていたが、一九二八年に行われた修復によって、左側三つの柱間を残して、円柱はすべて解放された。一九世紀からローマ証券取引所として使われている建物の足下は、高さ約四メートルの基壇まで発掘されており、ローマ期の地表レベルを覗くことができる。ルネサンス以降、建築家パッラーディオの作品に代表されるように、古代神殿の要素を装飾に用いた建築デザインが流行したが、この建物では本物の古代の

図1　パンテオン内部

図2　ハドリアヌス神殿跡（ピエトラ広場）

図3　ナヴォーナ広場の全景

図4　街区地下に残る戦車競技場の構造体（ナヴォーナ広場）

円柱が転用されている。壮麗に建ち並ぶコリント式の円柱一一本の奥、切石積みの神室の壁面は、まばゆい陽光の下で深い影をたたえている。

ピエトラ広場から西にまっすぐ向かうと、ナヴォーナ広場がある。一六四四年に即位した教皇インノケンティウス一〇世は、一族の名声を高めるべく、自邸であるパラッツォ・パンフィーリ（現ブラジル大使館）の改修とともに、前面の広場をバロック様式の都市空間として美しく飾らせた。ベルニーニは広場の中央にオベリスクがそびえる四大河の噴水をつくり、その正面に位置するサンタニェーゼ・イン・アゴーネ聖堂の建築はボッロミーニが担当、広場はバロックの二大巨匠の競演の場となった。

夕刻ともなると、世界中から集まった観光客に加えて、下町にある広場はパッセッジャータ（そぞろ歩き）を楽しむローマっ子で賑わう。北側で緩やかなカーブを描く、細長い馬蹄形をした広場の平面型は、ドミティアヌス帝が建設したローマ最初の戦車競技場（前八六年）のかたちを引き継いだものだ（図3）。かつて三万人を収容した観客席の上には、その形態を街区平面にとどめつつ、サンタニェーゼ聖堂をはじめとする多様な建物群がつくられていった。街区の地下に残る競技場の構造体は、都市ローマの歴史の片鱗を垣間見せてくれる（図4）。

ナヴォーナ広場の南には、大きく湾曲した壁面を持つ二つの街区がある。これらはそれぞれ音楽堂（オデオン）とポンペイウス劇場の遺構が、住居に改造されたものだ（図5）。ポンペイウスが建てたローマ初の常設劇場（前五五年）は、幅約九〇メートルの舞台と直径約一五〇メートルの観客席をもち、一万二〇〇〇人の観客を収容した。劇場の半円形平面は、街区のかたちにはっきりと残されている。放射状に置かれた構造壁がつくる細長いクネオの内部は、居住空間に転用されていった。街区の一角にあるホテルの地下では、観客席を支えていたヴォールトと構造壁を見ることができる（図6）。

ポンペイウス劇場から西へ、ボッテーゲ・オスクーレ通りをカンピドーリオ広場方面に向かおう。その途中に、クリプタ・バルビ考古学博物館がある。外観は一見ごく普通の住宅群のようだが、一歩内部に足を踏み入れると、内装や床を取り外して露わとされた、古代建築の力強い構造壁が見える（図7）。この街区全体が、執政官ルシウス・コルネリウス・バルブスによって建設された劇場・回廊・神殿の複合施設（前一三年）の上に積み重なった、中世以降の建築的堆積そのものなのだ。

クリプタ・バルビ博物館では、古代から中世に至る都市空間の変遷過程を、建物自体に語らせている。サンタ・マリア・ドミネ・ローゼ聖堂と修道院、住宅等を含む街区は一九八一年に国が買い取った後、二〇年にわたる発掘調査が行われてきた。その成果が、発掘現場自体を考古学博物館として一般公開する快挙へと繋がったのだ。今なお生活感が残る中庭に、残存する断片とワイヤフレームで復元された古代のアーケード（図8）、ハドリアヌス帝の時代に公衆便所へと改造されたエクセドラ（半円形平面の部屋）からは、積層する時間の重みがひしひしと伝わってくる。都市の中に生き続ける古代建築の「かたち」を最適な姿で見せてくれる博物館、必見のポイントだ。

（黒田泰介）

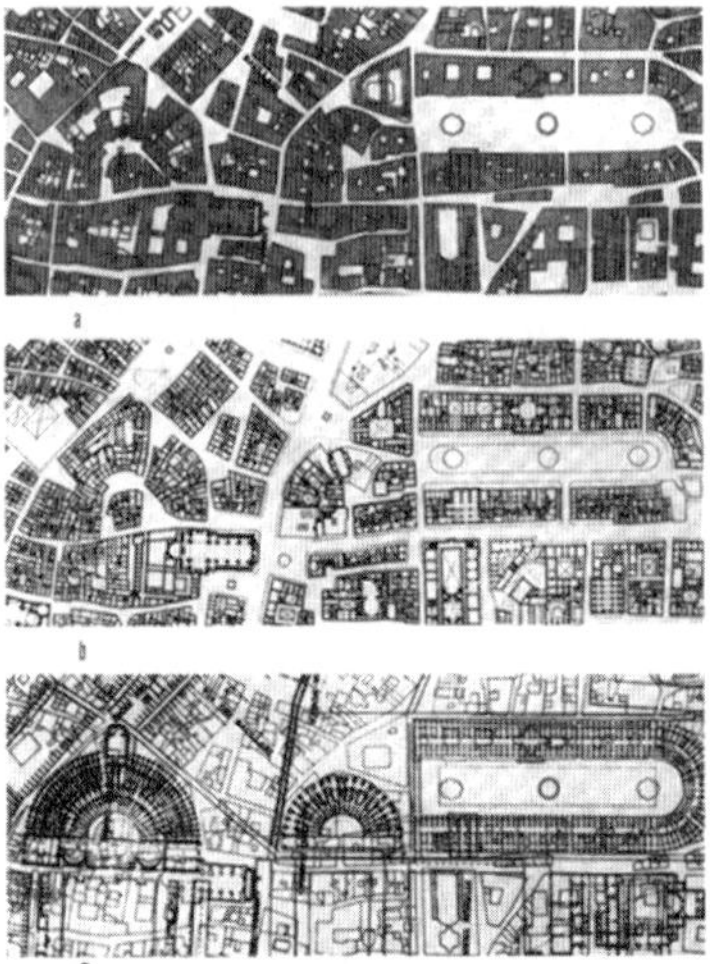

図5　ナヴォーナ広場周辺の変遷
a＝グレゴリオ地籍図（1819）
b＝連続平面図（1960）
c＝現代都市とローマ都市の重ね合わせ

図6　ヴォールトを転用した一室（ポンペイウス劇場）

図7　1階エントランス内部（クリプタ・バルビ考古学博物館）

図 8　中庭内に復元された古代のアーケード

第12章

「ゲットーの時代」のユダヤ人

1　シャイロックはどこに住んでいたのか

ユダヤ人高利貸しシャイロック

イギリスの文豪シェイクスピアは、ヴェローナを舞台とする悲劇『ロミオとジュリエット』をはじめ、イタリアにちなんだ戯曲を書いている。そのうちヴェネツィアに関連する作品は二つ、すなわち『ヴェニスの商人』と『オセロ』である。後者は黒人傭兵将軍オセロが主人公であり、前者ではユダヤ人高利貸しシャイロックが重要な役回りを演じているが、肌の色や宗教などを異にする異邦人が登場しても違和感がないのは、国際商業都市として繁栄したヴェネツィアゆえだろう。第5章でも述べたように、ヴェネツィアではドイツ人、ダルマツィア人、ギリシア人、ムスリムなどの外来者が居住し、商館を与えられたり、独自の教会や礼拝堂、兄弟会などを組織したりして、コスモポリタンな社会が形成された。

一方、第7章で論じたように、市民共同体として都市を見れば、外来の異邦人や異教徒は、都市経済の発展に有用である反面、異なる信仰や慣習を持つ「他者」として、都市共同体の結束や統合を乱しかねない危険な存在でもあった。そのため、外来者が増加し、その経済力や社会的影響力が拡大すると、彼らを管理し、統制する必要が生じてくる。たとえば、都市での滞在や交易の拠点として提供されたドイツ人商館やトルコ人商館は、重要な貿易相手に対する優遇措置であると同時に、彼らを監督する場としても機能していたのである。

こうした外来者のなかには、シェイクスピアが描いた黒人やユダヤ人も含まれる。黒人については「歴史の扉12」に譲るとして、ここではユダヤ人について考えてみよう。

侮蔑的な態度を隠さないキリスト教徒への復讐を誓う『ヴェニスの商人』のユダヤ人高利貸しシャイロックは、そうしたキリスト教徒の一人である「ヴェニスの商人」アントーニオが借金を申し込んできたのを好機として、身体の肉一ポンドを担保とするよう提案した。そして、アントーニオが期限までに返済できない事態に陥ると、政府高官やアントーニオの友人たちの必死の説得にもかかわらず、ヴェネツィアの正義と法を楯に「証文通り」アントーニオの身体から肉を切り取ることを要求するのである。ただし、うまくいくかに思えたこの企みも、最後は手痛いどんでん返しにあってあえなく失敗し、シャイロックは最愛の娘も、財産も、そして父祖伝来の信仰さえも失ってしまう。その顚末を知りたい方には、ぜひ『ヴェニスの商人』をお読みいただくとして、この作品が頑迷なユダヤ人の哀れな境遇を嘲笑する「喜劇」に分類されることは、なかなか衝撃的である。ユダヤ人に対するキリスト教徒の差別感情は、シェイクスピアが活躍した近世イングランドでも顕著であった。

ヨーロッパの歴史において、ユダヤ人が差別や迫害の対象となっていたことはよく知られている。救世主としてのイエスを認めず磔刑に処したユダヤ人は、罪深き「キリスト殺しの民」として、しばしば激しい憎悪の対象となってきた。とりわけ一一世紀末の第一回十字軍では、討伐すべき身近な異教徒として、各地でユダヤ人に対する略奪や虐殺が発生し、中世後期にも苛烈な攻撃や迫害が断続的に起こっている。その延長線上に位置づけられる悲惨な帰結が、ユダヤ人の絶滅を図ったナチスによるホロコーストであった。

とはいえ、ユダヤ人は常に迫害されつづけていたわけではない。ユダヤ教を母体とするキリスト教から見れば、故地を追われて離散状態《ディアスポラ》にある「哀れな」ユダヤ人は、自己の罪深さとキリスト教の正しさを証明する一方、有力な布教対象としても「必要な」存在であった。しかも、商業や金融業に従事して富を蓄積していたユダヤ人は、その経済力を活用しようともくろむ教会や世俗権力によってしばしば保護され、特権を与えられた。ときに激しい差別や迫害の対象になったとはいえ、ユダヤ人は長年にわたってヨーロッパ世界に居住し、いわばキリスト教徒と「共生」してきたのである。

「ゲットーの時代」としての近世イタリア

中世イタリアでも、シャイロックのようなユダヤ人金融業者――ここからは、悪意の込められた「高利貸し」とは呼ばないようにしよう――は、決して珍しい存在ではなかった。ヴェネツィアをはじめとするイタリア諸都市では、ユダヤ人の金融業者や商人、医師などが活躍し、都市内の特定の地区に集住して共同体を形成していたのである。では、シャイロックはヴェネツィアのどこに住んでいたのであろうか。

実はシェイクスピアはイタリアを訪れたことがなく、『ヴェニスの商人』でもシャイロックの屋敷の所在地に関する直接的な言及はない。しかし、もしヴェネツィアのユダヤ人について正確な情報を入手できていれば、シェイクスピアはこう書き加えていたはずである――シャイロックはゲットーに住んでいる、と。

一五一六年三月、強制的で隔離的なユダヤ人居住区を意味するゲットーが、イタリア半島で初めてヴェネツィアに創設された。ヴェネツィアはいわばイタリアの「ゲットー発祥の地」であり、これ以後シャイロックのようなユダヤ人は、すべてゲットーへの居住を強いられた。だから、もしシャイロックが実在の人物ならば、その家はゲットーにあったことになるのである。実際に、アル・パチーノがシャイロックを演じた映画『ヴェニスの商人』（M・ラドフォード監督、二〇〇四年）では、シャイロックの家はゲットーのなかに設定されている。しかし、英語文献で初めてゲットーが紹介されたのは、一六一一年刊行のT・コーリャットの旅行記だとされており、それは『ヴェニスの商人』執筆後に出版されたのである。

一六世紀半ばのイタリアでは、対抗宗教改革の進展とともに他宗派や異教徒への寛容な空気が急速に失われていった。とりわけ、保守派の教皇パウルス四世が登位すると、一五五五年にはローマとアンコーナ、また一五六六年にはボローニャでゲットーが創設され、これを端緒として他のイタリア都市にもゲットー設立の波が広がっていく。その後、ユダヤ人の解放が実現し、市民社会の正式な成員となる一九世紀までの期間は、イタリアのユダヤ人にとって、いわば「ゲットーの時代」だったのである。

ならば、シャイロックのような「内なる他者」としてのユダヤ人は、ゲットーのなかでどのように生活し、キリスト教徒といかなる関係を築いていたのだろうか。ここでは、シャイロックが暮らした「ゲットーの時代」のヴェネツィアに焦点を合わせて、イタリアの歴史や文化の隠れた一面に迫ってみよう。

2 中世イタリアのユダヤ人

ユダヤ人の定着と金融業の展開

ユダヤ人がイタリア半島に到来したのは、古代ローマ時代に遡る。とりわけ、ローマの支配に抗した紀元一世紀の第一次ユダヤ戦争によるエルサレムの第二神殿の破壊と、二世紀中葉の第二次ユダヤ戦争（バル・コクバの乱）の敗北により、地中海やヨーロッパ世界に離散していく過程で、ユダヤ人は首都ローマやアドリア海に面した北部の都市ラヴェンナなどに定着し、ローマ市民権を得て共同体を形成した。

カトリック、ビザンツ、ムスリムの勢力圏の境界域に位置し、抗争と文化交流の舞台となったシチリアや南イタリアでは、一一世紀後半にノルマン人勢力による政治的統一が実現すると、ギリシア人やムスリムの官僚が積極的に登用されるなど、国際色豊かで異教徒に寛容な社会が現出し、ユダヤ人共同体も大いに繁栄した。また、東方の先進的な文化を受容する窓口として、一二世紀ルネサンスと呼ばれる文化的な革新の拠点の一つとなった北イタリアでは、聖書注解学者・詩人でダンテとも交流のあったベンソロモン・インマニュエルをはじめとするユダヤ知識人が活躍し、ヘブライ語の教授や文献の解読などを通じて、ルネサンス思想の展開に大きな影響を与えた。新プラトン主義に傾倒したピーコ・デッラ・ミランドラが、ユダヤ教の秘儀的な説教であるカバラを研究し、キリスト教的カバラ思想を形成したのは、その一例である。

一方、中世盛期に飛躍的な経済発展を遂げたイタリア諸都市では、キリスト教徒間での利子付きの金銭貸借に対する教会の批判を受けて、一四世紀にキリスト教徒の金融業者が退場すると、都市住民の需要を満たすために誘致されたユダヤ人が、都市政府と協定を結んで金融業に従事するようになった。これらのユダヤ人には、ローマに出自を持つイタリア系と、迫害から逃れてフランスやドイツから流入したアシュケナジムという二つの系統があった。こうしたユダヤ人金融は、アントーニオに多額の金を融通したシャイロックとは異なり、日用品の質草と引き換えに少額の金銭を用立てる小口の貸し付けが一般的であった。また、都市政府や教会が設定した上限の範囲内に抑えられた利子率は、必ずしも法外な水準だったわけではなく、ユダヤ人金融はそうした統制のもとで合法的に営まれていたのである。

都市に定着したユダヤ人は、しだいに特定の地区に集住するようになり、自然発生的なユダヤ人居住区が形成されていった。こうした居住区は、経済活動が活発な都市中心部に位置することも多く、そこには礼拝の場であるシナゴーグや沐浴場のような施設が設けられ、独自の宗教的な戒律や伝統に則した生活を送っていた。とはいえ、異なる信仰や慣習を守り、閉鎖的な社会を維持するユダヤ人の存在は、キリスト教徒の疑念や不安を喚起したため、中世後期のヨーロッパではたびたび苛烈なユダヤ人迫害が起こっている。たとえば、カトリックの教義では、聖別されてキリストの身体と化したパン（ホスチア）を分かち合う聖体拝領の儀礼に参加することが信者の重要な責務であったが、そのパンをユダヤ人が盗み出して侮辱し、キリストを貶めているとして激しく非難された。また、誘拐したキリスト教徒の少年をキリストの磔刑を模して殺害し、その血を飲むという儀礼殺人の疑惑もたびたび持ち上がった。一四七五年にはドイツとの境界領域にある北イタリアのトレントで、儀礼殺人の嫌疑をかけられたユダヤ人が処刑されている。暴利を貪っているかのように見える富裕なユダヤ人は、都市民の貧困の原因として怨嗟の対象となり、その資産没収を狙う権力者や都市当局の思惑ともあいまって、こうした悲劇がヨーロッパ各地で引き起こされたのである。

一五世紀後半になると、ユダヤ人金融業者によってキリスト教徒の財産が奪われることを防ぐために、キリスト教的な隣人愛の精神に基づき、都市民に低利で貸付を行う公営質屋《モンテ・ディ・ピエタ》が、一四六二年のペルージャを端緒として、イタリア各地で設立された。この新しい形態の金融機関は、ユダヤ人金融業者を攻撃するフランチェスコ会厳修派の説教師の主導で創設されたが、当時人気を集めていた説教師ベルナルディーノ・ダ・フェルトレは、実に二二カ所ものモンテ開設に関わっている。モンテは市民から集められた寄付を原資とし、利用者はモンテの運営経費をまかなうために元金に利子を加えて返済することが求められた。この場合の利子は、教会が禁じる貸し手の利潤としての利子《ウズラ》ではなく「正当な利子」であり、一五一五年の第五ラテラーノ公会議において正式に認められた。こうしてカトリック教会は、キリスト教徒間の徴利禁止という問題を克服し、それによってユダヤ人金融の存在理由も失われていったのである。

セファルディム商人の到来

一五世紀末になると、イベリア半島に出自を持つユダヤ人がイタリアに到来するようになる。金融業や中古品売買に従事するイタリア系やアシュケナジムのユダヤ人とは異なり、彼らは活発な商業活動を展開し、スペインを意味するヘブライ語にちなんでセファルディムと呼ばれた。

八世紀以降、ムスリムの支配地域が残存したイベリア半島では、異教徒間の接触や交流が多かったことから、ユダヤ人に対しても比較的寛容な時期がつづいていた。しかし、一三九一年の大規模な迫害をはじめ、一四世紀末にはしだいに反ユダヤ感情が激化し、ユダヤ人によるキリスト教への改宗が続発した。しかし、コンベルソと呼ばれた新キリスト教徒のなかには、外見上はキリスト教を奉じながらも、実際にはユダヤ教への信仰を捨てていない隠れユダヤ教徒――彼らは豚を意味する「マラーノ」という蔑称で呼ばれた――も含まれていたため、しばしば旧来のキリスト教徒から疑念を招き、ユダヤ人、コンベルソ、キリスト教徒間の相互不信が広がっていった。

一四九二年、ムスリム最後の拠点グラナダが陥落すると、カスティーリャ女王イサベルとアラゴン王フェルナンドのカトリック両王は、スペインの宗教的な統合を目指してユダヤ人追放令を発した。ユダヤ人の多くは改宗してスペインにとどまったものの、隣国のポルトガルなどに亡命したユダヤ人も少なくなかった。しかし、一四九七年にはポルトガルでもユダヤ人追放が命じられ、改宗を拒んだユダヤ人はイタリア半島やオスマン帝国、あるいはフランドル地方などに逃れていった。また、異端審問の強化にともなって隠れユダヤ教徒の摘発が厳しくなり、改宗者による密告なども増加したため、国内に残った新キリスト教徒も断続的に亡命していく。

イベリア半島から脱出したユダヤ人や新キリスト教徒には、ヨーロッパ・地中海世界に広範なネットワークを有する商人も多く、経済発展をもくろむイタリア諸国は積極的にセファルディムの誘致政策を展開した。たとえば、アドリア海に面した海港都市アンコーナでは、一五一四年に「スルタンの臣民」に商業特権を付与したが、その主たる対象はオスマン帝国領に定着していたセファルディム商人であった。アンコーナは一五三四年にローマ教皇領に編入されたが、教皇パウルス三世は引きつづきすべての外国人商人に居住と取引の自由を保証し、商業の振興を図っている。しかもアンコーナでは、過去のキリスト教への改宗歴は問われず、ユダヤ人であることを示す身分標識の着用も免除され、一五三六年にはシナゴーグの保有も認められた。

メディチ家が君主となったトスカーナ大公国でも、ピサに代わる港湾都市として建設したリヴォルノにセファルディム商人を誘致するため、一六世紀半ばにユダヤ人を含む外国人商人に免税等の特権を与えた。また、一六世紀末にはリヴォルノ憲章を公布し、セファルディム商人に信仰や居住の自由を保証している。一方、エステ家が統治したフェッラーラでは、エルコレ二世がユダヤ人を含むイベリア商人に領内での居住と商業活動を許可し、ウルビーノ公が支配下に置いたペーザロでも、ユダヤ商人を積極的に受容しようとした。

このように中世末期以降のイタリア諸国では、金融業などを営むイタリア系やアシュケナジムへの厳しい姿勢とは対照的に、イベリア半島出身のセファルディム商人に広範な自由を認めて優遇した。このユダヤ人政策のダブル・スタンダードは、イタリア系やアシュケナジムを収容するゲットーの存在により、さらに明瞭になってくる。そこで次節では、ヴェネツィアにおけるゲットーの創設と拡大のプロセスについて検討してみよう。

3 「ゲットーの時代」

ヴェネツィアにおけるゲットーの創設

イタリア半島における「ゲットー発祥の地」ヴェネツィアでは、一六世紀初頭まで都市内でのユダヤ人の居住は認められていなかった。一四世紀後半の対ジェノヴァ戦争による経済状況の悪化によって、一時的にユダヤ人金融の営業が許可されたものの、一三九四年には年間一五日以上の市内滞在が禁止され、ユダヤ人は再び市内から排除されたのである。

とはいえ、ヴェネツィア周辺にユダヤ人がいなかったわけではない。たとえば、大学の町パドヴァやヴェローナといったヴェネツィアの本土領《テッラフェルマ》の都市にはユダヤ人が居住し、一五世紀末には公営質屋が設立された。また、ヴェネツィアの対岸に位置するメストレにもユダヤ人が定着し、ヴェネツィアとの間を往復することで実質的に市内居住禁止の規定を無効化していた。

こうした状況は、一六世紀初頭に大きく変化する。スペインとオーストリアを支配するハプスブルク家と、両国に挟まれたフランスとの間で断続的に戦われたイタリア戦争において、自国領の拡張を図って反発を買ったヴェネツィアは、イタリア諸国やオーストリア、フランスなどによるカンブレー同盟軍と戦った一五〇九年のアニャデッロの戦いで決定的な敗北を喫して、トレヴィーゾを除く本土領のほとんどを失った。このとき、ヴェネツィア本島に流入した多くの避難民のなかには、本土領諸都市のユダヤ人も含まれていた。一五〇三年の特許状で、ユダヤ人にも戦時下での避難が認められていたのである。

こうしたユダヤ人の存在は、逼迫する戦時経済における課税対象としても、都市民の金融需要を満たすうえでも有用であった。そのため一五一三年には、年間六五〇〇ドゥカートの負担を条件に、ユダヤ人がヴェネツィア市内で五年間にわたって金融業を営むことが認められ、また一五一五年には、三年間でさらに五〇〇〇ドゥカートの負担と引き換えに、九店舗の古物商の営業が許可されている。

しかし、ユダヤ人が公然と市内に居住し、金融業や古物商を営むことは、戦況の悪化を神罰と解釈する聖職者や都市民の反ユダヤ感情を刺激した。とりわけ、キリストの受難をしのぶ四旬節や復活祭には、ユダヤ人排斥や公営質屋の設立を求める激烈な説教が行われた。こうした状況のなかで、一五一五年四月、元老院の執行部に相当するコッレージョで、ユダヤ人をジュデッカ島に隔離する提案がなされた。しかし、このときには金融業者アンセルモ・デル・バンコ（ユダヤ名アシェル・メシュラム）をはじめ有力なユダヤ人による強固な反対もあり、提案は否決されている。

ところが翌一五一六年三月、貴族Z・ドルフィンが再びユダヤ人の隔離案をコッレージョに提出した。このときユダヤ人の居住地とされたのは、市内北西部のサン・イェロニモ教区にあるゲットー・ヌオーヴォと呼ばれていた小島である。ユダヤ人は略奪の危険性や一五一三年の特許状違反を理由に反対したものの、この法案は元老院で可決され、強制的なユダヤ人居住区の設置が決定した。さらに、当所の賃貸用住宅に入居していたキリスト

図12－1　ゲットー・ヌオーヴォ広場
出典：筆者撮影。

図12－2　ゲットー・ヌオーヴォの建物
隙間をふさぐために建てられた部分は，両側から建て増しされ，今ではユニークな景観を形作っている。
出典：筆者撮影。

教徒は退去させられ、そこにユダヤ人を居住させるとともに、家賃を三分の一値上げして、その分の十分の一税は免除されること、ゲットーの二カ所の出入り口には門を設置して夜間は閉鎖し、ゲットー内に単身で居住するキリスト教徒の守衛が配置され、その給与はユダヤ人が負担すること、建物の隙間や船着場はすべて塞がれ、ユダヤ人の自由な通行を制限することなど、ゲットーを閉鎖化してユダヤ人を隔離しておくためのさまざまな措置が定められた。こうしてゲットーは、金融業や古物商を営むイタリア系やアシュケナジムのユダヤ人を強制的に隔離するための居住区として成立したのである。

ただし、それは必ずしも都市空間からのユダヤ人の排除を意味するわけではない。むしろゲットーは、ユダヤ人の経済的な有用性に配慮し、都市内部での居住を継続させるための場であった。ヴェネツィアのゲットーは、ユダヤ人排斥を求める都市民の反ユダヤ主義的な感情と、ユダヤ人の経済的な有用性に配慮する政府との妥協の産物として成立したのである。

ゲットーの拡大

一方、イベリア出自のセファルディム商人もまた、ゲットー設立後はそこに滞在していた。しかし、アシュケナジムとは言語や慣習が異なるうえ、狭隘なゲットーの建物は事実上アシュケナジムが管理していたため、セファルディムの不満が増大していった。

そこで一五四一年、レヴァント系ユダヤ商人は、ゲットーの拡大と専用の居留地の確保をヴェネツィア政府に請願した。ゲットーの現状調査を命じられた商業五人委員会は、ゲットー・ヌオーヴォと橋で結ばれたゲットー・ヴェッキオ地区にユダヤ人居住区を拡大することを提案し、元老院で承認された。その背景には、オスマン帝国との戦争によって途絶しているレヴァント貿易の振興を図るため、広範な商業ネットワークを持つセファルディム商人を誘致したいという政府の思惑があった。

ゲットー拡大の具体策として、商業五人委員会はヌオーヴォ地区と同様にヴェッキオ地区の出入り口を建物や壁で塞ぎ、両地区を結ぶ橋に設置されていた門をヴェッキオ地区のカンナレージョ運河側入り口に移設して、キリスト教徒の守衛を配置することを決定した。さらに、ヴェッキオ地区の住宅も家賃の値上げ分の十分の一税は免除され、家主とユダヤ人入居者の係争については商業五人委員会が裁定権を持つことが定められた。これによって、先に成立したゲットー・ヌオーヴォとほぼ同様の閉鎖的な空間が成立し、ゲットーは大きく拡大したのである。

さらにセファルディム商人は、一六三〇年にもゲットーの過密状態を指摘し、商業振興のために海外のユダヤ商人を誘致すべく、ゲットーの再拡大を要請した。同様の請願は一七世紀初頭からなされていたが、まだ実現していなかったのである。ヴェネツィア政府は、同年のペストによる人口減少や地中海商業の沈滞状況を打破するために再拡大案を承認し、商業五人委員会の調査を経て、一六三三年に第三のゲットーが設置された。ゲットー・ヌオーヴォと橋で連結されたこの区画は、ゲットー・ノヴィッシモと呼ばれている。

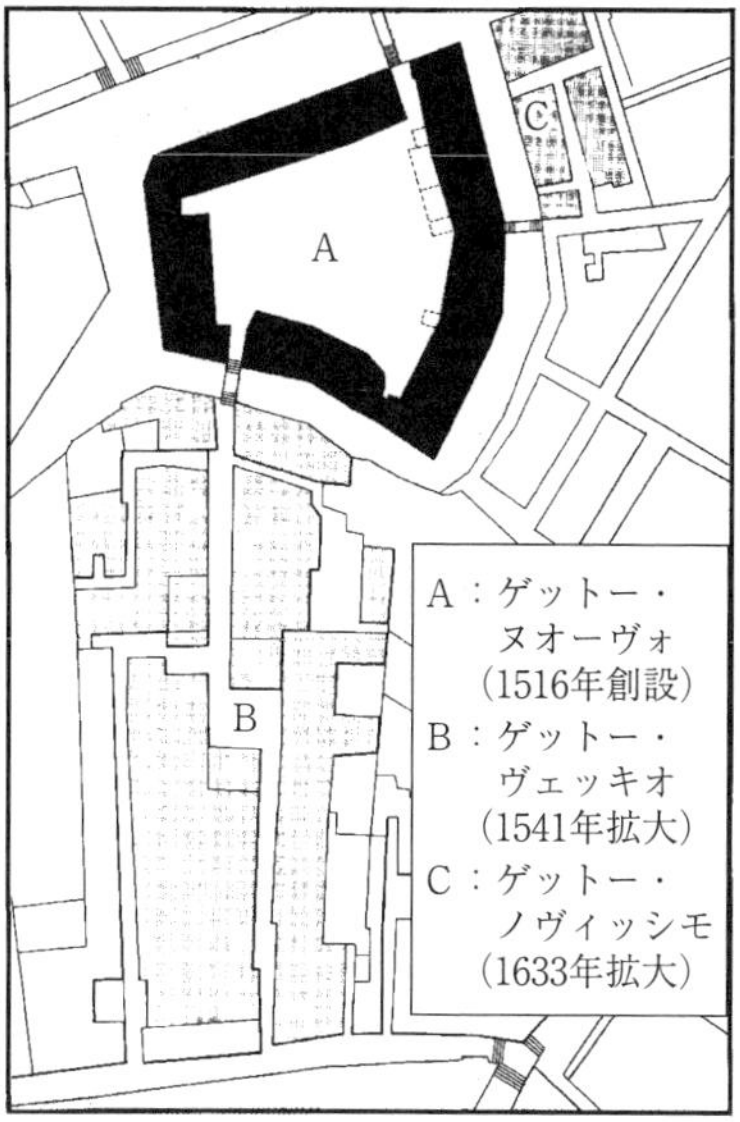

図12－3　ゲットーの地図

出典：Umberto Fortis, *Il Ghetto sulla laguna: Guida storico-artistica al Ghetto di Venezia (1516-1797)*, Venezia, ristampa, 2001, p. 4より作成。

こうしてヴェネツィアのゲットーは、セファルディム商人の請願による二度の拡大を経て、最終的に三つの地区からなる複合的な居住区となった（図12－3）。最初に成立したゲットー・ヌオーヴォは、すでに指摘したように、戦争を避けてヴェネツィアに流入したユダヤ人の経済力を利用するために、都市内での継続的な居住を確保しつつ、都市民や聖職者の反ユダヤ感情に配慮して、ユダヤ人を強制的に隔離するための妥協の産物として成立した。だからこそ、隔離の対象となったイタリア系やアシュケナジムのユダヤ人はゲットー創設に反対したのである。しかし、セファルディムからの要請に基づき、商業振興への期待を込めて形成されたゲットー・ヴェッキオとノヴィッシモは、前節で見たアンコーナやリヴォルノでユダヤ人に認められた自由や特権と同じ性格を持つ。この点は、独自の商館を要求したムスリム商人が、ユダヤ人のゲットーを引き合いに出していることからも明らかであろう。

このように考えると、ヴェネツィアのゲットーは金融業や古物商を営むイタリア系やアシュケナジムを隔離する装置であるとともに、セファルディム商人の誘致を図るための特権的な居住区でもあるという二重の性格を帯びていたといえるだろう。その意味で、ヴェネツィアのゲットーは、イタリア諸国で実施されたユダヤ人政策のダブル・スタンダードを体現した空間だったのである。

ところで、最初にユダヤ人居住区に指定された「ゲットー・ヌオーヴォ」は「新ゲットー」を意味する一方、次に成立した地区は「ゲットー・ヴェッキオ」すなわち「旧ゲットー」と呼ばれ、ゲットーの成立順と名称の新旧が逆転している。かつてこの地域には銅の鋳造所があり、ゲットー・ヌオーヴォにはその廃棄物が集積されていたらしい。「ゲットー」とは「鋳造する（gettare）」という単語から派生した地名であったが、それが強制的なユダヤ人居住区を指す言葉へと転化して広まったのである。したがって、「ゲットー」という言葉の起源はヴェネツィアにあり、一七世紀に成立した「ゲットー・ノヴィッシモ（最新ゲットー）」は、意味が変化した後の用法である。

ゲットーの普及

対抗宗教改革の進展とともに、カトリック教会はプロテスタントのみならずユダヤ人への姿勢を硬化させ、トーラー（モーセ五書）の注釈を集めたタルムードやヘブライ語の書籍を焚書し、隠れユダヤ教徒を追放するなどの反ユダヤ政策を実行した。さらに一五五五年、教皇パウルス四世はローマにゲットーを創設し、金融業や商業を営むイタリア系やアシュケナジムを強制的に集住させた。ローマでは中世より自然発生的なユダヤ人居住区が成立していたが、その出入り口に門を設けて閉鎖し、隔離的なゲットーへと転化したのである。同時に、セファルディム商人を積極的に誘致していたアンコーナでもゲットーが設置され、翌五六年には二四人の隠れユダヤ教徒が火刑に処された。同じく教皇領のボローニャでは、一五六六年にゲットーが設立されたが、一五六九年にローマとアンコーナを除く教皇領にユダヤ人追放令が出されたため、ゲットーが放棄されユダヤ人は退去させられた。

こうした反ユダヤ主義政策は、スペインやローマ教皇庁からの圧力によって、イタリア諸国に波及していった。たとえばトスカーナ大公国では、一五七〇年にフィレンツェ、翌年にはシエナにゲットーを創設し、他の領域からユダヤ人を追放した。ヴェネツィア領でも、一六〇〇年にヴェローナ、一六〇三年にパドヴァでゲットーが設置され、さらにエステ家の保護のもとで多くのユダヤ人が定着していたフェッラーラでも、一五九七年に教皇領に編入されてエステ家がモデナに去った後の一六二七年にゲットーが設置されている。

このように、一六世紀後半以降のイタリアでは、ユダヤ人を取り巻く環境がしだいに厳しくなり、多くの都市でゲットーが形成されて、日常生活や経済活動に制約が加えられた。まさに「ゲットーの時代」の到来である。とはいえ、これらのゲットーのほとんどは、すでにユダヤ人が集住していた区域に門を設置したもので、ヴェネツィアのように新たに建設されたものではなかった。そのため、中心部にゲットーが残った都市も少なくない。

図12－4　パドヴァの旧ゲットー地区
出典：筆者撮影。

たとえばパドヴァのゲットーは、法廷がおかれたラジョーネ宮や、ヴェネツィアから派遣された司政官の居所であるカピターノ宮が建ち並び、現在でも週末の市で賑わうエルベ広場に面した一角にあり、広場への出入り口など四カ所に門が設置された（図12－4）。またフェッラーラでも、大聖堂横のトレント・トリエステ広場から伸びるマッツィーニ通りを中心として、従来からユダヤ人が集住し、シナゴーグも建設されていた地区に門を設置してゲットーに転用している。こうした事情は他の都市でも同様である。

このように「ゲットーの時代」のイタリアでは、教皇のお膝元のローマやアンコーナをはじめ各地でゲットーが形成され、ユダヤ人の隔離が進んだ。しかしながら、ヴェネツィアのゲットーについて指摘したように、こうした強制的なユダヤ人居住区は、たしかに反ユダヤ主義政策の産物である一方、都市内にユダヤ人を居住させ、その経済活動を持続させるための空間でもあった。そこでは、キリスト教徒との日常的な接触がなされ、ユダヤ人の信仰や慣習は維持された。しかも多くの都市では、ゲットーは都市の政治的、経済的な中心部の自発的な居住区を転用し、必ずしもユダヤ人を都市の周縁部や市外に排除するものではなかった。このように、反ユダヤ主義政策と経済振興との妥協の結果としてゲットーが設けられることで、多くの制約をはらみつつもキリスト教徒とユダヤ人との「共生」が確保されたのである。

4　ゲットーでの暮らし

共同体ごとの日常生活

それでは、ゲットーのなかで展開されたユダヤ人の日常生活は、どのようなものだったのだろうか。ここでも、ヴェネツィアの事例から考えてみよう。

ヴェネツィアのゲットーでは、成立当初から出入り口や建物の隙間、船着場などが壁や門で閉鎖されていたことはすでに述べた。一五一六年のゲットー設置令につづいて制定された細則では、ユダヤ人の負担とされたゲットーの守衛と夜間の監視用ボートの乗員の給与や選抜方法、守衛の居所、ヌオーヴォ地区とヴェッキオ地区を結ぶ橋の修理などが定められたが、ユダヤ人は負担や制約の軽減を求め、ゲットー外でのユダヤ人医師の夜間診療や金融業の営業時間の延長、守衛の減員などを実現した。また一五一七年には、過密なゲットーの衛生状況の改善のためにゴミ捨て場と排水路の整備が認められ、一五二九年には四〇〇〇ドゥカートの負担と引き換えに、ボートによる夜間の監視が廃止されるなど、ユダヤ人による経済的負担を条件として、生活環境の向上や制約の緩和が進んでいる。

少し時代が下がるが、一六世紀末にヴェネツィアのゲットーに移住したアシュケナジムの知識人レオン・モデナの『自伝』を読むと、ゲットーでの生活や移動には、それほど大きな制約はなかったように思われる。たとえばモデナは、離れて暮らす家族や親族、友人宅の訪問や冠婚葬祭への参加のために出かけ、フェッラーラやフィレンツェに説教師や教師として招請されるなど、ゲットーを離れて移動することも少なくない。

モデナが活躍していた一七世紀初頭には、ヴェネツィアのゲットーにはおよそ二〇〇〇〜三〇〇〇人のユダヤ

図12－5　ゲットー・ヌオーヴォのイタリア系シナゴーグ
出典：筆者撮影。

図12－6　ゲットー・ヴェッキオのスペイン系シナゴーグ
出典：筆者撮影。

人が居住し、当初はイタリア系やアシュケナジムが多かったものの、しだいにセファルディムの割合が増加していった。アシュケナジムとセファルディムの間には、言語や服装、宗教儀礼等に少なからぬ差異があり、また政府の特許状によって金融業はアシュケナジムに、レヴァント商業はセファルディムにのみ認められていた。そのため、イタリア系とアシュケナジム、さらにスペイン系やポルトガル系、あるいはオスマン領出身者（レヴァント系）を含むセファルディムのユダヤ人は、それぞれ個別に共同体を形成して日常生活を送っていた。

そのことを端的に示すのは、礼拝の場としてのシナゴーグである。ゲットーではシナゴーグの建設は禁止されていたが、建物の一部を転用することは黙認されていた。そのため、一五二八年にアシュケナジムの信仰の維持が保証されると、さっそく数年以内にドイツ系のシナゴーグが二つ建設され、一五七一年にはイタリア系のシナゴーグも設けられた（図12－5）。セファルディムに対しては、公式には一五八九年に信仰が認められたが、すでに一五四一年にはレヴァント系の、また一五八四年頃にはスペイン系のシナゴーグが存在していたと考えられており、これらのシナゴーグは現在でも利用されている（図12－6）。このように、ヴェネツィアのユダヤ人は出身地別に複数の共同体に分かれ、それぞれの伝統的な典礼にしたがって信仰を維持していたのである。

「ゲットーの共同体」と自治

シャイロックに代表されるように、ユダヤ人といえば金融業に従事していた印象が強い。しかし先にも触れたように、ヴェネツィアでは金融業はイタリア系とアシュケナジムだけに認められ、セファルディムは商業活動に従事することが定められた。一五九一年の特許状では、ユダヤ人は三つの銀行を開設することが義務づけられ、特許状の更新ごとに経営を請け負う業者が選定されることになっている。ユダヤ人金融は、おもに貧困層を対象とした三ドゥカート以内の小口の貸借が中心であり、利子率も五パーセントに抑えられていたため収益は少なく、その結果アシュケナジムが貧困化して、金融業の維持が困難となった。それでも、教皇庁の影響力拡大を懸念したヴェネツィアでは公営質屋が設立されず、ユダヤ人には金融業の継続が強く求められた。とはいえ、一七世紀初頭の時点で三つの銀行を運営するためには年間一〇万ドゥカートもの巨額の資金が必要とされ、もはやゲットーに居住するアシュケナジムだけでは負担できなくなっていたのである。

そこで、一五九一年の特許状では本土領のユダヤ人に支援が要請され、さらに九八年にはセファルディムにも経済的な援助が求められた。こうしてユダヤ人金融の経営は、アシュケナジムに独占的に認められた特権から、ゲットーのユダヤ人全体で負うべき義務へと変化したのである。なお、セファルディムが従事していた対外貿易にアシュケナジムの参入が認められたのは、一六三四年のことである。ただし、彼らはすでに非合法的に商業活動を展開しており、経済活動におけるアシュケナジムとセファルディムの区別は消失していった。

ところで、ユダヤ人全体の義務として金融業を維持するには、日常生活の基盤となる出自別の共同体を越えた枠組みが必要となる。そもそも、狭隘なゲットーのなかで出自の異なる複数のユダヤ人共同体が共存するには、共同体間の利害の調整やゲットー内での生活環境の整備、あるいはヴェネツィア政府との交渉や負担の分配などを行う自治的な組織が不可欠であった。そこで、ゲットー内のユダヤ人全体を統合する共同体が形成され、その自治機構が制度化されていく。出自別の共同体とは異なるユダヤ人全体の共同体を、ここでは「ゲットーの共同体」と呼ぶことにしよう。

「ゲットーの共同体」は、ヴェネツィア政府の政治構造を模して組織化された。まず、出自や年齢、性別にかかわらず、年間一二ドゥカート以上を納税する家長に参加資格が与えられたのが大評議会である。ここにはゲットーの住民の一割ほどが参加していたが、人口が増加しても参加者数はあまり変化していないことから、ユダヤ人の貧困化が進んだと考えられる。こうした傾向は、他都市でも同様であった。たとえばローマでは、一七世紀後半に公営質屋の活動が拡大したためにユダヤ人が貧困化し、キリスト教への改宗が増加した。

参加資格を有するすべての家長によって構成される大評議会に対して、「ゲットーの共同体」の実務は三つの専門委員会が管掌した。ユダヤ人の義務とされた金融業の運営を担う金融委員会、住民の財務調査を行って課税額を決定した査定委員会、そしてゲットー内での行政をつかさどる小評議会である。これらの委員をはじめ、「ゲットーの共同体」の役員は大評議会によって選出されたが、しだいに負担の大きな役職への就任を忌避する傾向が目立つようになった。そこで、大評議会への参加者を確保するために、欠席や遅刻、早退に罰則が設けられたが、それでも役職就任者は少数の個人や家に集中し、少数の富裕層が「ゲットーの共同体」の運営を担う寡頭制的な構造が強化された。さらに、出自別の共同体ごとに委員数の割り当てが決まっていた各専門委員会では、当初はアシュケナジムが優越していたものの、徐々にスペイン系とレヴァント系の割合が増え、発言力を強めていった。その結果、アシュケナジム主体で運営されていた「ゲットーの共同体」は、各出自別共同体の連合的な性格を持つようになっていったのである。

このように、ヴェネツィアのユダヤ人は、日常生活の基盤となる同質性の高い出自別の共同体と、ゲットーでの自治や政府との交渉を担当する「ゲットーの共同体」という二重の枠組みのなかで暮らしていたのである。

ユダヤ知識人レオン・モデナ

すでに述べたように、ゲットーは強制的で隔離的な空間である反面、ユダヤ人を都市に定住させる場でもあった。そして、金融業や商業を営み、医師や学者として活躍するユダヤ人は、キリスト教徒の顧客や取引相手、患者、あるいはユダヤ教に関心を持つ聖職者や知識人と日常的な接触や交流を保っていた。ここでは、先に登場したレオン・モデナの『自伝』を再び取り上げ、そこに現れるキリスト教徒とユダヤ人の関係性について考えてみよう。

モデナは、フェッラーラで金融業や商業を営んでいたイサクの子として、一五七一年に母の実家のあったヴェネツィアで誕生した。モデナ家はフランス起源のアシュケナジムの家系で、定住したモデナで金融業者として成功したため、都市名を家名とした。父イサクは、曽祖父の代に移住したボローニャで生まれたが、のちにフェッラーラやモンタニャーナなどに移っており、モデナもそれに従って移動している。

一五九〇年に母方の従妹ラケルと結婚したモデナは、二年後に父が死去すると、母と妻の実家のあるヴェネツィアに移った。幼少期からトーラーやタルムードのほか、詩文や書簡文、ラテン語などを学んだモデナは、父イサクがトラブルに巻き込まれて財産を縮小させたことなどから、その跡を継がずに教師や説教師、著作家として身を立て、一六〇九年には宗教的な指導者であるラビに任じられた。

学識豊かなモデナはアシュケナジムのシナゴーグで説教を行っていたが、そこにはキリスト教の聖職者やヴェネツィア貴族、あるいは外国人旅行者が訪れることも珍しくなかった。一六二九年四月には、フランス王ルイ一三世の弟であるオルレアン公ガストンが、貴族や聖職者をともなって見学に訪れたらしい。モデナは、説教に参加したキリスト教徒が自分を「賞賛し、祝福し」たことを、むしろ誇らしげに記している。また、ラテン語を学んでいたモデナは、キリスト教徒の知識人サークルに参加して文化的な交流を行った。

さらにモデナは、一六二五年頃にユダヤ人とともにキリスト教徒の学生を教授し、一六三五年頃にはフランス人にユダヤの信仰や慣習、法について記した未刊行の著作を贈与した。ところが、このフランス人がその著作をパリで勝手に刊行してしまったため、モデナは窮地に陥った。というのも、この著作は二〇年以上も前にイングランド貴族の求めに応じて執筆したものであったが、刊行を前提にしていなかったため、カトリック教会による異端審問に抵触する部分があることを危惧する一方、ユダヤ人の信仰や慣習について教授していることに対して、同胞から非難されることを心配したのである。そこでモデナは、自ら異端審問官のところに相談に出向いている。モデナによれば、「その審問官は、私に対するときにはつねに公正なキリスト教徒として振る舞」ってくれたため、「私はあらゆる点で保護されていたし、私も信頼していた」という。そして、懸念していた箇所を削除してヴェネツィアで第二版を出版し、事なきを得たのである。

都市エリート層によるパトロネイジ

このように、トラブルに巻き込まれそうになったモデナは、キリスト教徒の知識人やエリート層との関係を利用して、難を逃れようとしている。これは、単なる知的な交流や師弟関係をこえ、都市の有力者とのパトロネイジ関係に基づく保護の事例と見なすことができる。こうした事例をさらに『自伝』のなかに探ってみよう。

モデナは、ヴェネツィア貴族との日常的で個人的な交際を通じて、なんらかの恩顧や保護を得ることを期待し、また利用していた。たとえば一六二一年には、殺人事件の目撃者として証言したために逆恨みされた息子のゼブルンが襲われたが、そのときモデナは自分の「保護者」と呼ぶ貴族A・ジュスティニアーニに仲介を依頼し、和解にこぎつけている。残念ながら、この和解は表面的なものに過ぎなかったようで、翌年ゼブルンは殺害されたが、ユダヤ人相互のトラブルにさいして、共同体の枠内で解決を図るのではなく、ヴェネツィア貴族の仲介を頼っている点は、キリスト教徒とユダヤ人の関係性を考えるうえで、きわめて示唆的である。

ただし、こうしたパトロネイジ関係が常に有効であるとは限らなかった。一六三六年三月、ゲットーに盗品を隠していたキリスト教徒とユダヤ人の窃盗団が逮捕され、さらに被告のユダヤ人が裁判官を買収していたことが露見すると、モデナはこの事件に連座する危険性を察知した。というのも、あるユダヤ人が裁判でモデナの関与を示唆する証言を行い、さらに贈賄した貴族のなかに、モデナの「友人」G・リッポマーニが含まれていたからである。そのためモデナは「パドヴァに逃げ、一〇日間そこに隠れて過ごした」。たとえ自分の身が潔白であっても、都市民の反ユダヤ人感情が高まっている状況では、もはや貴族による保護は期待できないと感じたのである。

このように、ヴェネツィア貴族によるパトロネイジ関係は、トラブルの解決や訴追の回避などに有効に機能することがあった反面、都市民の反ユダヤ感情が高まったときには、個人的で非制度的な関係ゆえに無力化するという限界もあった。その点をモデナ自身も自覚していたのである。

とはいえ、エリート層や知識人層を中心に、キリスト教徒とユダヤ人との間には、パトロネイジ関係というべき密接な結びつきが形成されていた事実を見逃すべきではないだろう。もちろん、モデナは著名なユダヤ知識人としてキリスト教徒の支配層や知識人層と交際していた特殊な事例であるかもしれない。たしかにモデナの『自伝』では、中層や下層の都市民との交流や摩擦の事例は見当たらず、ユダヤ人の下層民やセファルディムに対しても、むしろ厳しいまなざしを向けている。こうした事例からは、ユダヤ人とキリスト教徒がそれぞれ一枚岩ではなく、むしろ他者に対する関係性は社会的なステイタスや職業、ジェンダーなどによって多様であり、両者を二項対立的に対置させることは、あまりにも単純な図式であることが理解されるだろう。ユダヤ人を空間的に隔離する「ゲットーの時代」のイタリアでは、マイノリティとしてのユダヤ人と多数を占めるキリスト教徒の都市民との間に、重層的で多元的な関係が築かれていたのである。

5　ゲットーからの解放——近代への展望

「ゲットーの時代」としての近世イタリアにおいて、マイノリティとしてのユダヤ人はどのような日常生活を送り、またキリスト教徒とどんな関係を結んでいたのか——こうした問題について考えるために、本章では「ゲットー発祥の地」ヴェネツィアを具体例として、ユダヤ人に対する制約であると同時に特権でもあり、また信仰や伝統を維持する場でもあったゲットーの機能や、ユダヤ人とキリスト教徒との多様な関係性とその限界について検討してきた。もちろん、ヴェネツィアの事例が他都市でもそのまま当てはまるわけではない。たとえば、たびたびテヴェレ川の氾濫に襲われたローマのゲットーでは、ユダヤ人の生活環境が厳しさを増していく一方、リヴォルノではゲットーが建設されることなく、セファルディムを中心としてユダヤ人がほぼ完全な自由を享受していた。「ゲットーの時代」におけるイタリアのユダヤ人の状況は、地域によって大きく異なっていたのである。

ユダヤ人を取り巻くこうした社会環境は、時代とともに変化していく。たとえば、啓蒙専制君主として知られる神聖ローマ皇帝ヨーゼフ二世は、一七八一年に寛容令を発して非カトリック信者に信仰の自由と市民権を与えたが、これはオーストリアの直接支配下にあるイタリアの諸領域にも適用された。そのため、ユダヤ人に対する職業の制約も大幅に緩和されたものの、ゲットーの廃止には至らなかった。

一方、一七九六年にイタリア遠征を開始したナポレオンは、ピエモンテからロンバルディアへと侵攻し、一七九七年にはヴェネツィア共和国を崩壊させた。その結果、革命によってユダヤ人にも市民権を認めていたフランスの占領地域ではゲットーが廃止され、ユダヤ人の解放が実現する。しかしながら同年一〇月、ナポレオンはオーストリアとカンポ・フォルミオ条約を結び、ヴェネツィアをはじめオーストリアの支配下に入った地域では再びゲットーが設置され、ユダヤ人への制約も復活したのである。

一九世紀に入ると、イタリアのユダヤ人はリソルジメント運動に参加し、徐々に解放を実現していく。一八四八年には、サルデーニャ国王カルロ・アルベルトがユダヤ人にも市民権を付与し、王国の領域拡大にともなって各地で解放されたユダヤ人が市民社会に受容されていくのである。ただし、オーストリア支配下のヴェネツィアや教皇のお膝元ローマでは、イタリア王国成立後の一八七〇年に初代国王ヴィットーリオ・エマヌエーレ二世がユダヤ人を解放するまで、ゲットーが存続した。

このように、イタリア王国においてはユダヤ人もまた「イタリア国民」としての地位を認められ、ユダヤ人共同体や信仰のかたちもしだいに変容していった。しかし、キリスト教徒との完全な平等や融合がすぐに実現したわけではない。ファシズム期には人種法によってユダヤ人は再び多くの制約の下に置かれ、ときに激しい迫害を受けたし、非制度的で潜在的な差別意識は現在でも完全に払拭されているわけではない。ヨーロッパをはじめ、世界の至るところで、いまだに反ユダヤ主義的な言動が噴出し、また人種や宗教に基づく敵意や憎悪が激しい暴力に結びつくことは、メディアを通じて目にする機会も多いだろう。

ただ、そうした限界があるとはいえ、近現代世界ではまがりなりにも権利の上での平等が保証されており、そうした時代に生きる私たちから見ると、「ゲットーの時代」におけるユダヤ人とキリスト教徒との「共生」は、きわめて不完全なものに映るにちがいない。しかしながら、それは時代錯誤な批判というものであろう。信仰や言葉の異なる異教徒や外来者を含め、身分や職業に基づく社団的な共同体が社会の基本的な構成要素であった前近代社会において、イタリアのゲットーはユダヤ人に対する居住強制や社会生活の制約と、都市内での居住や信仰や伝統の維持の保証あるいは黙認という両義性を帯び、ユダヤ人の日常生活の場として機能した。こうした宗教的、文化的な他者との「共生」には、たしかに大きな制約や限界があった。けれども、「ゲットーの時代」におけるユダヤ人の状況を差別政策の犠牲者として単純化するだけでなく、そこで蓄積された経験やキリスト教徒との重層的な関係性に着目することは、異文化に属する他者との共生や共存の重要性がますます高まっている現代社会の諸問題について考えるうえでも、きわめて重要な意味を持つのではないだろうか。

（藤内哲也）

参考文献

大黒俊二「中・近世のユダヤ人金融――対立と共存をこえて」『関学西洋史論集』二八、二〇〇五年。

大黒俊二『嘘と貪欲　西欧中世の商業・商人観』名古屋大学出版会、二〇〇六年。

齊藤寛海『中世後期イタリアの商業と都市』知泉書館、二〇〇二年。

関哲行『スペインのユダヤ人』山川出版社、二〇〇三年。

藤内哲也「一六世紀ヴェネツィアにおけるゲットーの創設」『鹿大史学』五八、二〇一一年。

藤内哲也「近世ヴェネツィアにおけるゲットーの拡大」『鹿大史学』五九、二〇一二年。

藤内哲也「近世イタリアにおけるユダヤ人の移動とネットワーク」『新しい歴史学のために』二八一、二〇一二年。

L・ポリアコフ著、合田正人訳『反ユダヤ主義の歴史Ⅱ　ムハンマドからマラーノへ』筑摩書房、二〇〇五年。

宮武志郎「ユダヤ教徒ネットワークとオスマン朝」『岩波講座世界歴史一四　イスラーム・環インド洋世界　一六―一八世紀』岩波書店、二〇〇〇年。

M・G・ムッザレッリ著、藤崎衛訳「ボローニャのゲットー」『クリオ』二七、二〇一三年。

C・ロス著、長谷川真・安積鋭二訳『ユダヤ人の歴史』みすず書房、一九九七年。

Vita di Jehudà: Autobiografia di Leon Modena rabbino veneziano del XVII secolo, Elena Rossi Artom, Umberto Fortis e Ariel Viterbo, a cura di, Torino, 2000.

The Autobiography of a Seventeenth-Century Venetian Rabbi: Leon Modena's Life of Judah, Cohen, M.R.（trans. and ed.）, Princeton, 1988.

歴史の扉
12

描かれた黒人

ヴェネツィアが舞台となったシェイクスピアのもう一つの作品『オセロ』は、「ムーア人」の傭兵将軍オセロが主人公である。「ムーア人」とはムスリムを総称的に示す言葉だが、オセロは劇中で「黒い悪魔」「アフリカ馬」などと揶揄されているので、シェイクスピアはアフリカ系の黒人としてオセロを描いているようである。とはいえ、傭兵に頼った陸軍と異なり、海上帝国ヴェネツィアでは海軍司令官は支配層たる貴族から選任されたから、黒人将軍オセロは残念ながら架空の存在だといわざるをえない。

では、当時のヴェネツィアには黒人はいたのだろうか。

シェイクスピアが『オセロ』を執筆する一世紀ほど前、ヴェネツィアのサン・ジョヴァンニ・エヴァンジェリスタ大兄弟会が発注した「聖十字架の奇跡」という一連の絵画がある。そのうち、大運河にかかるリアルト橋周辺のにぎやかな様子を描いたカルパッチョ作品では、画面下部の中央に、白い羽根飾りのついた赤の帽子をかぶり、同じく赤の上着を着て、首には白いリボンを巻いた黒人がゴンドラを漕いでいる姿が描かれている（図１・２）。同時代に刊行された書物にも、ヴェネツィアでは「黒人のサラセン人」がゴンドラやボートを漕いでいるとの記述があるので、実際にこうした光景を見ることができたらしい。

一方、ジェンティーレ・ベッリーニは、運河に沈んだ聖十字架を引き上げようとしている大兄弟会の会員たちと、それを見守る大勢の見物人を描いている（図３）。画面右には、下着だけを身に着け上半身は裸になった黒人がいる（図４）。この黒人の置かれた状況は定かではないが、建物の裏口には使用人らしい女性の姿が半分だけ見えているので、あるいは十字架探索のために運河に飛び込むよう促されているのかもしれない。

洒落た服を着たゴンドラ漕ぎと半裸の黒人――対照的な姿をしたこれら二人の黒人は、しかしながらどちらも同じ境遇にあると思われる。すなわち、奴隷である。

中世イタリア都市社会では、富裕層を中心に奴隷を所有していたことが知られている。所有者の富や社会的威信の指標であった奴隷は、大多数が家事労働に従事するスラブ系やアジア系の女性で、所有者の性的な目的のために購入され、その庶出子を産むことも珍しくなかった。奴隷は地中海貿易の主要な「商品」の一つであり、大半がロシアや中央アジア方面からムスリム商人によって地中海世界に輸出されていたのである。

それに対して、サハラ砂漠の南から連れてこられ、おもに地中海西部に輸出されたのが、黒人奴隷である。女性の場合にはスラブ系やアジア系が好まれ、人気のない黒人は安価であったが、男性の場合には逆に黒人のほうが高かったという。ゴンドラ漕ぎのように屋外で仕事をする場合には、肌の色が異なる黒人はただでさえ目立つうえに、カルパッチョが描いたように彼らに流行の服を着せることで、所有者のステイタスや経済力を誇示する効果がさらに高まったからである。ベッリーニ作品に描かれた半裸の黒人も、もしかしたら普段は瀟洒な姿でゴンドラを漕いでいるのかもしれない。

ところで、中世では所有者による慈善行為の一環として、奴隷が解放され自由身分となることも少なくなかった。とはいえ、解放は有償の場合もあり、自由の身となっても生

図1　ヴィットーレ・カルパッチョ『聖十字架の奇跡』（1496年頃，ヴェネツィア，アッカデーミア美術館蔵）

図2　カルパッチョ『聖十字架の奇跡』（部分）

図 3　ジェンティーレ・ベッリーニ『聖十字架の奇跡』
（1500 年，ヴェネツィア，アッカデーミア美術館蔵）

図 4　ベッリーニ『聖十字架の奇跡』（部分）

活手段を欠くために、売春婦に身を落とす女性も多かったといわれている。一方、男性の奴隷のなかには、解放にさいして中古のゴンドラを買い取ったり、遺贈されたりして、特定の乗り場《トラゲット》に加盟し、客や荷物を運ぶ者もいた。たとえば、一五一四年の訴訟記録に登場する「エチオピア人のジョヴァンニ」は、もとは貴族カペッロ家の奴隷で、解放後はリアルト橋近辺の乗り場に所属し、その長にも選出されたという。オセロのような傭兵将軍はさすがに無理だとしても、当時のヴェネツィア社会では、解放奴隷にもそうした成功のチャンスが開かれていたのである。

　肌の色や宗教、言葉や慣習などを異にするさまざまな外来者や異教徒が来訪したイタリア都市社会は、国際色豊かで開放的な性格を持っており、彼らにも一定の自由や権利が認められ、富の獲得や社会的上昇の機会が保証されていた。とはいえ、そうしたマイノリティとの「共生」や「共存」には、一定の制約や限界があったことも忘れてはならない。ゲットーへの居住を強制されたユダヤ人や、奴隷として連れてこられた黒人など、イタリア都市社会のマイノリティは、身分や社会層、あるいは信仰や言語に応じた管理や統制のもとに置かれ、差別や迫害の対象ともなった。マイノリティの自由や特権と統制や差別とは、まさにコインの表裏をなす都市社会の二つの側面を映し出しているのである。

（藤内哲也）

読書案内

イタリアの歴史や文化について書かれた文献は数多い。本書で扱った個別の時代やテーマに関する文献は、各章の末尾に掲載しているが、イタリアの歴史や文化についてもっと詳しく知りたいという読者のみなさんの次なる一歩のために、ここでは日本語で書かれた概説書や入門書、そしてイタリアの個性的な都市や地域を取り上げた本を中心に紹介しておこう。

池上俊一『シエナ　夢見るゴシック都市』中央公論新社、二〇〇一年。

池上俊一『パスタでたどるイタリア史』岩波書店、二〇一一年。

ウルフ、スチュアート・ジョーゼフ著、鈴木邦夫訳『イタリア史　一七〇〇―一八六〇』法政大学出版会、二〇〇一年。

小川熙『イタリア一二小都市物語』里文出版、二〇〇七年。

オリーゴ、イリース著、篠田綾子訳『プラートの商人――中世イタリアの日常生活』白水社、一九九七年。

カパッティ、A、モンタナーリ、M著、柴野均訳『食のイタリア文化史』岩波書店、二〇一一年。

河島英昭『ローマ散策』岩波書店、二〇〇〇年。

河島英昭監修『読んで旅する世界の歴史と文化　イタリア』新潮社、一九九三年。

北原敦編『世界各国史一五　イタリア史』山川出版社、二〇〇八年。

北村暁夫『ナポリのマラドーナ　イタリアにおける「南」とは何か』山川出版社、二〇〇五年。

北村暁夫・伊藤武編著『近代イタリアの歴史――一六世紀から現代まで』ミネルヴァ書房、二〇一二年。

齊藤寛海・山辺規子・藤内哲也編『イタリア都市社会史入門――一二世紀から一六世紀まで』昭和堂、二〇〇八年。

澤井繁男『ナポリの肖像　血と知の南イタリア』中央公論新社、二〇〇一年。

清水廣一郎『中世イタリア商人の世界　ルネサンス前夜の年代記』平凡社、一九八二年。

清水廣一郎・北原敦編『概説イタリア史』有斐閣、一九八八年。

陣内秀信『ヴェネツィア　水上の迷宮都市』講談社、一九九二年。

陣内秀信『イタリア海洋都市の精神』講談社、二〇〇八年。

高階秀爾『フィレンツェ　初期ルネサンス美術の運命』中央公論社、一九六六年。

渡辺真弓『イタリア建築紀行――ゲーテと旅する七つの都市』平凡社、二〇一五年。

黒田泰介『イタリア・ルネサンス都市逍遙　フィレンツェ：都市・住宅・再生』鹿島出版会、二〇一一年。

高橋友子『路地裏のルネサンス』中公新書、二〇〇四年。

高山博『神秘の中世王国　ヨーロッパ、ビザンツ、イスラム文化の十字路』東京大学出版会、一九九五年。

ダガン、クリストファー著、河野肇訳『イタリアの歴史』創土社、二〇〇五年。

田之倉稔『ナポリ――バロック都市の興亡』筑摩書房、二〇〇一年。

永井三明『ヴェネツィアの歴史　共和国の残照』刀水書房、二〇〇四年。

日伊協会監修、イタリア文化事典編集委員会編『イタリア文化事典』丸善出版、二〇一一年。

野口昌夫『イタリア　都市の諸相——都市は歴史を語る』刀水書房、二〇〇八年。

藤沢道郎『物語イタリアの歴史　解体から統一まで』中央公論新社、一九九一年。

藤沢道郎『物語イタリアの歴史Ⅱ　皇帝ハドリアヌスから画家カラヴァッジョまで』中央公論新社、二〇〇四年。

ヘイル、J・R編、中森義宗監訳『イタリア・ルネサンス事典』東信堂、二〇〇三年。

プロカッチ、ジュリアーノ著、斎藤泰弘・豊下楢彦訳『イタリア人民の歴史』Ⅰ・Ⅱ、未来社、一九八四年。

村上義和編著『イタリアを知るための五五章』明石書店、一九九九年。

村上義和編著『現代イタリアを知るための四四章』明石書店、二〇〇五年（第二版、二〇一三年）。

村上義和編著『イタリアを知るための六二章（第二版）』明石書店、二〇一三年。

森田鉄郎編『イタリア史』山川出版社、一九七六年。

ランベッリ、ファビオ『イタリア的考え方——日本人のためのイタリア入門』筑摩書房、一九九七年。

ロマーノ、ルッジェーロ著、関口英子訳『イタリアという「国」——歴史のなかの社会と文化』岩波書店、二〇一一年。

和田忠彦編『イタリア文化五五のキーワード』ミネルヴァ書房、二〇一五年。

あとがき

一八六六（慶応二）年八月、徳川幕府とイタリア王国の間で日伊修好通商条約が締結された。日本側の代表は外国奉行の柴田日向守剛中《たけなか》、朝比奈甲斐守昌広と目付の牛込忠左衛門、イタリア側は国王使節として来日した海軍中佐ヴィットーリオ・アルミニヨンであった。第二次長州征伐の途上にあった一四代将軍徳川家茂が、大坂で没するほんの数日前のことである。この条約に基づいて、初代駐日公使ヴィットーリオ・サリエ・ド・ラ・トゥール伯爵が着任したのは、翌一八六七年六月。いうまでもなく、徳川家最後の将軍慶喜によって大政奉還が行われた年である。日本とイタリアの国交は、こうして激動の江戸時代最末期に、その礎が築かれたのである。

国内情勢が安定していなかったのは、なにも日本ばかりではない。本書第4章をお読みになったみなさんはよくご承知のように、サルデーニャ王国が半島の北からイタリア諸国を併合して領土を拡大する一方、義勇兵を率いてシチリアから北上したガリバルディが征服した半島南部を献上し、ヴィットーリオ・エマヌエーレ二世を国王とするイタリア王国が成立したのは、一八六一年、すなわちアルミニヨンが来日するわずか五年前のことであった。しかも、条約が調印された一八六六年には、オーストリア領となっていた地域を取り戻すべく、普墺戦争に参戦してオーストリアと戦火を交えている最中であり、イタリア政府には遠く離れた極東の小国にわざわざ外交団を派遣する余裕はなかった。そこで白羽の矢が立ったのが、当時南米のラ・プラタ川の河口にあるモンテビデオ港にいた海軍軍艦マジェンタ号の艦長アルミニヨンである。急遽、日本への出航を命じられたアルミニヨンは、したがって西からではなく太平洋を越えて東からやってきたのであった。

このように、建国後まもない「新しい国」イタリアが、急いで日本と条約を結んだ背景には、一八四〇年代後半からイタリアを含めたヨーロッパ各地で生糸の生産量を低減させていた蚕の微粒子病（ペブリン）の流行があった。まだこの病気に感染していない蚕の卵（蚕種または蚕卵紙）を求めて、イタリア商人が初めて日本を訪れた一八六三年以降、両国間の交易は急速に拡大しており、イタリア政府は自国の商人たちとその利益を保護する必要に迫られていたのである（デマイオ・シルヴァーナ「航路なき旅」『立命館言語文化研究』二〇巻二号、二〇〇八年、ジュリオ・アントニオ・ベルテッリ「明治政府の樹立とイタリア公使・領事の外交活動について」『文化交渉における画期と創造』〈関西大学東西学術研究所文化交渉学拠点、次世代国際学術フォーラムシリーズ三〉、二〇一一年）。

こうして結ばれた日本とイタリアの絆は、二〇一六年にめでたく一五〇周年を迎えた。そして、イタリアの豊かな歴史と多彩な文化を学び、その魅力を存分に味わっていただくために編まれた本書は、この日本とイタリア両国にとって記念すべき年に刊行されることとなった。最初から意図していたわけではないが、この偶然を素直に喜びたい。それが実現したのは、多忙をかえりみず、力のこもった原稿を寄せてくれた執筆者のみなさんのおかげである。厚くお礼を申し上げたい。

とはいえ、刊行に向けて準備作業を進めていた二〇一五年五月には、第9章と「歴史の扉9」を寄稿してくださった仲谷満寿美さんの訃報に接するという悲しい出来事もあった。提出された原稿の手直しをお願いすると、自分の授業を受けている「可愛らしい学部生のみなさんの顔を思い浮かべながら」修正しますとご返信いただいたのが、仲谷さんとの最後のご連絡となった。優れた教師や研究者として、また優しき妻や母として、まだまだ続くはずだった人生の道半ばで旅立たざるをえなかったご心情は、察するに余りある。ご冥福を心からお祈りしたい。なお、仲谷さんのご担当部分については、ご家族の許可を得て、編者が若干の修正を施したうえ、参考文献一覧を付した。ご心痛のなか掲載をお認めいただいたご家族と、参考文献一覧の作成にご助力いただいた伊藤亜紀さんに感謝したい。

正直に告白すれば、本書の企画を最初にいただいたのがいつだったのか、正確には記憶していない。おそらく、もう一〇年近く前のことだろうと思う。編者が考えた案を、具体的な形になるように進めてくださったのは、ミネルヴァ書房の下村（岡崎）麻優子さんと安宅美穂さんである。刊行がここまで遅れたのは、編者の無能と怠慢ゆえであり、辛抱強くお待ちいただいたお二人には――早くに原稿を出してくれた執筆者のみなさんにも――お詫びの言葉しかない。けれども、なにかと手がかかったにちがいない本書がこうして無事に刊行されたのは、ひとえにお二人の配慮の行き届いた丁寧なお仕事ぶりと、時宜を得た厳しくも温かい叱咤激励のおかげである。下村さんと安宅さんに心からお礼を申し上げたい。

そして、本書を手に取ってくださった読者のみなさまにも、感謝を込めて。

二〇一六年三月　明治維新一五〇年を控えた鹿児島にて

藤内哲也

《**編著者紹介**》

藤内　哲也（とうない・てつや）

1970年　生まれ。
1999年　京都大学大学院文学研究科歴史文化学専攻博士後期課程学修退学，博士（文学）。
現　在　鹿児島大学学術研究院法文教育学域法文学系教授。
主　著　『近世ヴェネツィアの権力と社会――「平穏なる共和国」の虚像と実像』昭和堂，2005年。
『イタリア都市社会史入門――12世紀から16世紀まで』（共編著）昭和堂，2008年。
『クロスボーダーの地域学』（共編著）南方新社，2011年。

はじめて学ぶイタリアの歴史と文化

2016年５月20日　初版第１刷発行　〈検印省略〉
2017年９月20日　初版第２刷発行

定価はカバーに
表示しています

編著者　藤内哲也
発行者　杉田啓三
印刷者　田中雅博

発行所　株式会社　ミネルヴァ書房
607－8494　京都市山科区日ノ岡堤谷町１
電話代表　(075)581－5191
振替口座　01020－0－8076

創栄図書印刷・藤沢製本

ISBN978-4-623-07267-5

Printed in Japan

執筆者紹介（執筆順）

藤内　哲也（とうない・てつや）　**序章，第3章，第12章，歴史の扉12，読書案内，あとがき**

奥付編著者紹介参照。

西村　善矢（にしむら・よしや）　**第1章，歴史の扉1**

名古屋大学大学院文学研究科史学地理学専攻博士後期課程退学，博士（歴史学）。

現　在　名城大学人間学部人間学科准教授。

主　著　「ランゴバルド期トスカーナ地方南部における「国家植民」――715年の裁判記録を手がかりに」『西洋史学』192号，1999年。

『大学で学ぶ西洋史［古代・中世］』（共著）ミネルヴァ書房，2006年。

“Justice or Rent?　Notes on the *Iustitia* Clause in the Ninth-century Leases of the Monastery of Monte Amiata”, in *Entre text et histoire.　Études d’histoire médiévale offertes au professeur Shoichi Sato*, préparé par O. Kano et J.-L. Lemaitre, Paris, 2015.

佐藤　公美（さとう・ひとみ）　**第2章，歴史の扉2**

京都大学大学院文学研究科博士後期課程研究指導退学，博士（文学）。

dottoré di ricerca in Storia medievale（Ph. D）（ミラノ大学）.

現　在　甲南大学文学部歴史文化学科准教授。

主　著　『中世イタリアの地域と国家――紛争と平和の政治社会史』京都大学学術出版会，2012年。

Communities and Conflicts in the Alps from the Late Middle Ages to Early Modernity（共編著）, Societā editrice it Mulino ― Duncker & Humblot, 2015.

中平　　希（なかひら・めぐみ）　**第3章**

広島大学大学院文学研究科博士課程後期単位修得退学，博士（文学）。

現　在　鳥羽商船高等専門学校一般教育科准教授。

主　著　「十六世紀ヴェネツィア共和国財政と税制――テッラフェルマ支配解明に向けて」『史学研究』241号，2003年。

『歴史家のパレット』（共著）溪水社，2005年。

『十五・十六世紀ヴェネツィア共和国におけるテッラフェルマ支配――イタリア領域国家の中央と地方』（広島大学大学院文学研究科学位請求論文），2005年。

榊原　康文（さかきばら・やすふみ）**歴史の扉 3**

北海道大学大学院文学研究科博士後期課程西洋史学専攻単位取得退学。

現　在　市立札幌大通高等学校教諭。

主　著　「13世紀前半フェデリーコ2世統治下シチリア王国における『司法官』――1『シチリア王国勅法集成』の検討を中心に」『北海道大学文学部紀要』45-3，通巻第90号，1997年。

「フェデリーコ二世親政開始時（1208-1212）のシチリア王国統治政策について――1210年1月のモンテ＝カッシーノ修道院長あて書簡の試訳と検討を中心に」『北大史学』第44号，2004年。

濱口　忠大（はまぐち・ただひろ）**第4章，歴史の扉 4**

関西学院大学大学院文学研究科文化歴史学専攻博士課程修了，博士（歴史学）。

現　在　甲南高等学校教諭。

主　著　「スエズ運河建設にみるトリエステのリソルジメント――パスクァーレ・レヴォルテッラを中心に」『歴史家協会年報』第4号，歴史家協会，2008年。

「トリエステ近現代史研究文献案内――歴史叙述に描かれた国境都市の肖像」『人文論究』第59巻第1号，関西学院大学人文学会，2009年。

「トリエステにおけるリソルジメントの先駆け――『ファヴィッラ』編集者の足跡を中心に」『日伊文化研究』第50号，日伊協会，2012年。

飯田　巳貴（いいだ・みき）**第5章，歴史の扉 5**

一橋大学大学院経済学研究科博士後期課程単位修得退学，博士（経済学）。

現　在　専修大学商学部准教授。

主　著　"Trades in Constantinople in the First Half of the 15th Century", *Mediterranean World*, 1998.

『港町と海域世界』（共著）青木書店，2005年。

『近世のヴェネツィア共和国とオスマン帝国間の絹織物交易』（一橋大学大学院経済学研究科学位請求論文），2013年。

藤崎　衛（ふじさき・まもる）**第6章，歴史の扉 6**

東京大学大学院人文社会系研究科欧米系文化研究専攻博士課程修了，博士（文学）。

現　在　茨城大学教育学部准教授。

主　著　『中世教皇庁の成立と展開』八坂書房，2013年。

『教皇庁と美術』（共著）竹林舎，2015年。

『女教皇ヨハンナ――伝説の伝記』（共訳）三元社，2015年。

中谷　惣（なかや・そう）**第7章，歴史の扉7**

大阪市立大学大学院文学研究科哲学歴史学専攻後期博士課程修了，博士（文学）。

現　在　信州大学教育学部助教。

主　著　「中世後期イタリアにおける訴訟戦略と情報管理――ルッカの事例から」『史学雑誌』第117編第11号，2008年。

"La giustizia civile a Lucca nella prima metà del XIV secolo", *Archivio storico italiano* 630 (2011).

「司法実践がつくるコムーネ――14世紀ルッカの民事裁判から」『歴史学研究』第879号，2011年。

児嶋　由枝（こじま・よしえ）**第8章，歴史の扉8**

早稲田大学大学院文学研究科美術史専攻博士後期課程単位取得退学，ピサ高等研究院博士課程修了（Scuola Normale Superiore di Pisa），Ph. D.

現　在　早稲田大学文学学術院教授。

主　著　*Storia di una cattedrale. Il Duomo di San Donnino a Fidenza*, Edizioni della Normale, Pisa, 2006.

"Reproduction of the Image of Madonna Salus Populi Romani in Japan", *Between East and West: Reproductions in Art*, IRSA, Cracow, 2014.

「日本二十六聖人記念館の《雪のサンタ・マリア》とシチリアの聖母像――キリシタン美術とトレント公会議後のイタリアにおける聖像崇敬」『イタリア学会誌』65号，2015年。

仲谷　満寿美（なかたに・ますみ）**第9章，歴史の扉9**

東京大学大学院人文社会系研究科欧米系文化研究専攻博士課程，博士（文学）。

京都外国語大学大学院・神戸女学院大学・京都大学非常勤講師，日本学術振興会特別研究員（RPD），関西外国語大学助教授を経て，

2015年　歿。

主　著　『エケリヌス――ヨーロッパ初の悲劇』アリーフ一葉舎，2000年。

「根治すべき病としてのamor hereos――アルベルティ『デイフィーラ』における愛の治療」『イタリア学会誌』58，2008年。

『アーゾロの談論』（訳・解説）ありな書房，2013年。

伊藤　亜紀（いとう・あき）**第10章，歴史の扉10**

お茶の水女子大学大学院人間文化研究科比較文化学専攻修了，博士（人文科学）。

現　在　国際基督教大学教養学部アーツサイエンス学科教授。

主　著　『色彩の回廊――ルネサンス文芸における服飾表象について』ありな書房，2002年。

『色彩の紋章』（共訳）悠書館，2009年。

『フランス宮廷のイタリア女性――「文化人」クリスティーヌ・ド・ピザン』（訳）知泉書館，2010年。

黒田　泰介（くろだ・たいすけ）**第11章，歴史の扉11**

東京藝術大学大学院美術研究科博士課程建築専攻修了，博士（美術）。

現　在　関東学院大学建築・環境学部 建築・環境学科教授。

主　著　“Lucca 1838. Trasformazione e riuso dei ruderi degli Anfiteatri romani in Italia”, *Maria Pacini Fazzi Editore*, Lucca, 2008.

『イタリア・ルネサンス都市逍遙　フィレンツェ：都市・住宅・再生』鹿島出版会，2011年。

Twelve Houses Restored in Japan and Italy（共著）, Aracne Editrice, Roma, 2011.

人名索引

ア　行

カ　行

サ　行

タ　行

ナ　行

ハ　行

マ 行

ヤ 行

ラ　行

事項索引

ア 行

カ　行

サ　行

タ　行

ナ　行

ハ　行

マ　行

ヤ　行

ラ・ワ行

イタリア史年表

前 1000 頃	ヴィッラノーヴァ文化の展開。
前 8 世紀頃	エトルスキ（エトルリア）文化の興隆。
前 753	伝承によるローマ建国。
前 509 頃	伝承によるローマ共和政の成立。
前 494/3	ローマで平民会，護民会設置。
前 451	ローマで十二表法制定。
前 367	リキニウス・セクスティウス法制定。
前 287	ホルテンシウス法制定。
前 264	第 1 次ポエニ戦争（～前 241）。
前 241	ローマによるシチリア島領有。
前 218	第 2 次ポエニ戦争（～前 201）。
前 202	ザマの戦い。
前 149	第 3 次ポエニ戦争（～前 146）。
前 133	グラックス兄弟による改革開始。
前 91	同盟市戦争（～前 88）。
前 59	第 1 回三頭政治（～前 53）。
前 58	カエサルによるガリア征服。
前 46	カエサルが独裁官に就任。
前 44	カエサル暗殺。
前 43	第 2 回三頭政治（～前 31）。
前 31	アクティウムの海戦。
前 27	アウグストゥスによる帝政の開始。
前 4 頃	イエスの誕生。
30 頃	イエスの処刑。
64	ローマの大火とネロによるキリスト教徒迫害。
79	ヴェスヴィオ火山の噴火によりポンペイ埋没。
80	ローマのコロッセオ完成。
117	トラヤヌス帝治下でローマ帝国の版図が最大に。
212	カラカラ帝により全自由民にローマ市民権賦与。
293	ディオクレティアヌス帝による四分統治体制確立。
313	コンスタンティヌス帝のミラノ勅令によりキリスト教公認。
325	ニカイア公会議においてアリウス派が異端に。

330	コンスタンティヌス帝によるビザンティウムへの遷都（コンスタンティノープルと改称)。
375頃	ゲルマン諸部族の移動開始。
380	テオドシウス帝によるカトリック派キリスト教の国教化。
392	テオドシウス帝による異教の禁止。
395	テオドシウス帝没後，ローマ帝国の東西分裂。
439	ヴァンダル族によるカルタゴ占領。
452	アッティラ王率いるフン族のイタリア侵入。
476	オドアケルが西ローマ皇帝を廃位し，西ローマ帝国滅亡。
493	東ゴート王テオドリックによるオドアケル殺害，東ゴート王国建国。
535〜	ゴート戦争（〜554）による東ゴート王国征服。
568	アルボイン王率いるランゴバルド族のイタリア侵入とランゴバルド王国建国。
590	教皇グレゴリウス1世登位。
643	『ロタリ王法典』編纂。
680	ランゴバルド王国とビザンツ帝国の和平締結。
726	ビザンツ（東ローマ）皇帝レオン3世による聖画像破壊令（イコノクラスム)。
751	ランゴバルド王アイストゥルフがラヴェンナ占領。
756	ピピンの寄進。
774	カール大帝によるランゴバルド王国征服。
800	カールの戴冠。
827〜	アグラブ朝によるシチリア侵入。
843	ヴェルダン条約。
870	メルセン条約。
887	イタリア王国でカロリング家断絶。
899〜	マジャール人によるイタリア襲撃。
962	オットー1世の戴冠。
1073	教皇グレゴリウス7世登位。
1077	カノッサの屈辱。
1095	クレルモン教会会議。
1096	第1回十字軍。
1122	ヴォルムス協約。
1130	ノルマン朝シチリア王国成立。
1154	フリードリヒ1世によるイタリア遠征（〜84)。
1167	ロンバルディア同盟結成。
1176	レニャーノの戦いでロンバルディア同盟軍がフリードリヒ1世軍に勝利。
1183	コンスタンツの和約成立。

1204	第４回十字軍によるラテン帝国建設。
1215	第４回ラテラーノ公会議。
1220	シチリア王フリードリヒ２世が神聖ローマ皇帝に即位。
1226	第２次ロンバルディア同盟結成。
1237	コルテヌオーヴァの戦いでロンバルディア同盟軍が皇帝軍に敗北。
1266	ベネヴェントの戦いによりアンジュー朝シチリア王国成立。
1282	シチリアの晩禱。
1293	フィレンツェで「正義の規定」制定。
1297～	ヴェネツィアにおける「セッラータ」開始。
1303	アナーニ事件。
1347	ペスト（黒死病）流行（～48）。
1378	チョンピの乱。
1379	キオッジャの戦い（～80）。
1395	ミラノ公国成立。
1401	フィレンツェ礼拝堂北側扉彫刻のコンクール。
1414	コンスタンツ公会議（～18）。
1453	ビザンツ帝国滅亡。
1454	ローディの和約成立。
1494	フランス王シャルル８世の遠征によりイタリア戦争開始。
1509	アニャデッロの戦い（カンブレー同盟戦争）。
1516	ヴェネツィアでゲットー創設。
1517	ルターによる宗教改革開始。
1527	ローマ劫掠。
1532	フィレンツェ公国成立。
1545	トレント（トリエント）公会議（～63）。
1555	ローマでゲットー建設。
1559	カトー・カンブレジ条約によりイタリア戦争終結。
1569	トスカーナ大公国成立。
1571	レパントの海戦。
1645	カンディア戦争（～69）。
1699	カルロヴィッツ条約。
1718	パッサロヴィッツ条約。
1720	ハーグ条約によりサヴォイア朝サルデーニャ王国成立。
1737	トスカーナ大公国でメディチ家断絶。
1796～	ナポレオンによるイタリア遠征。
1797	ヴェネツィア共和国崩壊。
	カンポ・フォルミオ条約により旧ヴェネツィア領がオーストリア領に。
1802	イタリア共和国成立。
1805	イタリア共和国をイタリア王国に改編。

1814	ウィーン会議。
1820	両シチリア王国でカルボネリーア蜂起。
1831	マッツィーニによる「青年イタリア」設立。
1848	1848年革命において各地で独立運動展開。
	サルデーニャ王国による対オーストリア戦（第1次独立戦争）。
1855	サルデーニャ王国によるクリミア戦争参戦。
1858	プロンビエールの密約。
1859	第2次イタリア独立戦争。
1860	ガリバルディによるシチリア上陸と南イタリア征服。
1861	イタリア王国成立。
1866	ヴェネト地方をイタリア王国に併合。
1870	イタリア王国によるローマ併合。
1871	ローマ遷都。
1882	新選挙法成立。
	ドイツ，オーストリアと三国同盟締結。
1896	アドワの戦いでエチオピア軍に敗北。
1900	国王ウンベルト1世暗殺。
1911	伊土戦争によりリビアを植民地化。
1914	第1次世界大戦勃発。
1915	三国同盟を破棄し第1次世界大戦に参戦。
1918	ヴィットーリオ・ヴェネトの戦い。
1919	パリ講和会議。
	サン・ジェルマン条約締結。
	ダヌンツィオによるフィウメ占領。
1921	「戦闘ファッシ」を「全国ファシスト党」に改編。
1922	ファシスト党によるローマ進軍。
	ムッソリーニ内閣成立。
1924	フィウメ併合。
1925	ムッソリーニによる独裁体制確立。
1929	ラテラーノ条約によりヴァティカン市国成立。
1935	エチオピア侵攻。
1936	イタリア領東アフリカ（エチオピア，エリトリア，ソマリア）形成。
1937	国際連盟脱退。
	日独伊三国防共協定締結。
1938	人種法による反ユダヤ政策導入。
	ミュンヘン会談。
1939	アルバニアを植民地化。
1940	第2次世界大戦に参戦。
	日独伊三国同盟締結。

1943	連合軍によるシチリア島上陸。
	ファシズム大評議会によりムッソリーニ罷免。
	連合国と休戦条約締結。
	ムッソリーニによるイタリア社会共和国（サロ共和国）建設。
1944	バドリオ国民統一内閣成立（サレルノ転換）。
1945	レジスタンスによる蜂起とドイツ支配からの解放。
	ムッソリーニ処刑。
	デ・ガスペリ内閣成立。
1946	王政廃止とイタリア共和国成立。
1948	イタリア共和国憲法発布。
1949	北大西洋条約加盟。
1957	ヨーロッパ経済共同体条約調印。
1960	ローマ・オリンピック。
1968	学生運動の激化。
1978	赤い旅団によるモーロ元首相誘拐暗殺。
1981	フリーメーソン「ロッジＰ２」による金融スキャンダル。
1992	ヨーロッパ連合条約（マーストリヒト条約）調印。
1993	新選挙制度成立。
	ヨーロッパ連合発足。
1994	第１次ベルルスコーニ内閣成立。
1996	「オリーヴの木」連合によるプローディ内閣成立。
1999	ユーロ導入。
2006	トリノ冬季オリンピック。